Kohlhammer

Politik verstehen

Herausgegeben von Siegfried Frech, Philipp Salamon-Menger und Helmar Schöne

Eine Übersicht aller lieferbaren und im Buchhandel angekündigten Bände der Reihe finden Sie unter:

https://shop.kohlhammer.de/politik-verstehen

Der Autor

Dr. Hermann Adam ist Honorarprofessor für Politikwissenschaft am Sozialwissenschaftlichen Institut der Heinrich-Heine-Universität Düsseldorf und am Otto-Suhr-Institut der Freien Universität Berlin.

Hermann Adam

Finanzpolitik

Eine Einführung

Verlag W. Kohlhammer

Titelbild: PedroRS – stock.adobe.com

1. Auflage 2025

Gesamtherstellung: W. Kohlhammer GmbH, Stuttgart

Print:
ISBN 978-3-17-043438-7

E-Book-Formate:
pdf: ISBN 978-3-17-043439-4
epub: ISBN 978-3-17-043440-0

Inhalt

Vorwort

»Heizungsgesetz trifft Eigentümer mit voller Wucht.« »Pistorius will zehn Milliarden mehr für die Bundeswehr.« »Teuerstes Sozialgesetz des Jahrhunderts.« »Bazooka gegen Corona: Bund errichtet Riesenschutzschild.« Solche und ähnliche Schlagzeilen waren in letzter Zeit zu lesen. Doch wer soll das alles bezahlen?

Fast alle politischen Entscheidungen einer Regierung kosten Geld. Das beschafft sich der Staat über Steuern und Abgaben. Wir alle müssen Steuern und Abgaben bezahlen, profitieren andererseits aber auch von vielen Ausgaben des Staates. Bei der Finanzpolitik geht es darum zu entscheiden, welche und wie viele Steuern von wem erhoben werden und wofür der Staat seine Einnahmen ausgibt. Finanzpolitik ist somit das zentrale Politikfeld schlechthin. Sie betrifft uns alle unmittelbar in unserem täglichen Leben.

In diesem Buch wird die Finanzpolitik allgemeinverständlich dargestellt und erläutert, wie der Staat über Steuern und Ausgaben den Wirtschaftskreislauf beeinflusst und so das Verhalten von Verbrauchern und Unternehmen in eine von ihm gewünschte Richtung zu lenken sucht. Dabei werden die hinter den finanzpolitischen Konzepten stehenden ökonomischen Interessen herausgearbeitet und verdeutlicht, wie die einzelnen Maßnahmen auf die Verteilung von Einkommen und Vermögen wirken. Ebenso werden die Schwierigkeiten behandelt, im föderalen Regierungssystem der Bundesrepublik zu Entscheidungen in diesem kontroversen Politikfeld zu kommen.

Ziel des Buches ist es, möglichst vielen Leserinnen und Lesern die komplexe Materie von Finanzen und Steuern nahezubringen und zum besseren Verständnis der öffentlichen Kontroversen beizutragen.

Hamburg, im September 2024 Hermann Adam

1 Grundlagen

1.1 Was ist Finanzpolitik?

Wenn von Finanzen die Rede ist, weiß jeder sofort: hier geht es um Geld. Bei der *Finanzpolitik* dreht es sich um das Geld, das der Staat einnimmt und wieder ausgibt. Mit Staat sind gemeint

- die Gebietskörperschaften Bund, Länder und Gemeinden
- die gesetzliche Sozialversicherung und die Kirchen. Man nennt sie auch Parafisci (para = ähnlich; Fisci = staatliche Kassen), weil sie wie der Staat den Bürgern Abgaben wie Sozialversicherungsbeiträge und Kirchensteuer auferlegen
- staatliche Unternehmen in unterschiedlichen Rechtsformen, an denen der Staat maßgeblich (zu mindestens 50 %) beteiligt ist.

Mit den Einnahmen und Ausgaben des Staates und ihren Wirkungen befasst sich dieses Buch. Von der Finanzpolitik zu unterscheiden ist die *Finanzwirtschaft*. Damit bezeichnet man die Kredit- und Versicherungswirtschaft. Dazu gehören insbesondere

- Banken und Sparkassen, auch Geschäftsbanken genannt
- Bausparkassen
- Investmentfonds und
- Versicherungen.

Die Unternehmen der Kredit- und Versicherungswirtschaft sammeln die Gelder, die von den privaten Haushalten, den Unternehmen oder auch dem Staat nicht für den Kauf von Waren oder Dienstleistungen ausgegeben, sondern gespart werden, und reichen sie in Form von Krediten an diejenigen weiter, die gerade mehr Geld für den Kauf von

Waren und Dienstleistungen ausgeben als sie einnehmen. Also beispielsweise an private Haushalte, die einen Kredit aufnehmen, um damit ein Haus zu finanzieren, oder an Unternehmen, die in neue Maschinen investieren.

Für Kredite, die die privaten Haushalte und Unternehmen bei den Banken aufnehmen, müssen Zinsen bezahlt werden. Ihre Höhe wird maßgeblich von der *Notenbank* beeinflusst. Die Notenbank ist die Bank der Geschäftsbanken. Bei ihr führen die Geschäftsbanken wie z. B. die Deutsche Bank, die Sparkassen oder die Volks- und Raiffeisenbanken ihre Konten, nehmen Kredite auf und tilgen sie. In den Ländern mit dem Euro als Währung ist die *Europäische Zentralbank* (EZB) die zuständige Notenbank. Indem die EZB die Bedingungen festlegt, zu denen eine Geschäftsbank einen Kredit bei ihr aufnehmen kann, steuert sie indirekt die Kreditkonditionen in der gesamten Wirtschaft. Denn eine Geschäftsbank wie z. B. die Deutsche Bank, die ihrem Kunden einen Kredit gewährt, wird sich ihrerseits das benötigte Geld durch einen Kredit bei der EZB beschaffen und ihrem Kunden einen höheren Zins in Rechnung stellen als die EZB der Deutschen Bank. Von dieser Differenz zwischen Notenbankzins und Geschäftsbankenzins ›lebt‹ das Bankensystem.

Die Maßnahmen, mit denen die Notenbank die Bedingungen beeinflusst, zu denen die Geschäftsbanken Kredite bei ihr aufnehmen können, werden als *Geldpolitik* bezeichnet. Zwar geht es dabei auch um ›Geld und Finanzen‹, aber in einer ganz anderen Weise als bei der Finanzpolitik.

Bei der Finanzpolitik von Bund, Ländern und Gemeinden geht es um Fragen wie:

- Welche Steuern werden erhoben? Wer muss sie zahlen und wieviel?
- Wie werden die durch mit den Steuern gewonnenen Einnahmen verwendet? Werden mit den Steuereinnahmen Schulen oder Straßen gebaut, Kampfflugzeuge gekauft oder bedürftige Menschen finanziell unterstützt?

Wie viele Einnahmen die Gebietskörperschaften in einem bestimmten Jahr voraussichtlich erwarten und wofür die Gelder verwendet werden sollen (z. B. Bezahlung von Lehrern und Polizisten, Sanierung von Schulgebäuden, Bau einer Müllverbrennungsanlage), wird im Haushalt der jeweiligen Gemeinde, des Bundeslandes oder im Bundeshaushalt der Bundesrepublik Deutschland festgehalten. Die Haushalte werden von den jeweils zuständigen Parlamenten mit ihrer politischen Mehrheit verabschiedet.

Im Haushalt einer Gemeinde, eines Bundeslandes und ebenso im Bundeshaushalt werden die Vorhaben der jeweiligen politischen Mehrheit sichtbar. Insofern sind die öffentlichen Haushalte das in Zahlen gegossene Programm einer Regierung. Da fast alle politischen Entscheidungen und Maßnahmen die Einnahmen und Ausgaben des Staates berühren, stellt die Finanzpolitik gewissermaßen das Herz des Regierungshandelns dar.

1.2 Ziele und Aufgaben der Finanzpolitik

Steuern erhebt der Staat, um seine wichtigsten Aufgaben finanzieren zu können. Ohne ein Mindestmaß an staatlicher Tätigkeit kann eine Gesellschaft nicht funktionieren. Das Zusammenleben von Menschen muss organisiert und es müssen Regeln aufgestellt werden. Dafür gibt es eine Vielzahl von Behörden, Ämtern und Einrichtungen, um die vom Parlament verabschiedeten Regeln (Gesetze) umsetzen. Zwei Beispiele:

- Das Einwohnermeldeamt erfasst, wer in einer Gemeinde wo wohnt, und stellt Personalausweise aus. Denn es ist gesetzlich festgelegt, dass jeder Einwohner seinen Wohnsitz anmeldet und durch einen Ausweis seine Identität nachweisen kann.
- Das Grundbuchamt einer Gemeinde registriert, wie die Grundstücksgrenzen verlaufen, wem ein Grundstück gehört und wer

dem Eigentümer einen Kredit eingeräumt hat, mit dem der Eigentümer das Grundstück erworben hat.

Da die Regeln des menschlichen Zusammenlebens stets von einigen nicht respektiert werden, benötigt eine Gesellschaft Instanzen, die die Einhaltung der Gesetze überwacht. Deshalb gibt es in jedem Staat

- eine Polizei, die für innere Sicherheit sorgt und bei Gesetzesverstößen einschreitet
- eine Justiz in Form von Gerichten und Strafanstalten, die diejenigen, die die Gesetze missachten, bestraft.

Darüber hinaus muss jede Gesellschaft sich vor Angriffen von außen schützen. Die äußere Sicherheit zu gewährleisten ist Aufgabe des Militärs.

Öffentliche Verwaltung, Polizei, Justiz und Militär sind die Mindestleistungen, die ein Staat erbringen muss. Es handelt sich bei diesen Dienstleistungen um öffentliche (kollektive) Güter, die nicht in kleinen Portionen bereitgestellt und individuell zu kaufen sind. So kann jeder zwar im Lebensmittelgeschäft ein Pfund Butter kaufen, aber nicht ein »Pfund öffentliche Sicherheit«. Auch von der Nutzung und den Vor- und Nachteilen dieser Kollektivgüter kann niemand ausgeschlossen werden. So profitiert ein Pazifist, der eigentlich gegen Krieg und Militär ist, ebenso wie alle anderen von der Wehrhaftigkeit seines Staates (Vorteil), muss aber über die Steuern das Militär mitfinanzieren, auch wenn er das eigentlich nicht will (Nachteil).[1]

Die Notwendigkeit, ein Mindestmaß an kollektiven Gütern bereitzustellen, ist über die Parteigrenzen hinweg unbestritten. Kontrovers ist dagegen, wie umfangreich dieses Mindestmaß sein soll (z. B. wie viele Polizisten und Soldaten, wie viele Beamte in der Verwaltung werden benötigt). Und erst recht politisch umstritten ist,

1 In diesem Buch wird wertfrei aus Gründen der besseren Lesbarkeit das generische Maskulinum verwendet. Damit sind alle Geschlechter gemeint.

was der Staat darüber hinaus noch leisten soll. Allgemein werden dem Staat folgende Aufgaben zugeschrieben:

1) Stabilisierung des Wirtschaftsablaufs
   In Marktwirtschaften wechseln sich Phasen guter Konjunktur mit hohen Wachstumsraten des Bruttoinlandsprodukts und günstiger Lage auf dem Arbeitsmarkt mit Phasen schwacher Konjunktur, geringen Wachstumsraten und hohen Arbeitslosenzahlen ab. Hier soll der Staat stabilisierend auf die Wirtschaft einwirken und nach Möglichkeit für die Stabilität des Preisniveaus, einen hohen Beschäftigungsstand und außenwirtschaftliches Gleichgewicht (= gleichviel Exporte und Importe von Waren und Dienstleistungen: ausgeglichene Handelsbilanz) bei gleichzeitigem Wirtschaftswachstum sorgen. Mit welchen Instrumenten und in welchem Umfang dies geschehen soll, ist allerdings in Politik und Wissenschaft stets umstritten.
2) Allokation der Ressourcen
   Arbeitsplätze sowie Betriebe und Unternehmen sollen so auf das Bundesgebiet verteilt werden (Allokation lateinisch: Platzierung. In diesem Fall: räumliche Platzierung/Verteilung von Produktionsstätten und Arbeitsplätzen), dass sich die Lebensverhältnisse der Bevölkerung nicht zu weit auseinanderentwickeln. Das bedeutet auch und insbesondere: der Staat soll grundlegende Angebote der Daseinsvorsorge wie z. B. Einkaufsmöglichkeiten, Arztpraxen, Kindergärten, Grundschulen, Anbindung an den öffentlichen Personennahverkehr, schnelles Internet sicherstellen.
3) Umverteilung
   Die Verteilung von Einkommen und Vermögen soll von der überwiegenden Mehrheit der Bevölkerung als gerecht angesehen werden.

Gleichwertige Lebensverhältnisse im ganzen Land und die Versorgung aller mit grundlegenden, elementaren Gütern und Dienstleistungen, von denen niemand ausgeschlossen werden soll, können nicht allein durch Bereitstellung von Kollektivgütern durch den Staat geschaffen werden. Hinzukommen müssen sogenannte *meritorische Güter*: Waren und Dienstleistungen, die von privaten Unternehmen über den Markt nicht oder nur zu sozial nicht akzeptablen Preisen bereitgestellt werden, von deren Nutzung aber niemand ausgeschlossen werden soll (Meriten = Verdienste, meritorisch = etwas, das jeder verdient, das jeder haben soll).

Welche Güter und Dienstleistungen als meritorisch gelten und deshalb für alle zugänglich sein sollen, wird in jeder Gesellschaft politisch festgelegt, d. h. die jeweilige politische Mehrheit im Parlament entscheidet, wovon niemand ausgeschlossen und auf welche Weise dies sichergestellt werden soll. Diese Festlegung wird nicht für alle Zeiten getroffen, sondern kann je nach politischen Mehrheiten mal enger, mal weiter gefasst werden. So mussten die Eltern für ihre Kinder, die ein staatliches Gymnasium besuchten, in der alten Bundesrepublik noch in den 1950er Jahren Schulgeld bezahlen, und auch die staatlichen Universitäten verlangten noch bis in die 1960er Jahre hinein Studiengebühren. Diese wurden Ende der 1960er Jahre abgeschafft, in den 2010er Jahren in einigen Bundesländern vorübergehend aber wieder eingeführt, inzwischen jedoch wieder abgeschafft. In Deutschland zählen derzeit zu den meritorischen Gütern

- Grundnahrungsmittel. Sie werden nur mit dem ermäßigten Mehrwertsteuersatz von sieben Prozent belegt, damit sie sich jeder leisten kann.
- Gesundheit: Jeder erhält, unabhängig von seiner Einkommens- und Vermögenssituation, die medizinisch notwendigen Gesundheitsleistungen (ärztliche Versorgung, Medikamente, Heilmittel).
- Bildung: Der Besuch öffentlicher Schulen und Universitäten ist kostenlos.
- Kultur: Zeitungen und Bücher unterliegen wie Grundnahrungsmittel nur dem ermäßigten Umsatzsteuersatz (auch Mehrwertsteuersatz genannt). Theater und Museen werden vom Staat finanziell unterstützt, damit die Eintrittspreise erschwinglich bleiben.

- Transport/Mobilität: Öffentliche Nahverkehrsunternehmen und auch die Deutsche Bahn werden ebenfalls staatlich unterstützt, um die Ticketpreise niedrig zu halten, sodass sich prinzipiell jeder Fahrten mit Bussen und Bahnen leisten kann.

Tab. 1.1: Merkmale von Gütern und Dienstleistungen

Private Güter	**Kollektivgüter**
• Ausschlussprinzip • Rivalität im Konsum	• Kein Ausschluss möglich (kein Markt) • Nicht-Rivalität im Konsum
Mischgüter	**Meritorische Güter**
Vom Staat allen kostenlos angebotene Güter • *Beispiel*: Autobahn Rivalität im Konsum → Maut für Lkw oder: • *Beispiel*: kostenlose Impfung Nicht-Rivalität im Konsum i. d. R. kein Ausschluss vom Nutzen	Vom Markt nicht oder zu nicht akzeptablen Preisen bereit gestellte, politisch gewollte Güter, z. B. • Gesundheit • Bildung • Kultur • Transport

Der Vollständigkeit halber seien noch die sogenannten *Mischgüter* genannt. Hierbei handelt es sich um Güter oder Dienstleistungen, die wie Kollektivgüter grundsätzlich allen kostenlos angeboten werden, z. B. eine Autobahn oder eine Impfung. Es ist allerdings möglich, die Nutzung für bestimmte Gruppen kostenpflichtig zu machen (z. B. durch eine LKW-Maut), oder auch zu beschränken. Bei einer Impfung, die von sehr vielen genutzt wird, können auch diejenigen profitieren, die sich nicht impfen lassen, weil bei einer hohen Impfquote Immunität für alle erreicht wird.

2 Instrumente der Finanzpolitik

Nachdem im ersten Kapitel erläutert wurde, was Finanzpolitik ist, wie sie sich von der Finanzwirtschaft und der Geldpolitik der Notenbank abgrenzt und welche Ziele und Aufgaben die Finanzpolitik hat, werden jetzt ihre *Instrumente* beschrieben. Im darauffolgenden Kapitel beschäftigen wir uns dann mit den *Wirkungen* der Finanzpolitik.

2.1 Die Staatseinnahmen

Bei den Staatseinnahmen denken wohl die allermeisten sofort an die Steuern. Allerdings sind die Steuern zwar die wichtigste, keineswegs jedoch die einzige Einnahmequelle des Staates.

Steuern sind Zwangsabgaben ohne Anspruch auf Gegenleistung. Zwang bedeutet: Der Staat kann nicht nur festlegen, wer und was wie hoch besteuert wird, sondern er hat darüber hinaus auch das Recht, die Steuern mit Hilfe von Zwangsmaßnahmen einzutreiben. Ohne Anspruch auf Gegenleistung heißt: Der Steuerzahler kann nicht verlangen, dass ihm für seine gezahlten Steuern eine bestimmte, von ihm gewünschte Gegenleistung gewährt wird.

So wie wir alle in der einen oder anderen Weise Steuern zahlen, ohne dafür auf eine spezielle staatliche Leistung Anspruch zu haben, so müssen wir alle für einige staatliche Leistungen, wenn wir sie in Anspruch nehmen, Gebühren entrichten, z. B. für die Müllabfuhr, die Ausstellung eines Reisepasses oder die Nutzung einer staatlichen Kindertagesstätte. Die Höhe dieser Gebühren wird nicht zwischen Anbietern und Nachfragern ausgehandelt, sondern von den zuständigen staatlichen Stellen festgelegt und in einer Gebührenordnung veröffentlicht. Dahinter steckt folgende Idee: Wer eine ganz individuell zurechenbare staatliche Leistung in Anspruch nimmt, soll sich zumindest an den Kosten beteiligen. Die Gebühren decken in der Regel allerdings nur einen geringen Teil der Kosten für die Leistung, weil der Staat aus sozial- und gesellschaftspolitischen Erwägungen die Entgelte so niedrig ansetzt, dass jeder sich unverzichtbare Dinge wie etwa die Müllabfuhr auch leisten kann. Der Rest der Kosten muss durch staatliche Zuschüsse ausgeglichen werden, die wiederum aus Steuereinnahmen stammen. Tabelle 2.1 zeigt, inwieweit einzelne kommunale Einrichtungen im Jahr 2005 ihre Kosten mit Gebühren abgedeckt haben. Die Kostendeckungsgrade dürften sich bis heute nicht wesentlich geändert haben.

Tab. 2.1: *Kostendeckungsgrad*[1] kommunaler Gebührenhaushalte in der Bundesrepublik Deutschland 2005 (Zimmermann 2009, 132)

Einrichtungen	Kostendeckungsgrad (in %)
Abwasserbeseitigung	87,7
Abfallbeseitigung	92,1
Friedhöfe	71,2
Kindertagesstätten	11,9
Rettungsdienst	85,0
Straßenreinigung	69,6
Theater	11,6
Bäder	21,4
Volkshochschulen	34,7
Museen	6,8
Büchereien	6,8
Musikschulen	36,0

[1] Anteil der Gebühren an den Ausgaben der betreffenden Einrichtung.

Gebühren sind das Teilentgelt für eine Leistung des Staates, die ein Einzelner nachweisbar in Anspruch nimmt. Das ist bei *Beiträgen* – einer weiteren Einnahmequelle des Staates – nicht unbedingt der Fall. So müssen etwa Grundstückseigentümer für die Erschließung ihres Grundstücks, d. h. die Anbindung an die Strom-, Gas- und Wasserversorgung, an die Abwasserentsorgung sowie an das Straßennetz zwangsweise Beiträge entrichten – unabhängig davon, ob und in welchem Umfang sie das Grundstück und damit die staatliche Versorgungsleistung nutzen.

Weitere Einnahmen gewinnt der Staat aus *Sonderabgaben.* Hierbei handelt es sich um steuerähnliche Geldzahlungen an den Staat, die nur von speziellen Gruppen zu leisten sind und deren Verwendung – im Unterschied zu Steuern – zweckgebunden ist. So erheben viele Gemeinden in Urlaubsregionen von ihren ortsansässigen Selbständigen und Gewerbetreibenden eine sogenannte Fremdenverkehrsabgabe. Damit sollen die Kosten abgedeckt werden, die einer Gemeinde entstehen, wenn sie sich für Touristen attraktiv machen will (Werbemaßnahmen, Verschönerung des Ortsbildes, Durchführung von Veranstaltungen). Denn wenn viele ihren Urlaub in einer Gemeinde verbringen, profitieren fast alle ortsansässigen Freiberufler und Gewerbetreibenden. Aber auch die, die aus dem Fremdenverkehr keinen wirtschaftlichen Nutzen ziehen, müssen die Fremdenverkehrsabgabe zahlen. Die Touristen ihrerseits werden mit einer sogenannten Kurtaxe belastet, ein Entgelt, mit dem die Kosten für die Erhaltung der für die Urlauber geschaffenen Einrichtungen abgedeckt werden sollen, gleichgültig, ob sie im Einzelfall genutzt werden oder nicht. Weitere Beispiele für Sonderabgaben sind die Abwasserabgabe sowie Fischerei- und Jagdabgaben.

Schließlich sollen noch die *Konzessionsabgaben* erwähnt werden. Sie sind von Versorgungsunternehmen zu entrichten, wenn sie bei der Verlegung von Gas- Wasser- oder Stromleitungen, die der Versorgung von Verbrauchern in einem Gebiet dienen, öffentliche Straßen, Wege und Plätze nutzen (Konzession = Erlaubnis, Zugeständnis).

Die verschiedenen Abgabearten ließen sich jeweils noch unterteilen. Darauf soll hier verzichtet werden. Wer sich mit Finanzpolitik

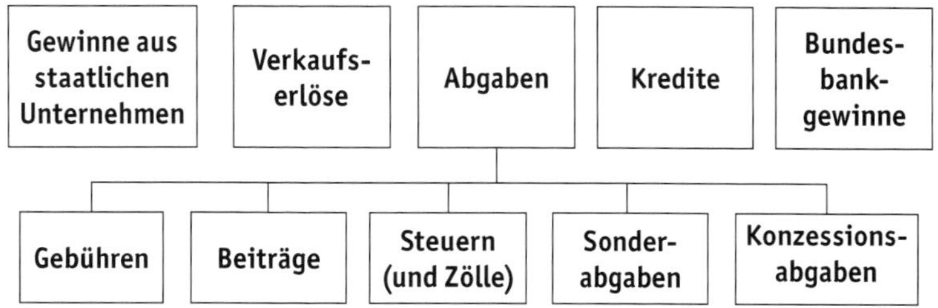

Abb. 2.1: Die Einnahmequellen des Staates (nach Bajohr 2007, 40).

beschäftigt, sollte jedoch im Auge behalten, dass der Staat außer den Steuern auch noch andere Einnahmequellen hat. Gemessen an den Gesamteinnahmen spielen diese jedoch nur eine unbedeutende Rolle.

Von den insgesamt 1.902 Mrd. Euro, die der Staat – die Gebietskörperschaften Bund, Länder und Gemeinden sowie die Sozialversicherung – im Jahr 2023 an Einnahmen erzielt hat, entfällt nur ein unbedeutender Anteil (4,2 %) auf die sonstigen Einnahmen. Dazu gehören neben den Gebühren, Sonderabgaben und Konzessionsabgaben

- Gewinnabführungen von Unternehmen, die dem Staat ganz oder teilweise gehören, z. B. von der Bahn oder den Sparkassen;
- Erlöse aus dem Verkauf von Vermögenswerten wie z. B. Grundstücken oder aus der Privatisierung staatlicher Unternehmen;
- Gewinne der Bundesbank, die diese z. B. durch Zunahme oder Höherbewertung ihrer Gold- und Devisenbestände erzielt;
- zusätzliche Kredite, die ebenfalls der Einnahmenseite zuzurechnen sind.

Tab. 2.2: Struktur der Staatseinnahmen 2023 (Sachverständigenrat 2023/24)

Einnahmeart	Mrd. Euro	Prozent[1]
Steuern	953,7	50,1
Sozialbeiträge	709,6	37,3

Tab. 2.2: Struktur der Staatseinnahmen 2023 (Sachverständigenrat 2023/24) – Fortsetzung

Einnahmeart	Mrd. Euro	Prozent[1]
Verkäufe	157,8	8,3
Sonstige	80,7	4,2
Gesamt	1.901,8	100,0

[1] Differenz in der Summe durch Rundungen.

Wie die Tabelle 2.2 zeigt, bestehen die Einnahmen des Staates im Wesentlichen aus Steuern und Sozialbeiträgen.

Die Steuern

In diesem Kapitel wollen wir darlegen, wie viel Geld die wichtigsten Steuern in die Kasse des deutschen Staates bringen. Außerdem wird die Entwicklung des gesamten Steueraufkommens seit 1950 betrachtet.

Tabelle 2.3 zeigt die zehn Steuern, die das höchste Aufkommen erbringen. Am meisten spülte die Lohn- und Einkommensteuer in die Staatskassen. 2023 waren es 310 Mrd. Euro (37 %). Einen weiteren großen Brocken brachte die Mehrwertsteuer (einschl. der Zölle) mit 291 Mrd. Euro (35 %) ein. An dritter Stelle folgte die Körperschaftsteuer, sie trug mit 45 Mrd. Euro (5 %) zum Steueraufkommen bei. Alle anderen Steuern tragen weniger als fünf Prozent zum Steueraufkommen bei. Kurze Erläuterungen zu den zehn aufkommensstärksten Steuern sind der Infobox 2.1 zu entnehmen.

Bund, Länder und Gemeinden haben 2023 (ohne reine Gemeindesteuern) insgesamt 830 Mrd. Euro an Steuern eingenommen. Ist das viel oder zu viel? Oder wenig, vielleicht sogar viel zu wenig? Die Antwort auf diese Frage hängt insbesondere davon ab,

- inwieweit jemand persönlich von den Steuern betroffen ist, d. h. ob er seine persönliche Steuerlast als zu hoch oder als vertretbar empfindet,
- was jemand vom Staat erwartet und ob die Leistungen, die der Staat mit den Steuereinnahmen erbringt, als zufriedenstellend angesehen werden, und
- ob er grundsätzlich dem Staat bzw. der Politik positiv oder ablehnend gegenübersteht.

Bevor wir darauf näher eingehen, sollten wir erst noch einen Blick darauf werfen, wie man die Vielzahl an Steuern systematisch einteilt und voneinander unterscheidet.

Tab. 2.3: Die zehn aufkommensstärksten Steuern 2023 (Quelle: BMF, Referat I A 5, Steuereinnahmen [ohne Gemeindesteuern] nach Steuerarten im gesamten Bundesgebiet)

Steuer	Mrd. Euro	Prozent
Lohn- und Einkommensteuer	309,6	37,3
Mehrwertsteuer (einschl. Zölle)	291,4	35,1
Körperschaftsteuer	44,9	5,4
Energiesteuer	36,7	4,4
Nicht veranlagte Steuern vom Ertrag	35,4	4,3
Versicherungssteuer	16,9	2,0
Tabaksteuer	14,7	1,8
Solidaritätszuschlag	12,2	1,5
Grunderwerbsteuer	12,2	1,5
Erbschaftsteuer	9,3	1,1
Aufkommen der zehn Steuern	783,3	94,4
Steuereinnahmen insgesamt	829,8	100,0

Infobox 2.1: Die zehn aufkommensstärksten Steuern

Einkommensteuer
Steuer auf die Einkünfte natürlicher Personen (Einzelpersonen und Mitunternehmer einer Personengesellschaft) aus Land- und Forstwirtschaft, Gewerbebetrieb, selbstständiger Arbeit, nicht selbstständiger Arbeit, Kapitalvermögen, Vermietung und Verpachtung sowie sonstige in § 22 Einkommensteuergesetz genannte Einkünfte (z. B. Einkünfte aus einer Rente aus der gesetzlichen Rentenversicherung oder Einkünfte aus privaten Veräußerungsgeschäften).
Einkünfte aus nichtselbständiger Arbeit werden grundsätzlich durch Steuerabzug an der Quelle durch den Arbeitgeber (Lohnsteuer), Einkünfte aus Kapitalvermögen durch Steuerabzug durch das Kreditinstitut (Abgeltungsteuer) besteuert.

Mehrwertsteuer
Allgemeine Verbrauchsteuer, mit der grundsätzlich der gesamte private und öffentliche Verbrauch (d. h. vom Endverbraucher erworbene Güter und in Anspruch genommene Dienstleistungen) belastet wird. Hierdurch unterscheidet sie sich von der Einkommensteuer bzw. Lohnsteuer, die auf die individuelle Leistungsfähigkeit des einzelnen Steuerpflichtigen Rücksicht nimmt.

Körperschaftsteuer
Einkommensteuer für juristische Personen, insbesondere Kapitalgesellschaften, z. B. Aktiengesellschaften (AG), Gesellschaften mit beschränkter Haftung (GmbH), Vereine und Stiftungen. Besteuert wird wie bei der Einkommensteuer das Einkommen, das die Körperschaft innerhalb des Kalenderjahrs bezogen hat. Der Körperschaftsteuersatz beträgt 15 % (Stand: März 2024).

Energiesteuer
In der Europäischen Union harmonisierte und auf gemeinsamen EU-Richtlinien basierende Steuer auf den Verbrauch von Energie.

Ihre Höhe ist je nach Energieerzeugnis und Verwendungszweck unterschiedlich. Im Regelfall wird die Energiesteuer beim Hersteller oder bei einem Weiterverkäufer erhoben und anschließend über den Warenpreis auf die Verbraucher umgelegt. Besteuert werden beispielsweise Kraftstoffe, Erdgas, Heizöl und Flüssiggas.

Nicht veranlagte Steuer vom Ertrag (Kapitalertragsteuer)
Im Wesentlichen Steuer auf Dividenden (= Ausschüttungsbeträge der Aktiengesellschaften an ihre Aktionäre). Sie wird im Unterschied zur Abgeltungsteuer zu je 50 % auf Bund und Länder aufgeteilt und daher in der Finanzstatistik separat ausgewiesen.

Versicherungsteuer
Steuer auf Prämien und Beiträge zu Versicherungen. Steuerfrei sind gesetzliche und private Lebens- und Krankenversicherungen sowie die gesetzliche Arbeitslosenversicherung.

Solidaritätszuschlag
Zuschlag zur Lohn-. Einkommen-, Kapitalertrag-, Abgeltung- und Körperschaftsteuer, der seit 1. Januar 1995 von allen Steuerpflichtigen erhoben wird, deren Einkommensteuer nicht mehr als 17.543/35.086 Euro pro Jahr (Ledige/Verheiratete) beträgt. Bei Überschreitung dieser Grenzen erfolgt jeweils ein gleitender Übergang.

Grunderwerbsteuer
Steuer auf den Kaufpreis von Grundstücken. Die Einnahmen fließen den Ländern zu. Von ihr betroffen sind insbesondere Kaufverträge und sonstige Rechtsgeschäfte, die einen Anspruch auf Übereignung eines inländischen Grundstücks begründen. Der Steuersatz beträgt grundsätzlich 3,5 %. Seit 1. September 2006 dürfen die Bundesländer den Steuersatz hiervon abweichend festlegen. Hiervon haben alle Länder mit Ausnahme von Bayern Gebrauch gemacht und den Steuersatz auf bis zu 6,5 % angehoben.

Erbschaftsteuer
Steuer auf alle Vermögensübergänge von Todes wegen. Sie knüpft an den Erbfall, d. h. an den Erwerb des einzelnen Erben, Vermächtnisnehmers oder sonstigen Erwerbers an. Die Schenkungsteuer ergänzt die Erbschaftsteuer. Sie erfasst die Vermögensübertragungen unter Lebenden. Die Vorschriften für den Erwerb von Todes wegen gelten weitgehend auch für Schenkungen. Die Einnahmen aus der Erbschaft- und Schenkungsteuer stehen den Ländern zu.
Steuerschuldner der Erbschaftsteuer ist der Erbe bzw. der Erwerber. Bei einer Schenkung sind Steuerschuldner sowohl der Beschenkte als auch der Schenker.

Quelle: Bundesministerium für Finanzen (Hrsg.), Steuern von A bis Z, Berlin 2023

Infobox 2.2: Kapitalertragsteuer, nicht-veranlagte Steuer vom Ertrag und Abgeltungsteuer

Kapitalertragsteuer ist der Oberbegriff und bezeichnet Steuern auf erzielte Einkünfte aus Kapitalvermögen wie z. B. Zinsen auf Sparkonten, Tagesgeld, Festgeld und Anleihen, Ausschüttungen von Investmentfonds, Dividenden auf Aktien, Veräußerungsgewinne bei Aktien-, Anleihen- und Fondsverkäufen.
Die Kapitalertragsteuer, die alle Privatpersonen zahlen müssen, die Erträge aus ihrem Privatvermögen erzielen, wird von inländischen Banken automatisch an die Finanzbehörden abgeführt. Damit ist die Steuerschuld abgegolten. Deshalb wird dieser Teil der Kapitalertragsteuer *Abgeltungsteuer* genannt
Werden Kapitalerträge dagegen nicht von privaten Haushalten, sondern in einem Betriebsvermögen erzielt, handelt es sich um Betriebseinnahmen, die in der Steuererklärung anzugeben sind. Die einbehaltene Kapitalertragsteuer hat in diesen Fällen keinen Abgeltungs- sondern Vorauszahlungscharakter. Sie wird später auf die vom Finanzamt festgesetzte Einkommen- bzw. Körperschaftsteuer angerechnet.

Die Kapitalertragsteuer auf Dividendenausschüttungen wird als nicht-veranlagte Steuer vom Ertrag bezeichnet und in der Finanzstatistik gesondert ausgewiesen, weil sie zu je 50 % auf Bund und Länder verteilt wird (siehe Tabelle 2.3). Das Aufkommen aus der Abgeltungsteuer, der Steuer auf die übrigen Einkünfte aus Kapitalvermögen, steht dem Bund und den Ländern zu je 44 % und den Gemeinden zu 12 % zu.

Quelle: Bundesministerium für Finanzen (Hrsg.), Steuern von A bis Z, Berlin 2023

Die Einteilung der Steuern

In der Finanzwissenschaft gibt es mehrere Ansätze zur Einteilung der Steuern. Der am häufigsten verwandte ist der nach dem Gegenstand der Besteuerung. Dabei werden Besitzsteuern, Verkehrssteuern, Verbrauchsteuern und Zölle unterschieden. Welche Steuern diesen großen Gruppen zuzuordnen sind, ist Tabelle 2.4 zu entnehmen.

Tab. 2.4: Steuern nach dem Gegenstand der Besteuerung (Quelle: Bajohr 2007, 32)

Besitzsteuern
Einkommen- und Kapitalertragsteuer, Solidaritätszuschlag, Körperschaftsteuer, Gewerbeertragsteuer, Erbschaftsteuer, Grundsteuer, Kirchensteuer
Verkehrsteuern
Umsatzsteuer (ohne Einfuhrumsatzsteuer), Grunderwerbsteuer, Kraftfahrzeugsteuer, Rennwett- und Lotteriesteuer, Spielbankenabgabe, Versicherungssteuer, Feuerschutzsteuer
Verbrauchsteuern
Branntweinsteuer, Biersteuer, Schaumweinsteuer, Zwischenerzeugnisteuer, Energiesteuer, Stromsteuer, Tabaksteuer, Kaffeesteuer, Einfuhrumsatzsteuer
Zölle

Eine andere, geläufige Einteilung ist die nach direkten und indirekten Steuern. Bei einer direkten Steuer ist derjenige, der die Steuer entrichtet, auch derjenige, der die Steuer tatsächlich »trägt«. Bei einer indirekten Steuer fallen Steuerzahler und Steuerträger auseinander. Beispiel: Der Einzelhändler führt für seine verkauften Waren Umsatzsteuer ab, zahlt also formal diese Steuer. Er hat sie aber auf den Preis seiner Waren aufgeschlagen, so dass es letztlich der Käufer ist, der die Steuerlast trägt.

Sinnvoll kann es auch sein, die Steuern danach zu unterscheiden, welcher staatlichen Ebene die Steuer zufließt. Dann trennt man nach Europäischen Steuern, Gemeinschaftssteuern, Bundessteuern, Landessteuern, Gemeindesteuern und Kirchensteuern.

Manche stellen auch die sogenannten Subjektsteuern (Personensteuern) den Objektsteuern (Realsteuern) gegenüber. Bei den Subjektsteuern handelt es sich um Steuern, die die wirtschaftliche Leistungsfähigkeit (arm oder reich) natürlicher oder juristischer Personen (juristische Person = Unternehmen mit eigener Rechtspersönlichkeit wie z. B. eine Aktiengesellschaft und eine Gesellschaft mit beschränkter Haftung) berücksichtigen, das sind etwa die Einkommensteuer oder die Erbschaftsteuer. Objektsteuern dagegen knüpfen an ein Objekt an, z. B. an den Besitz eines Grundstücks, ohne Rücksicht darauf, ob der betreffende Grundeigentümer ein hohes oder niedriges Einkommen hat.

Schon im letzten Unterabschnitt hatten wir erwähnt, dass der größte Teil des Steueraufkommens nur mit wenigen Steuern erzielt wird. Das schließt nicht aus, dass es über die in Tabelle 2.3 aufgezählten Steuern noch zahlreiche weitere Steuern, insbesondere auf Gemeindeebene, gibt (z. B. Hundesteuer). Da ihr Aufkommen unbedeutend ist, nennt man diese Steuern auch *Bagatellsteuern*.

Steueraufkommen und Steuerquote seit 1950

Zur Beantwortung der Frage, ob der Staat viel oder wenig Steuern einnimmt, ist es hilfreich, sich die Entwicklung des Steueraufkommens über einen längeren Zeitraum anzusehen.

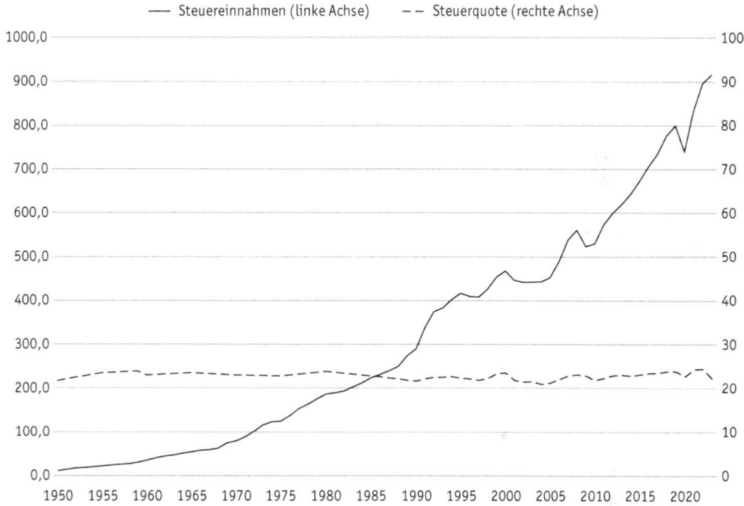

Abb. 2.2: Steuereinnahmen und Steuerquote in Deutschland (Quelle: BMF).

Schaubild 2.2 zeigt die Steuereinnahmen des Staates – Bund, Länder und Gemeinden – in Deutschland von 1950 bis 2023 (durchgehende Linie). Es fällt auf: Die Steuereinnahmen sind in langfristiger Betrachtung kontinuierlich gestiegen: von 10,8 Mrd. Euro im Jahr 1950 (damaliges Bundesgebiet) auf 916 Mrd. Euro im Jahr 2023 (vereintes Bundesgebiet). Eine Ausnahme bilden lediglich die Jahre 1996 und 1997 sowie 2001 und 2002, in denen im Zuge von Steuerreformen deutliche Steuersenkungen vorgenommen wurden und das Steueraufkommen gegenüber dem jeweiligen Vorjahr sank. 2009 hat der Staat ebenfalls weniger Steuern als im vorausgehenden Jahr eingenommen, weil auch in Deutschland die Konjunktur aufgrund der weltweiten Finanzmarktkrise eingebrochen war. Deshalb wurden in der Wirtschaft geringere Einkommen und Umsätze erzielt, was sich negativ auf das Steueraufkommen auswirkte. Ähnliches gilt für das Jahr 2020, als sich der Coronavirus ausbreitete und die wirtschaftliche Entwicklung bremste.

Aus der absoluten Angabe der Steuereinnahmen allein kann man noch keine Schlüsse ziehen, ob die Steuern in Deutschland vergleichsweise hoch oder niedrig sind. Denn selbstverständlich hängen die Steuereinnahmen eines jeden Staates von seiner Größe, seiner Wirtschaftskraft und der Zahl seiner Bürger ab. Deshalb verwendet man in der wirtschafts- und finanzpolitischen Diskussion eine aussagekräftigere Messgröße, die Steuerquote. Sie drückt aus, wie viel Prozent die Steuern an der wirtschaftlichen Gesamtleistung eines Landes, dem *Bruttoinlandsprodukt* (BIP), ausmachen. Unter dem Bruttoinlandsprodukt versteht man den Wert aller Güter und Dienstleistungen, die in einem Jahr in einer Volkswirtschaft erwirtschaftet werden.

In Schaubild 2.2 ist die Steuerquote als gestrichelte Linie eingezeichnet. Ihr bisheriger Höchststand war 2022 mit 24,4 %, am niedrigsten war sie 2004 mit nur 20,9 %. Die Differenz zwischen höchstem und niedrigstem Wert ist mit 3,5 %punkten nicht groß. Man kann deshalb sagen: die Steuerquote Deutschlands war in den siebzig Jahren von 1950 bis 2023 relativ konstant und hat sich meist zwischen 21 und 24 % bewegt. Die leichten Anstiege bzw. Rückgänge hängen mit der Steuerpolitik zusammen, die die jeweilige Bundesregierung betrieben hat.

Infobox 2.3: Unterschiedliche Quellen der Steuerstatistik

Für die Steuereinnahmen existieren unterschiedliche Quellen. Einmal die Volkswirtschaftliche Gesamtrechnung des Statistischen Bundesamtes, die dem Schaubild 2.2 zugrunde gelegt wurde. Dann die Finanzstatistik der Steuerbehörden. Ein wichtiger Unterschied beider Statistiken besteht darin, dass in der Volkswirtschaftlichen Gesamtrechnung die Steuereinnahmen der Periode zugerechnet werden, in der sie wirtschaftlich entstanden sind, also beispielsweise die Einkommensteuer, die die Bürger auf das von ihnen im Jahr 2020 erzielte Einkommen dem Staat schuldeten, wird auch tatsächlich dem Jahr 2020 zugerechnet. Eine andere Frage ist, wann sie die Steuern tatsächlich bezahlt haben. Das hängt u. a. davon ab, wann sie ihre Steuererklärung abgegeben haben, wie schnell das Finanzamt die Erklärung bearbeitet und den Steuerbescheid verschickt hat. Das kann in manchen Fällen Monate und Jahre dauern, so dass das eigentliche Entstehungsjahr manchmal schon länger zurückliegt. Aus diesem Grund stimmen die Ergebnisse der Statistik der Volkswirtschaftlichen Gesamtrechnung und die Steuerstatistik (= Teil der Finanzstatistik), die die Steuer erst dann erfasst, wenn sie tatsächlich gezahlt wird (man spricht dann auch von der sogenannten Kassenwirksamkeit), nicht vollkommen überein.

Insgesamt hat sich die Steuerbelastung über die Jahrzehnte hinweg nicht grundlegend verändert. Die Wahrnehmung der Bevölkerung ist allerdings oft eine andere. Wer seine Gehaltsabrechnung studiert, erschrickt häufig darüber, wie wenig netto vom Bruttogehalt übrigbleibt. Das liegt aber nicht an hohen Steuern! Das hängt vielmehr mit den im Laufe der Jahre gestiegenen *Sozialabgaben* zusammen. Im nächsten Unterkapitel wollen wir deren Entwicklung näher betrachten.

Die Sozialabgaben

Als 1957 unter Bundeskanzler Konrad Adenauer (CDU) in der alten Bundesrepublik Deutschland die sogenannte dynamische Rente (= Rente, deren Entwicklung an die der Löhne und Gehälter gekoppelt ist) eingeführt wurde, betrug die Belastung mit Sozialabgaben insgesamt nur 23,8 %. Davon entfielen auf die Arbeiter und Angestellten

- 7,0 % Rentenversicherungsbeitrag
- 3,9 % Krankenversicherungsbeitrag
- 1 % Arbeitslosenversicherungsbeitrag

insgesamt also 11,9 %. Die andere Hälfte trugen die Arbeitgeber (= solidarisches Prinzip der Sozialversicherung). Im Laufe der Jahre stiegen die Beitragssätze in allen Sparten der Sozialversicherung. 1995 kam noch eine vierte Säule, die Pflegeversicherung, hinzu, eingeführt von der CDU/CSU-FDP-Koalition unter Helmut Kohl (CDU). Mittlerweile (2024) belaufen sich die Beitragssätze der Arbeitnehmer für die

- Rentenversicherung auf 9,3 %
- Krankenversicherung auf 8,05 %
- Arbeitslosenversicherung auf 1,3 %
- Pflegeversicherung auf 1,7 % (Kinderlose zusätzlich 0,6 %)

insgesamt also auf 20,4 %. Ein gleich hoher Arbeitgeberbeitrag (mit Ausnahme des zusätzlichen Pflegeversicherungsbeitrags für Kinderlose) kommt noch hinzu. Die Beitragssätze haben sich somit seit 1957 annähernd verdoppelt. Für diese Erhöhung der Beiträge gibt es eine ganze Reihe von Gründen:

- Die *demografische Entwicklung*: Weil seit den siebziger Jahren des vorigen Jahrhunderts weniger Kinder geboren wurden als früher, wird die Zahl der Erwerbstätigen, d. h. die Zahl derjenigen, die im Erwerbsleben stehen (z. B. 16- bis 65-Jährige) immer geringer. Gleichzeitig wächst die Zahl der Rentenbezieher (geburtenstarke Jahrgänge vor 1970). Da die Renten aus den Beiträgen der erwerbstätigen Arbeitnehmer und ihrer Arbeitgeber finanziert werden, müssen die Erwerbstätigen höhere Beiträge als frühere Generationen in die Rentenkasse einzahlen, damit die Renten finanziert werden können.
- Dank des medizinischen Fortschritts ist die *Lebenserwartung* höher als früher. Die heutige und künftige Rentnergeneration wird des-

halb länger Rente beziehen als frühere Generationen. Auch deshalb müssen von den aktiven, erwerbstätigen Arbeitnehmern höhere Rentenversicherungsbeiträge aufgebracht werden, um die Renten dauerhaft finanzieren zu können.

- Der medizinische Fortschritt wirkt sich auch auf die Krankenkassen aus. Erstens sind ärztliche Behandlungen wegen der eingesetzten modernen technischen Geräte und Verfahren teurer geworden. Zweitens erreichen die Menschen ein höheres Alter als früher und müssen dementsprechend länger, umfangreicher und besser medizinisch versorgt werden. Um das zu finanzieren, sind die Krankenkassenbeiträge in den letzten Jahrzehnten schrittweise deutlich erhöht worden.
- Die hohe Arbeitslosigkeit in den 1980er, 1990er und 2000er Jahren hat sowohl bei der Renten- als auch der Krankenversicherung zu enormen Einnahmeausfällen geführt. Gleichzeitig waren von der Arbeitslosenversicherung erhöhte Unterstützungsleistungen für die Arbeitslosen aufzubringen. So erklären sich die gestiegenen Beiträge zur Arbeitslosenversicherung.
- Da die Menschen immer älter, im hohen Alter aber auch pflegebedürftig werden, musste in den neunziger Jahren ein neuer Zweig der Sozialversicherung, die Pflegeversicherung, geschaffen werden, die einen Teil der Pflegeleistungen finanziert. Auch dadurch ist der Gesamtbeitragssatz zur Sozialversicherung gestiegen.

Aus Schaubild 2.3 wird ersichtlich, wie sich der Gesamtsozialversicherungsbeitrag, also der Beitrag zur Renten-, Kranken-, Arbeitslosen- und Pflegeversicherung zusammengerechnet, seit 1957 entwickelt hat. Der bisherige Spitzenwert wurde 1998 mit 42,12 % (Arbeitnehmer- und Arbeitgeberbeitrag zusammen) erreicht. Seitdem ist die Sozialabgabenbelastung wieder leicht rückläufig. 2023 lag der Gesamtsozialversicherungsbeitrag bei 40,7 %. Manche Ökonomen sehen in der Marke von 40 % eine »magische Grenze«, die nicht überschritten werden sollte, um die Wettbewerbsfähigkeit der Wirtschaft nicht zu gefährden. Dieser Grenzwert ist aber politisch gesetzt, d. h. es wird von einigen nicht gewünscht, dass er darüber

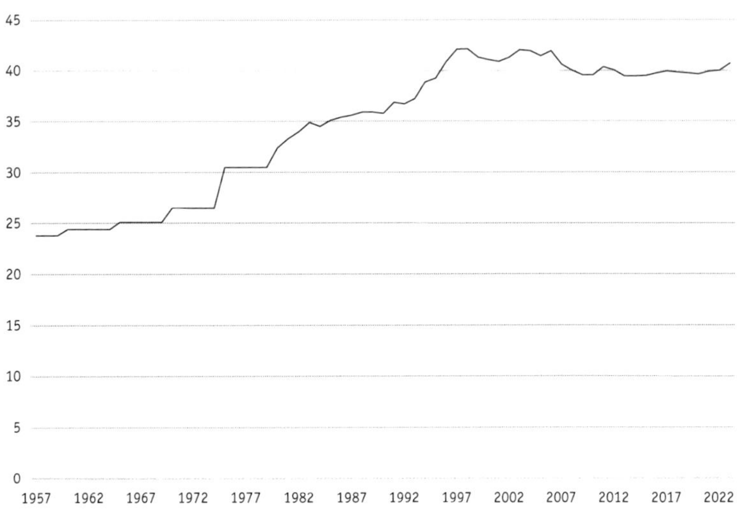

Abb. 2.3: Gesamtsozialversicherungsbeitragssatz: Renten-, Kranken-, Arbeitslosen- und Pflegeversicherung (Deutsche Rentenversicherung (Hrsg.), 2023, 260).

hinausgeht. Einen empirischen Beleg dafür, dass jenseits der 40 % Gesamtsozialversicherungsbeitrag die Belastbarkeit der Wirtschaft überschritten ist, gibt es bisher nicht.

Die Sozialabgaben dienen der Finanzierung vieler Sozialleistungen. Schaubild 2.4 zeigt, wie sich das Aufkommen aus den Sozialabgaben seit 1950 entwickelt hat (durchgehende Linie, linke Achse). 1950 waren es umgerechnet nur 4,3 Mrd. Euro, die von den Beitragszahlern in die Kassen der Renten-, Kranken- und Arbeitslosenversicherung flossen. 2023 waren es über 700 Mrd. Euro. Wie bei den Steuern ist diesen Zahlen allein nicht zu entnehmen, ob die Sozialabgabenbelastung gestiegen, gesunken oder gleichgeblieben ist. Denn man muss berücksichtigen, dass in den mehr als 70 Jahren auch das Bruttoinlandsprodukt, aus dem die Sozialabgaben finanziert werden, um ein Vielfaches gewachsen ist.

Deshalb ist es sinnvoll, wie bei den Steuern auch bei den Sozialabgaben die *Sozialabgabenquote* zu betrachten. Sie gibt an, wie viel

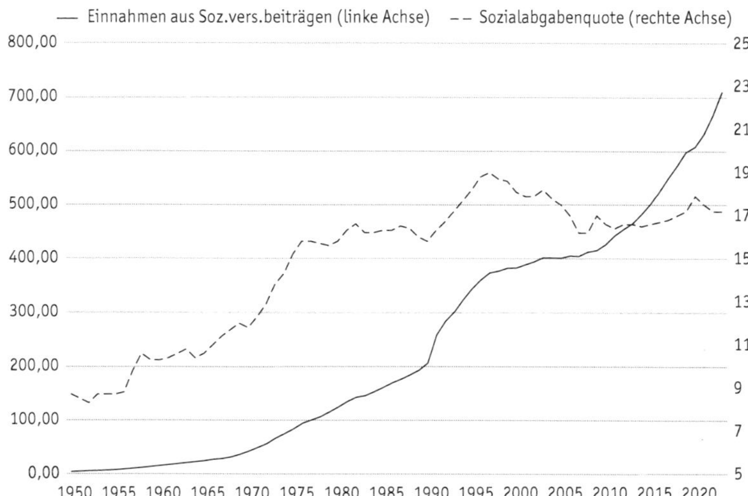

Abb. 2.4: Einnahmen aus Sozialversicherungsbeiträgen und Sozialabgabenquote 1950 bis 1990 altes Bundesgebiet, ab 1991 Deutschland (Statistisches Bundesamt, Fachserie 18, Reihe 1.5, Ausgabe 2023).

Prozent die gesamten Sozialabgaben am Bruttoinlandsprodukt ausmachen. Ihre Entwicklung ist im Schaubild 2.4 als gestrichelte Linie eingezeichnet.

Schon auf den ersten Blick ist leicht erkennbar: Anders als die im vorigen Unterabschnitt gezeigte Steuerquote hat die Sozialabgabenquote einen anderen Verlauf. Sie hatte 1950 einen Wert von 8,5 % und stieg nach 1957, dem Jahr der Einführung der dynamischen Rente, zunächst nur leicht auf über 10 % an. Bis 1970 legte sie noch mal um gut einen Prozentpunkt zu. In den siebziger Jahren erhöhte sie sich bis 1977 schließlich auf 15,8 %. Hierin spiegelt sich die expansive Sozialpolitik der sozial-liberalen Koalition aus SPD und FDP insbesondere in der Regierungszeit von Bundeskanzler Willy Brandt (SPD) wider, die auch durch eine Erhöhung der Sozialabgaben finanziert werden musste. Nach 1977 folgte eine Phase fast gleichbleibender Sozialbeiträge bis 1990. Auch das lässt sich erklären: In der Amtszeit von Bundekanzler Helmut Schmidt (SPD) wurde die Wirtschaft erheblich durch die infolge der beiden Ölkrisen (1973/74 und 1980/81) gestiegenen Rohölpreise belastet, so dass einem weiteren Ausbau des Sozialstaates über höhere Sozialabgaben Grenzen gesetzt waren.

Die ab Ende 1982 regierende CDU/FDP-Koalition unter Bundeskanzler Helmut Kohl (CDU) hatte sich ausdrücklich zum Ziel gesetzt, den Staat auf den Kern seiner Aufgaben zurückzuführen, so dass sich eine weitere Erhöhung von Steuern und Sozialabgaben verbot. Mit der Wiedervereinigung ging diese Phase zu Ende. Die Soziallasten, die aus dem Zusammenbruch der DDR-Wirtschaft auf die deutsche Volkswirtschaft zukamen, wurden zum Teil durch höhere Sozialabgaben finanziert. So hatte die Sozialabgabenquote 1997, kurz vor Ende der Amtszeit Helmut Kohls, mit 19 % ihren bisherigen Höchststand in der Nachkriegszeit erreicht. Seitdem ist sie wieder leicht rückläufig: Die restriktive Sozialpolitik der rot-grünen Bundesregierung unter Bundeskanzler Gerhard Schröder (SPD) führte zu einem Rückgang auf 17,5 % (2005). Dieser setzte sich unter der Großen Koalition unter Bundeskanzlerin Angela Merkel (CDU) noch bis 2008 (16,2 %) fort. Danach stieg sie – bedingt durch die im Zuge der Finanzmarktkrise notwendigen höheren Sozialausgaben – wieder geringfügig auf 17 % (2009) an. Seitdem bewegt sie sich zwischen 16 und 18 %. Sie war damit rund doppelt so hoch wie am Anfang der alten Bundesrepublik Deutschland in den 1950er Jahren.

Wir sehen, wie die Entwicklung der Sozialabgabenquote einerseits von externen Einflüssen – Ölkrise, Wiedervereinigung, Finanzmarktkrise – beeinflusst wird, andererseits aber auch von den sozialpolitischen Maßnahmen, die die jeweilige Regierung ergreift. Die bereits erwähnte demografische Entwicklung überlagert wiederum die externen Einflüsse und erklärt den langfristig steigenden Trend der Sozialabgabenquote.

Die hohe Belastung der Einkommen in der Bundesrepublik Deutschland, die insbesondere die Bezieher kleiner und mittlerer Einkommen spüren, hängt also nicht mit hohen Steuern zusammen. Denn die Steuerquote und damit die steuerliche Belastung haben sich seit den fünfziger Jahren kaum verändert. Wenn wenig Netto vom Brutto bleibt, so liegt das vor allem an den hohen Sozialbeiträgen, die für das soziale Sicherungssystem aufgebracht werden müssen. Die hohen Sozialbeiträge wiederum sind eine Begleiterscheinung des von Reichskanzler Otto von Bismarck 1883 (Krankenversicherung) und 1889 (Rentenversicherung) geschaffenen Sozialversicherungssystems, das sich überwiegend aus Beiträgen finanziert. Andere Systeme wie beispielsweise das schwedische oder dänische Sozialsystem finanzieren sich überwiegend aus Steuermitteln. Das führt zwar an anderer Stelle zu einer hohen Belastung: in Schweden und Dänemark gilt ein Mehrwertsteuersatz von 25 %, in Deutschland nur von 19 % (2024). Dafür fällt die Abgabenbelastung bei Einkommenserhöhungen geringer aus, so dass mehr Netto vom Brutto verbleibt.

2.2 Die Staatsausgaben

Nachdem wir uns im Kapitel 2.1 mit den Steuern als der wichtigsten Einnahmequelle des Staates befasst haben, wenden wir uns nun der Ausgabenseite zu.

Die Struktur der Staatsausgaben nach volkswirtschaftlichen Merkmalen

In Schaubild 2.5 wird die Struktur der Staatsausgaben nach volkswirtschaftlichen Merkmalen veranschaulicht. Zu unterscheiden sind *Realausgaben*, *Transferausgaben* und *Zinsen*.

Zu den Realausgaben zählen Löhne und Gehälter der Arbeiter und Angestellten im öffentlichen Dienst einschließlich ihrer Sozialversicherungsbeiträge, die Besoldung der Beamten, Richter und Soldaten, die Beihilfeleistungen für die Beamten (z. B. die teilweise Erstattung der Kosten für ärztliche Behandlungen) sowie die Pensionen für Ruheständler und deren jeweils Hinterbliebenen. Des Weiteren werden *Sachausgaben* zu den Realausgaben gerechnet. Konsumtive

Sachausgaben sind z. B. die Kosten für die Büroausstattung der Behörden oder die Uniformen für Polizei und Militär. Konsumtiv deshalb, weil die Materialien für den Ge- und Verbrauch bestimmt sind. Daneben gibt es investive Sachausgaben: Gelder, die für den Bau von Infrastruktureinrichtungen wie z. B. Schulen, Wasser- und Elektrizitätswerke, Straßen, Flughäfen o. ä. verwendet werden. Auch militärisches Gerät wird seit einiger Zeit von den Statistikern zu den investiven Ausgaben gezählt. Mit öffentlichen Investitionen werden Produkte geschaffen, die längere Zeit genutzt werden und die Voraussetzung für das Betreiben privater Unternehmen sind.

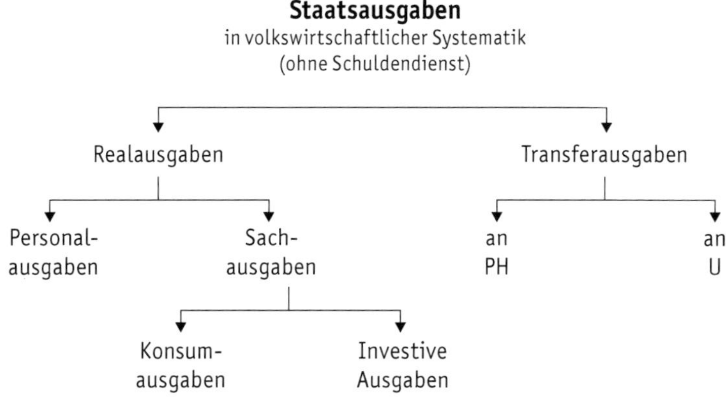

Abb. 2.5: Struktur der Staatsausgaben (nach Bajohr 2007, 60).

Unter Transferausgaben (Transfer = Übertragung) versteht man Zahlungen des Staates entweder an Private Haushalte oder an Unternehmen. Bei den Transfers an Private Haushalte handelt es sich i. d. R. um Sozialleistungen wie z. B. Bürgergeld oder Wohngeld, aber auch um die gesamten Leistungen der gesetzlichen Sozialversicherung. Sind Unternehmen oder Wirtschaftszweige die Empfänger von Geldzuwendungen, spricht man von Subventionen (von lat. subvenire = zu Hilfe kommen). Transferausgaben sind ein wichtiges Instrument des Staates, um wirtschafts- und sozialpolitische Ziele zu erreichen. Dazu später mehr.

Ein Teil der Staatsausgaben muss außerdem für Zinszahlungen reserviert werden, die der Staat für aufgenommene Kredite entrichten muss. Auf die Staatsverschuldung und ihre Bedeutung für die Finanzpolitik gehen wir ebenfalls später ein.

Der Staat im volkswirtschaftlichen Geldkreislauf

Zum Verständnis der Finanzpolitik ist es unbedingt erforderlich, die Geldströme zu betrachten, die in der Wirtschaft zwischen den Sektoren hin- und her fließen. Stellen wir uns vor, wir würden das Wirtschaftsgeschehen in Deutschland vom Gipfel der Zugspitze aus beobachten (▶ Abb. 2.6)

Wir sehen auf der linken Seite den Sektor Private Haushalte und auf der rechten den Sektor Unternehmen (Konsum- und Investitionsgüterindustrie), in der Mitte den Staat, bestehend aus Bund, Ländern, Gemeinden und Sozialversicherung. Ferner gibt es noch den Finanziellen Sektor (Banken, Sparkassen, Bausparkassen, Investmentfonds, Versicherungen). Die gestrichelten Linien stellen die Einnahmen des Staates dar: Steuern und Sozialabgaben fließen einmal von den privaten Haushalten, aber auch von den Unternehmen an den Staat. Die durchgehenden Linien veranschaulichen die Ausgaben des Staates, d. h. die Geldströme, die vom Staat an die privaten Haushalte (Gehälter des Öffentlichen Dienstes und Sozialleistungen) und an die Unternehmen fließen. Dabei unterscheidet man

- den *Staatsverbrauch*, das sind Ausgaben für Konsumgüter (z. B. Uniformen für die Polizei, Büromaterial für die Behörden),
- *öffentliche Investitionen*, das sind Ausgaben zum Bau von Gebäuden (z. B. Schulen, Kindergärten), für Straßen oder Energieversorgung, kurz: für die Infrastruktur (= alle Einrichtungen, die Voraussetzung für das Funktionieren von Wirtschaft und Gesellschaft sind),
- *Subventionen*, das sind Ausgaben zur Unterstützung von einzelnen Unternehmen oder ganzen Wirtschaftszweigen.

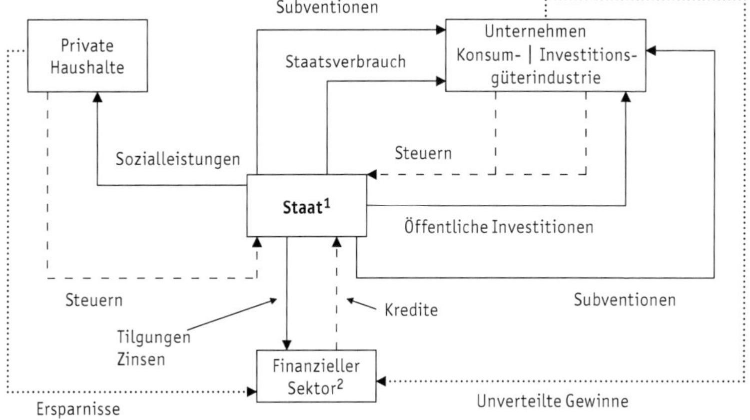

Abb. 2.6: Die Rolle des Staates im Geldkreislauf ohne Wirtschaftsbeziehungen mit dem Ausland (Adam 2015, 145).
[1] Bund, Länder, Gemeinden, Sozialversicherung.
[2] Banken, Sparkassen, Bausparkassen, Versicherungen.

Zwei gepunktete Linien laufen vom Sektor Private Haushalte und vom Sektor Unternehmen zum Finanziellen Sektor. Hierbei handelt es sich um die Ersparnisse der privaten Haushalte bzw. diejenigen Gelder, die die Unternehmen weder für Käufe von Waren oder Dienstleistungen noch für Löhne und Gehälter noch für Steuern und Sozialabgaben ausgeben, sondern die im Unternehmen verbleiben (= unverteilte Gewinne) und die sie im Finanziellen Sektor, also z. B. bei Banken oder Versicherungen, anlegen. Schaubild 2.6 lässt bewusst die Geldströme des Staates mit dem Ausland weg (z. B. die Beiträge zu internationalen Organisationen und Zusammenschlüssen wie NATO oder Internationalem Währungsfonds), um es nicht zu sehr zu komplizieren. Aus Schaubild 2.6 lassen sich drei grundlegende Erkenntnisse gewinnen:

- In der Wirtschaft findet ein ständiger Kreislauf des Geldes statt. Man nennt das Geld- oder *Wirtschaftskreislauf*.
- Das, was der Staat seinen Bürgern und Unternehmen an Steuern abnimmt, verschwindet nicht auf Nimmerwiedersehen in einem dunklen, schwarzen Loch. Ganz im Gegenteil: Alles fließt wieder an Bürger und Unternehmen zurück, sei es in Form von Sozialleistungen an private Haushalte, in Form von Subventionen als Unterstützung für Unternehmen oder in Form von Gehältern oder Beamtenbezügen an private Haushalte.
- Auch die Ausgaben für den Staatsverbrauch oder die öffentlichen Investitionen landen über die Unternehmen wieder bei den privaten Haushalten. Denn die Polizeiuniformen werden von Betrieben hergestellt und an den Staat verkauft, die Erlöse aus diesen Verkäufen fließen in Form von Löhnen und Gewinneinkommen an private Haushalte. Auch der Bau von Schulen, Kindergärten, Straßen oder Energieversorgungseinrichtungen werden vom Staat an Unternehmen der Bauwirtschaft in Auftrag gegeben, von ihm aus den Steuereinnahmen bezahlt, und die Unternehmen der Bauwirtschaft zahlen davon wieder Löhne und Gehälter an ihre Arbeitnehmer und Dividenden und Gewinne an ihre Eigentümer.

Letztlich landen alle Steuern also in irgendeiner Form wieder in den Taschen der privaten Haushalte! Doch bekommen sie genau so viel vom Staat wieder zurück, wie sie an Steuern gezahlt haben? Diese Frage werden wir in ► Kapitel 4.2 beantworten.

Die Ausgabenstruktur

Betrachten wir jetzt die einzelnen Geldströme, die vom Staat als Ausgaben an die privaten Haushalte und Unternehmen abfließen, genauer. Tabelle 2.5 enthält die Ausgaben von Bund, Ländern, Gemeinden und Gemeindeverbänden (Gv) und den Sozialversicherungen. An den Zahlen lässt sich Folgendes erkennen:

Tab. 2.5: Ausgaben des Staates – Bund, Länder, Gemeinden, Sozialversicherung 2022 in Mrd. Euro (Quelle: Statistisches Bundesamt, Fachserie 14, Reihe 2, Ausgabe 2023)

Ausgabeart	insgesamt	Bund	EU-Anteile	Länder	Gemeinden/ Gem.verbände	Soz. Vers.
Staatsverbrauch	1.655,7	489,3	36,7	455,6	274,9	801,0
darunter:						
◆ Personalausgaben	348,5	60,5	-	177,9	86,0	24,2
◆ Sachaufwand	535,6	58,8	-	78,9	74,4	323,5
◆ Zinsausgaben	29,1	17,2	-	9,6	2,2	0,1
◆ Laufende Zuweisungen	1.6001,0	393,4	36,7	231,8	181,9	757,2
◆ abz. Zahlungen v. gleicher Ebene	858,5	40,5	-	42,5	70,1	304,0
Öffentliche Investitionen	219,7	119,6	-	66,6	51,4	3,4
darunter:						
◆ Sachinvestitionen	74,0	15,3	-	16,5	41,4	0,9
◆ Vermögensübertragungen	105,0	51,2	-	48,5	5,2	0,1
◆ Darlehen	51,4	40,7	-	6,7	4,0	0,0
◆ Erwerb von Beteiligungen	37,2	223,6	-	7,2	4,1	2,4

Der weitaus größte Brocken der konsumtiven Ausgaben entfällt auf die Sozialversicherung. Das ist nicht weiter verwunderlich, besteht doch die Aufgabe der verschiedenen Zweige der Sozialversicherung darin, Sozialleistungen in Form von Sachaufwand (das sind z. B. Medikamente und sonstige Heilmittel der Krankenversicherung) und Geldleistungen wie Renten u. ä. zu erbringen (das vor allem verbirgt sich hinter den »laufenden Zuweisungen« der Sozialversicherung; ▸ Tab. 2.5).

- Die Länder haben die höchsten Personalausgaben im Staat. Auch das liegt in der Natur der Sache. Die Ausführung der meisten Gesetze ist Ländersache. Folglich brauchen auch sie dafür das meiste Personal. Das erklärt auch, warum die Ländervertretungen bei den Tarifverhandlungen des öffentlichen Dienstes ein gewichtiges Wort mitreden.
- Die meisten öffentlichen Investitionen fallen ebenfalls bei den Ländern, zu einem Großteil aber auch bei den Gemeinden an. Denn Schulen und Universitäten sind etwa Ländersache, Kindertagesstätten dagegen Angelegenheit der Kommunen.

Die Aufgabenverteilung zwischen Bund, Ländern und Gemeinden und die Struktur der öffentlichen Ausgaben sind häufig eine Erklärung dafür, weshalb sich politische Projekte so lange hinziehen und mitunter sogar scheitern. Denn bei der Durchführung und Finanzierung vieler Projekte müssen die Gebietskörperschaften zusammenarbeiten und sich darüber verständigen, wer was und wieviel zahlt. Dabei knirscht es im komplizierten Räderwerk des föderalen Staatsaufbaus mit seinen finanziellen Verflechtungen mitunter heftig. Für jeden Politik-Interessierten ist es daher wichtig, die grundlegenden Zusammenhänge der Steuer- und Finanzpolitik zu kennen. So erschließen sich viele Vorgänge in der Politik leichter. Im nächsten Unterabschnitt kommen wir zu einer weiteren Art, wie die Staatsausgaben eingeteilt werden können.

Infobox 2.4: Sondervermögen

Sondervermögen sind Teile des Vermögens des Bundes und der Länder. Sie werden auf der Grundlage eines vom Parlament verabschiedeten Gesetzes eingerichtet und dienen der Erfüllung einzelner, abgegrenzter Aufgaben der jeweiligen Gebietskörperschaft. Sie sind getrennt vom übrigen Vermögen zu verwalten. Für Sondervermögen ist eine eigene Wirtschafts-/Rechnungsführung vorgeschrieben (eigener Haushalts- beziehungsweise Wirtschaftsplan, Jahresabschluss). Sind die gesetzlich festgelegten Aufgaben und Ziele eines Sondervermögens erfüllt, werden sie wieder aufgelöst.

Im Haushaltsplan erscheinen nur noch die Zuführungen an das Sondervermögen und die Ablieferungen des Sondervermögens an die Gebietskörperschaft. Beispiele für Sondervermögen des Bundes sind das Bundeseisenbahnvermögen, der Energie- und Klimafond oder das ERP-Sondervermögen (ERP = European Recovery Program). Über Aufgaben und Ausstattung dieser Sondervermögen gibt die vom Bundesfinanzministerium veröffentlichte Vermögensrechnung des Bundes Auskunft. Für das Haushaltsjahr 2021 wurden 19 solcher Sondervermögen ausgewiesen.

Die Staatsausgaben nach Aufgabenbereichen

Vielfach wird bei den Staatsausgaben auch angegeben, wie viel Prozent der Staatsausgaben auf die einzelnen Aufgabenbereiche bzw. Ressorts (Bundesministerien) entfallen. Das zeigt Tabelle 2.6.

Fast die Hälfte (48 %) der Ausgaben des Bundeshaushalts entfallen auf das Arbeits- und Sozialministerium und auf das Verteidigungsministerium. Daneben hat nur noch das Bundesministerium für Digitales und Verkehr mit 9,3 % einen nennenswerten Anteil am Bundeshaushalt. Die Ausgaben enthalten natürlich auch die gesamten Personal- und Sachausgaben eines Ministeriums und nicht allein das, was für die Umsetzung politischer Maßnahmen ausgegeben wird. Die relativ geringen Beträge des Bundesministeriums für Bildung und Forschung von 21,5 Mrd. Euro (4,5 %) und des Bundesministeriums des Innern und für Heimat von 13,3 Mrd. Euro (2,8 %) mögen vielleicht überraschen. Doch so wichtige Aufgaben wie Schulen, Universitäten, Polizei, Feuerwehr fallen in die Zuständigkeit der Länder und Gemeinden. Deshalb scheinen sie im Bundeshaushalt nicht auf.

Tab. 2.6: Geplante Ausgaben des Bundeshaushalts 2024[1] nach Aufgabenbereichen/Ressorts (Quelle: BMF: Bundeshaushalt digital; Stand: März 2024)

Aufgabenbereich/Ressort	Betrag[2] (Mrd. Euro)	Anteil[2] in Prozent
Bundesministerium für Arbeit und Soziales	175,7	36,8
Bundesministerium der Verteidigung	52,0	10,9
Bundesministerium für Digitales und Verkehr	44,1	9,3
Bundesschuld	39,6	8,3
Allgemeine Finanzverwaltung	38,6	8,1
Bundesministerium für Bildung und Forschung	21,5	4,5
Bundesministerium für Gesundheit	16,7	3,5
Bundesministerium für Familie, Senioren, Frauen und Jugend	13,9	2,9
Bundesministerium des Innern und für Heimat	13,3	2,8
Bundesministerium für wirtschaftliche Zusammenarbeit/Entwicklung	11,2	2,4
Bundesministerium für Wirtschaft und Klimaschutz	11,1	2,3
Bundesministerium der Finanzen	9,8	2,1
Bundesministerium für Ernährung und Landwirtschaft	6,9	1,5
Bundesministerium für Wohnen, Stadtentwicklung und Bauwesen	6,7	1,4
Auswärtiges Amt	6,7	1,4

Tab. 2.6: Geplante Ausgaben des Bundeshaushalts 2024[1] nach Aufgabenbereichen/Ressorts (Quelle: BMF: Bundeshaushalt digital; Stand: März 2024) – Fortsetzung

Aufgabenbereich/Ressort	**Betrag[2] (Mrd. Euro)**	**Anteil[2] in Prozent**
Bundeskanzler und Bundeskanzleramt	3,9	0,8
Bundesministerium für Umwelt, Naturschutz, nukleare Sicherheit und Verbraucherschutz	2,4	0,5
Deutscher Bundestag	1,2	0,3
Bundesministerium der Justiz	1,0	0,2
Bundesrechnungshof	0,2	.
Sonstige[3]	0,2	.
Gesamthaushalt	**476,9**	**100,0**

[1] Stand März 2024.
[2] Differenzen in den Summen durch Rundungen.
[3] Bundespräsident und Bundespräsidialamt, Bundesbeauftragter für den Datenschutz und die Informationsfreiheit, Bundesverfassungsgericht, Bundesrat, Unabhängiger Kontrollrat.

Staatsausgaben und Staatsquote seit 1950

So wie wir bei den Steuern und den Sozialabgaben ihr Aufkommen absolut, aber auch relativ – bezogen auf das Bruttoinlandsprodukt – betrachtet haben (▸ Kap. 2.1), so werden wir uns jetzt auch die Staatsausgaben entsprechend ansehen.

In Schaubild 2.7 sehen wir, wie sich die Staatsausgaben einschließlich der Ausgaben der Sozialversicherung von 1950 bis 2023 entwickelt haben. Die Zahlen sind für die Jahre, als noch die D-Mark galt, in Euro umgerechnet. Mit Ausnahme der Jahre 1996, 2004 und 2011 sind die Staatsausgaben von Jahr zu Jahr gestiegen. Das Jahr 1995 sticht durch einen besonders starken Anstieg hervor. Das hat jedoch einen besonderen Grund: In diesem Jahr wurden die Altschulden der Treuhandanstalt (▶ Infobox 2.4) und eines Teils der ostdeutschen Wohnungsunternehmen von den öffentlichen Haushalten übernommen, was zu entsprechenden einmaligen Ausgaben führte. Der große Ausgabensprung 1991 erklärt sich aus der Einbeziehung der neuen Bundesländer in die Statistik.

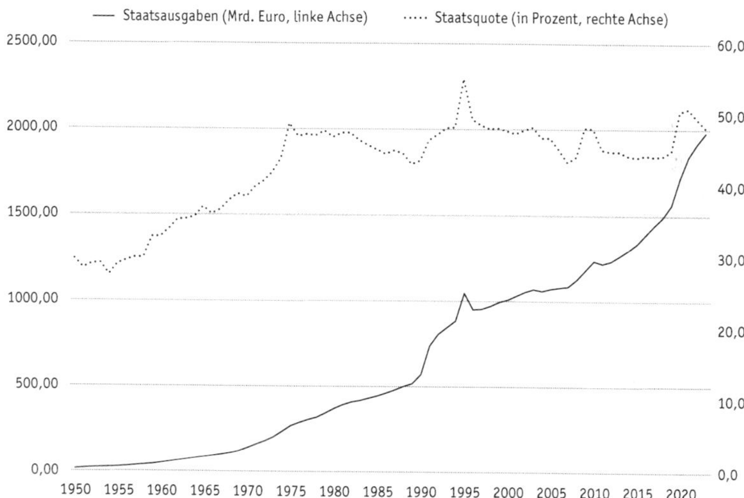

Abb. 2.7: Staatsausgaben und Staatsquote[1] in Deutschland[2] (Quellen: Für 1950–1969: Statistisches Bundesamt, Volkswirtschaftliche Gesamtrechnungen, Fachserie 18, Reihe 1.5, 1990, S. 83. Für 1970–2011: Ebda Ausgabe von 2012, S. 41. Ab 2010: Ebda Ausgabe von 2018, S. 41. Ab 1991: Ebda Ausgabe von 2023, S. 41).

So wie bei den Steuereinnahmen kann man allein aus der absoluten Höhe der Staatsausgaben keine weiterreichenden Schlussfolgerungen ziehen. Wichtig ist deshalb, die sogenannte *Staatsquote* heranzuziehen. Sie bezieht die Staatsausgaben auf das Bruttoinlandsprodukt, drückt also aus, wie viel Prozent des Bruttoinlandsprodukts auf die Staatsausgaben entfallen.

Infobox 2.5: Treuhandanstalt

Die *Treuhandanstalt*, kurz auch Treuhand genannt, war eine öffentliche Einrichtung, die nach der Wiedervereinigung die volkseigenen Betriebe der ehemaligen DDR übernommen hatte. Ihre Aufgabe war, die Betriebe nach und nach an Private zu verkaufen. Die Erlöse aus diesen Verkäufen blieben jedoch mager und deckten bei weitem nicht die Kosten, die in den Betrieben in der Übergangszeit entstanden waren. Die bei der Treuhand aufgelaufenen Schulden wurden aus dem Bundeshaushalt getilgt.

Die gepunktete Linie in Schaubild 2.7 zeigt die Staatsquote in ihrem zeitlichen Verlauf seit 1950. Wir erkennen einen kontinuierlichen Anstieg bis Mitte der siebziger Jahre (1975: 48,8 %), dann einen Rückgang bis vor der Wiedervereinigung (1989: 43,1 %), unmittelbar danach erfolgte erneut ein Anstieg bis zum bisherigen Höchststand in der Geschichte der Bundesrepublik (1995: 55,1 %). Seitdem ist sie in der Tendenz wieder gefallen. Im Jahr 2008 lag sie bei 44,2 %. Dann kam die weltweite Finanzmarktkrise, in der viele Staaten, auch Deutschland, zur Abfederung der Folgen viel Geld ausgegeben haben. Die Staatsquote stieg deshalb in den Jahren 2009 und 2010 wieder auf über 48 % an. Danach fiel sie wieder auf etwas über 44 % zurück, bis sie schließlich im Zuge der Corona-Pandemie, als der Staat erneut viel Geld ausgeben musste, auf fast 51 % (2021) kletterte.

Es fällt auf: Der rasante Anstieg der Staatsquote in den ersten 25 Jahren der Bundesrepublik ist Mitte der 1970er Jahre abrupt zum Stillstand gekommen. Seitdem ist die deutsche Politik bemüht, die »magische Grenze« von 50 % nicht zu überschreiten. Das würde nämlich bedeuten, dass mehr als die Hälfte des Bruttoinlandsprodukts durch die Hände des Staates fließt. Ein »ökonomisches Gesetz«, wonach die Wirtschaft mit einer derart hohen Staatsquote nicht mehr funktionieren würde, gibt es jedoch nicht. In der Tat haben zahlreiche Länder eine weitaus höhere Staatsquote als Deutschland (► Abb. 2.8).

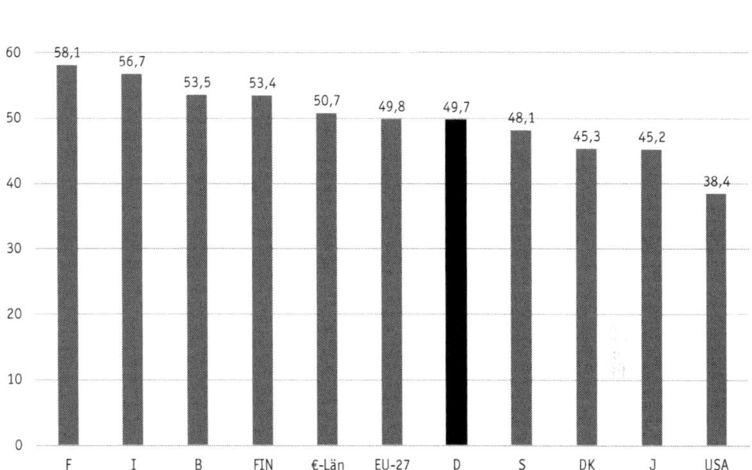

Abb. 2.8: Staatsquoten ausgewählter Länder im internationalen Vergleich (Staatsausgaben in Prozent des Bruttoinlandsprodukts 2022; Quelle: BMF).

Im Durchschnitt der 27 EU-Staaten lag die Staatsquote 2022 bei 49,8 %. Am höchsten war sie mit 58,1 % in Frankreich und 56,1 % in Italien. Schweden, das 1995 noch eine Staatsquote von 65 % aufwies, hat sie im Lauf der 2000er Jahre deutlich reduziert und lag 2022 bei 48,1 %. Relativ geringe Staatsquoten haben seit jeher die USA und Japan. Die USA deshalb, weil sie dem Staat keinen höheren Anteil am Bruttoinlandsprodukt zubilligen, sondern es vorziehen, der privaten Wirtschaft einen größeren Spielraum zu lassen. In Japan ist der Staatsanteil vergleichsweise niedrig, weil die soziale Absicherung dort zum überwiegenden Teil über die Familie erfolgt, der Sozialstaat also nicht in dem Umfang ausgeprägt ist wie in Europa.

Das leitet über zur nächsten Frage: Wie setzt sich die Staatsquote nach den beiden Bestandteilen »Staatsausgaben im engeren Sinne« (= Ausgaben der Gebietskörperschaften Bund, Länder und Gemeinden) und »Sozialausgaben« (hier: Ausgaben der Sozialversicherung) zusammen?

Zusammensetzung der Staatsquote

Betrachten wir dazu Schaubild 2.9: Es zeigt, wie sich die beiden Bestandteile der Staatsquote, der Anteil der Ausgaben der Gebietskörperschaften Bund, Länder und Gemeinden und der Anteil der Sozialversicherungsausgaben am Bruttoinlandsprodukt, langfristig entwickelt haben. Der Anteil der Sozialversicherung war in den fünfziger Jahren noch sehr gering, ist jedoch bis 1980 deutlich angewachsen. Zwar ist auch der Anteil der Gebietskörperschaften bis in die 1970er Jahre gestiegen. Die Ausgaben der Sozialversicherung haben jedoch den größeren Beitrag zum Anstieg der Staatsquote geleistet. Diese war insgesamt nach 1980 wieder rückläufig, was auf einen Rückgang des Anteils der Ausgaben der Gebietskörperschaften zurückzuführen ist. Mit der Wiedervereinigung wächst die Staatsquote wieder – insbesondere der Anteil der Sozialversicherungsausgaben.

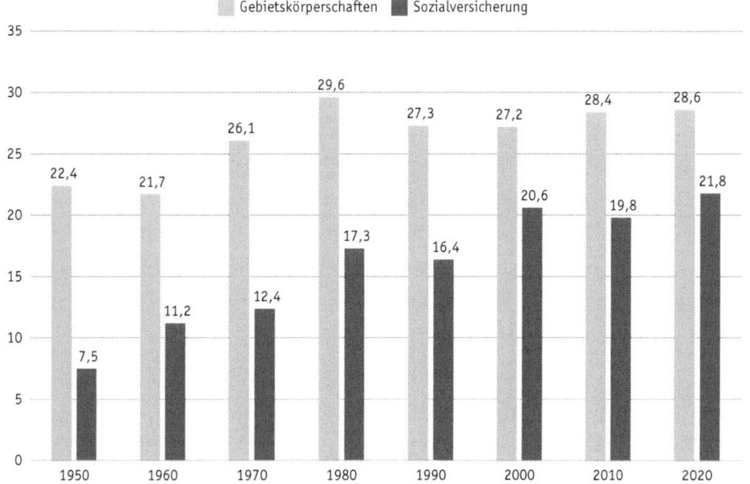

Abb. 2.9: Ausgabenquote nach Gebietskörperschaften und Sozialversicherung (Quelle: BMF).

Fazit: Die Staatsquote ist langfristig vor allem deshalb so stark gewachsen, weil der Anteil der Ausgaben der Sozialversicherung bis in die 1970er Jahre und dann wieder nach der Wiedervereinigung deutlich gestiegen ist. Dies ist ein Indiz dafür, dass

- der Wohlfahrtsstaat vor allem von 1950 bis in die 1970er Jahre erheblich ausgebaut wurde, was sich in dem höheren Anteil der Sozialversicherungsausgaben am Bruttoinlandsprodukt (BIP) niederschlägt;
- im Zuge der Wiedervereinigung die Ausgaben der Sozialversicherung stark ausgeweitet wurden, um die durch den wirtschaftlichen Zusammenbruch der ehemaligen DDR ausgelösten sozialen Probleme (hohe Arbeitslosigkeit) aufzufangen.

Man muss allerdings bedenken, dass die Ausgaben der Sozialversicherung, konkret also Renten-, Kranken-, Arbeitslosen- und Pflegeversicherung, nicht die alleinigen Sozialausgaben des Staates sind. Ein Teil der Sozialausgaben verbergen sich auch in den Ausgaben der Gebietskörperschaften, nämlich alle Sozialleistungen, die nicht aus Beiträgen an die Sozialversicherung finanziert werden wie etwa Kindergeld, Wohngeld, Bafög-Leistungen usw. Die Sozialausgabenquote verläuft spiegelbildlich zur Sozialabgabenquote (► Abb. 2.4). Während die Steuerquote (► Abb. 2.2) über die Jahre relativ konstant war, stieg die Sozialabgabenquote an.

2.3 Die Staatsverschuldung

Bisher haben wir die Staatseinnahmen und die Staatsausgaben getrennt voneinander behandelt. Was aber, wenn der Staat mehr Geld ausgibt als er einnimmt? Und wie geht *Staatsverschuldung* eigentlich vonstatten? Diese Fragen sollen in diesem Abschnitt beantwortet werden.

Die technische Abwicklung der Staatsverschuldung

Das Leihen kleinerer Geldbeträge zwischen Privatpersonen ist in aller Regel unkompliziert. Wenn Frau Müller Herrn Meier, den sie gut kennt und dem sie vertraut, 10 Euro leiht, damit er sich ein U-Bahn-Ticket kaufen kann, findet das formlos statt, indem sie ihm den Geldschein einfach aushändigt und er ihr die 10 Euro am nächsten Tag unaufgefordert zurückgibt. Bei der Staatsverschuldung geht es jedoch um Milliardenbeträge, die sich der Staat für mehrere Jahre leiht. Außerdem sind hier Schuldner und Gläubiger keine Menschen, die sich persönlich kennen, sondern Institutionen, Unternehmen, aber auch viele Privatpersonen. Infolgedessen gibt es für die technische Abwicklung der staatlichen Schuldaufnahme eine spezielle Institution: die *Finanzagentur GmbH*, eine Behörde, die dem Bundesfinanzministerium unterstellt ist. Die Finanzagentur bietet für Rechnung des Bundes die *Bundeswertpapiere*, z. B. Bundesanleihen und -obligationen, einem ausgewählten Kreis von Geschäftsbanken in einem Bieterverfahren zum Kauf an.

Infobox 2.6: Was sind Bundeswertpapiere?

Wenn eine Bank, ein Unternehmen oder auch der Staat sich Geld leiht, erwirbt der Verleiher (Gläubiger genannt) ein Wertpapier. Es dokumentiert, wieviel Geld er wem geliehen hat, wann der Kreditnehmer (Schuldner) das geliehene Geld zurückzahlen muss und wie hoch die Zinsen sind, die der Schuldner als Preis für den Kredit zu bezahlen hat. Wertpapiere, die einen Kredit zu fest vereinbarten Zinsen während der gesamten Laufzeit dokumentieren, werden als Anleihen oder auch Renten bezeichnet. (Rente hat hier nichts zu tun mit den monatlichen Zahlungen der Rentenversicherung an Personen, die sich im Ruhestand befinden!).

Der Bund, d. h. die Bundesrepublik Deutschland, nimmt Kredite mit unterschiedlicher Laufzeit zu einem festen Zinssatz auf. Es handelt sich entweder um

- Bundesanleihen (Laufzeit: zehn oder dreißig Jahre),
- Bundesobligationen (Laufzeit: fünf Jahre),
- Bundesschatzanweisungen (Laufzeit: zwei Jahre).

Auch die Bundesländer und die Sondervermögen nehmen auf diese Weise Kredite auf.

Wenn der Staat neue Kredite aufnimmt und dafür Bundeswertpapiere zum Kauf anbietet, werden sie in einem ersten Schritt zunächst von den Geschäftsbanken ersteigert. Diese behalten die Bundeswertpapiere zum größten Teil aber nicht selbst, sondern verkaufen sie weiter an verschiedene Anlegergruppen wie

- andere inländische Geschäftsbanken und Versicherungen,
- private Haushalte,
- inländische private Unternehmen,
- private Haushalte, Geschäftsbanken, Versicherungen und Unternehmen im Ausland.

Wenn beispielsweise Frau Müller dem Staat Geld leihen will, weil sie dafür höhere Zinsen als auf einem Sparbuch bekommt, beauftragt sie ihre Bank, Bundesanleihen im Wert von 10.000 Euro zu kaufen. Die Bank kauft dann im Namen von Frau Müller diese Anleihen an der Börse. In aller Regel werden die Anleihen nicht mehr in Papierform ausgedruckt und Frau Müller ausgehändigt, sondern über Wertpapierkonten abgewickelt. Frau Müller eröffnet deshalb bei ihrer Bank zusätzlich zu ihrem Girokonto ein Wertpapierkonto. Und so wie auf dem Girokonto verbucht wird, wie viele Euro Guthaben darauf eingezahlt sind, so wird auf dem Wertpapierkonto eingetragen, welche Wertpapiere Frau Müller gekauft hat und zu welchem Preis sie gerade an der Börse gehandelt werden. Die 10.000 Euro, die Frau Müller bisher als Guthaben auf ihrem Sparkonto hatte, werden von dort abgebucht, und dafür werden ihrem Wertpapierkonto Bundesanleihen im Wert von 10.000 Euro gutgeschrieben.

Wertpapiere kaufen und verkaufen die Geschäftsbanken nicht nur im Auftrag ihrer Kunden, sondern auch auf eigene Rechnung. Das bedeutet: Geld, das sie gerade nicht als Kredit z. B. an Unternehmen wieder vergeben, legen sie auch selbst zinsbringend an, indem sie u. a. Bundeswertpapiere kaufen. Der Markt, auf dem Wertpapiere mit einer Laufzeit von zwei Jahren und länger gehandelt werden, wird *Kapitalmarkt* genannt.

Ein wichtiger Akteur auf den Kapitalmärkten für festverzinsliche Wertpapiere sind die Lebensversicherungen. Sie kaufen Staatspapiere, weil sie relativ sicher sind und eine feste Verzinsung garantieren. Mit anderen Worten: Die Prämien, die beispielsweise Herr Schneider jeden Monat an seine Lebensversicherung zahlt, legt diese u. a. in Staatsanleihen an. Dadurch kann die Lebensversicherung eines Tages Herrn Schneider eine größere Summe auszahlen, als Herr Schneider in den Jahren als Prämien eingezahlt hat. Natürlich wird die Lebensversicherung nicht die volle Verzinsung, die sie für die Anlage der Prämien erhalten hat, an Herrn Schneider ausbezahlen, sondern einen Teil davon als Entgelt für ihre Dienstleistung einbehalten. Von diesen Entgelten/Einbehalten »lebt« eine Lebensversicherung – es ist ihr Geschäftsmodell.

Die ökonomische Wirkung der Staatsverschuldung

In Schaubild 2.10 ist dargestellt, wie die Staatsverschuldung den Geldkreislauf der Wirtschaft beeinflusst. Es handelt sich um die gleiche Darstellung wie ▶ Schaubild 2.6 – nur dass die beiden Geldströme, die die Staatsverschuldung veranschaulichen, fett hervorgehoben sind.

Wenn der Staat sich verschuldet, fließt ein Geldstrom vom Finanziellen Sektor – den Banken, Sparkassen, Bausparkassen und Versicherungen – zum Staat (dicker gestrichelter Pfeil in ▶ Abb. 2.10). Für das geliehene Geld muss der Staat Zinsen zahlen, und er muss den Kredit eines Tages auch wieder zurückzahlen. Das ist der dicke Pfeil – das Geld, das vom Staat wieder an den Finanziellen

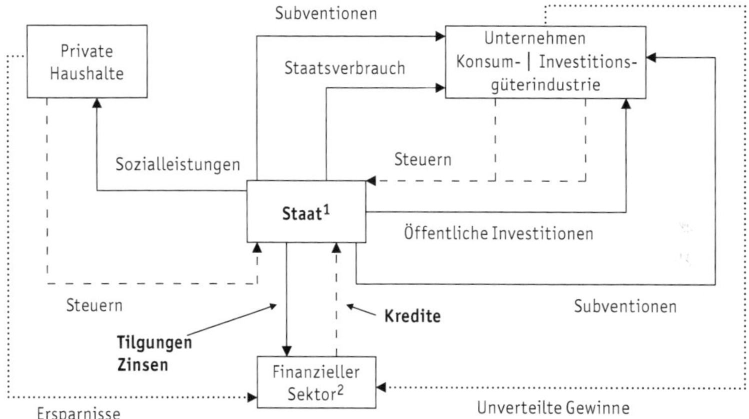

Abb. 2.10: Die Staatsverschuldung[1] im Geldkreislauf der Wirtschaft ohne Wirtschaftsbeziehungen mit dem Ausland.
[1] Bund, Länder, Gemeinden, Sozialversicherung.
[2] Banken, Sparkassen, Bausparkassen, Versicherungen.

Sektor zurückfließt. Wichtig ist: Der Staat nimmt bei der Verschuldung Geld in Anspruch, das beim Finanziellen Sektor auf Konten liegt und von den privaten Haushalten und den Unternehmen nicht in Anspruch genommen wird. Es wird also kein neues, zusätzliches Geld in den Wirtschaftskreislauf eingeschleust, sondern brachliegende finanzielle Mittel einer Verwendung durch den Staat zugeführt. Nur wenn private Haushalte und Unternehmen die Staatsanleihen nicht kaufen, die Banken gewissermaßen darauf »sitzen bleiben«, sie aber, um sich liquide Mittel zu verschaffen, der Notenbank zum Kauf anbieten und diese sie ihnen wiederum abnimmt, wird zusätzliches Geld geschaffen und in den Geldkreislauf eingeschleust.

Im Sinne der Übersichtlichkeit bezieht Schaubild 2.10 die Geldströme zwischen dem Inland und dem Ausland nicht mit ein. Gleichwohl sind die volkswirtschaftlichen Folgen zu bedenken, die sich ergeben, wenn der Staat sich das Geld nicht bei Inländern (= interne Verschuldung), sondern von privaten Haushalten, Banken oder Unternehmen leiht, die im Ausland ansässig sind (= externe Verschuldung). Die Folgen sind nämlich unterschiedlich, je nachdem, ob die Gläubiger in einem Euro-Land oder in einem Fremdwährungsland ansässig sind.

Wenn die aufgenommenen Kredite fällig werden, muss der Staat sie, wie jeder andere Schuldner auch, zurückzahlen. Dafür verwendet er seine Steuereinnahmen oder aber er nimmt neue Schulden auf, um damit die alten zu tilgen. Die Steuereinnahmen erhält er in Euro, ebenso die neuen Kredite, wenn er neue Schulden aufnehmen muss. Damit kann er alle Gläubiger bedienen, die in einem Land ansässig sind, das ebenfalls den Euro als Währung hat. Anders, wenn es sich um Gläubiger aus den USA, Großbritannien oder aus einem anderen Land handelt. Dann müssen die Schulden in einer Währung zurückgezahlt werden, die im internationalen Zahlungsverkehr als allgemein akzeptiertes Zahlungsmittel gilt. Das ist in der Regel der US-Dollar. Da der Staat die Steuereinnahmen nur in heimischer Währung erhält, muss er Euros in US-Dollar tauschen. Das geschieht bei der Europäischen Zentralbank (EZB) bzw. ihrer nationalen Zweigstelle, der Deutschen Bundesbank.

Wie bekommt die Europäische Zentralbank (EZB) bzw. die Deutsche Bundesbank US-Dollar? Andere Währungen, insbesondere US-Dollar, fließen ihr zu, wenn Unternehmen des Euroraums in Nicht-Euro-Länder exportieren und sich die gelieferten Waren in US-Dollar bezahlen lassen. Dann tauschen sie die eingenommenen US-Dollar über ihre Bank in Euro um, denn sie müssen ihre Angestellten und Lieferanten in Euro bezahlen. Die Geschäftsbank wiederum wechselt die US-Dollar bei der Europäischen Zentralbank in Euro um. Sobald ein Importeur im Euroraum Waren in einem Nicht-Euro-Land kauft, läuft der Umtauschprozess in umgekehrter Richtung. Der Importeur erhält von seiner Bank gegen Euro US-Dollar, die sich die Bank wiederum bei der EZB besorgt.

Daraus lässt sich für die Staatsverschuldung in einem Fremdwährungsland ableiten: Ein Staat kann sich bei Bürgern, Unternehmen, Banken oder Versicherungen, die in einem Fremdwährungsland sitzen – man spricht in diesem Fall von externer Verschuldung – dauerhaft nur insoweit verschulden, wie die Exporteure durch Verkauf von Waren in Fremdwährungsländern ausreichend viele *Devisen* (= ausländische Zahlungsmittel) erwirtschaften. Konkret: Die Einnahmen von Devisen aus Exportgeschäften müssen ausreichen, um sowohl die Importeure für den Kauf von Waren als auch den Staat für die Bedienung der Schulden im Fremdwährungsland mit US-Dollar ausstatten zu können.

Für Länder, die keine Exportüberschüsse erzielen, weil deren Unternehmen international nicht wettbewerbsfähig sind oder weil sie auf dem Weltmarkt keine international nachgefragten Produkte anbieten können, wird es kritisch, sobald ihr Staatshaushalt nicht ausgeglichen ist und sie auch noch bei Gläubigern in einem Fremdwährungsland Schulden aufnehmen. Ihnen droht früher oder später die Zahlungsunfähigkeit, heißt: Sie können ihre Schulden nicht mehr bedienen, weil ihre Notenbank über keine Devisenreserven (= US-Dollar) verfügt. Diesem Land bleibt dann nichts anderes übrig als seine Importe zu drosseln, d. h. weniger Waren im Fremdwährungsland einzukaufen und zu versuchen, mehr Waren zu exportieren, um Devisen zu erlösen. Für die Bevölkerung dieses Landes bedeutet das konkret: Es stehen weniger Waren im Inland zur Verfügung, deshalb steigen die Preise und die Realeinkommen sinken. Um mehr Waren exportieren zu können, müssen die Unternehmen kostengünstiger produzieren. Niedrigere Kosten aber bedeutet: Löhne senken.

Meist werden Länder, denen ein Staatsbankrott droht, durch internationale Organisationen finanziell durch Kredite unterstützt. Diese sind dann in aller Regel an Auflagen gebunden. Die Regierungen dieser Länder müssen wirtschaftspolitische Maßnahmen ergreifen, damit ihre Unternehmen international wieder wettbewerbsfähig werden, Waren im Ausland verkaufen können und so wieder Devisen ins Land kommen, die sie für die Bedienung der Schulden benötigen. Das geht nicht ohne Wohlstandsverluste für breite Teile der Bevölkerung.

In den nächsten Unterabschnitten betrachten wir Höhe und Entwicklung der Staatsverschuldung in Deutschland.

Höhe und Entwicklung der Staatsverschuldung

In den 1950er und 1960er Jahren blieb die Staatsverschuldung auf niedrigem Niveau. Der erste Bundesfinanzminister nach dem Zweiten Weltkrieg in den beiden ersten Kabinetten Adenauer, Fritz Schäffer (CSU), war dafür bekannt, Haushalte aufzustellen, bei denen es zu Steuerüberschüssen kam, die er auf ein Sonderkonto – Julius-Turm genannt – einzahlte. Erst Mitte der 1970er Jahre, als die erste Ölpreiskrise zu einer Stagnation der Wirtschaft führte und die Arbeitslosenzahlen auf über eine Million ansteigen ließ, änderte sich das (► Abb. 2.11). Seitdem erhöhten sich die Staatsschulden Jahr für Jahr. Die mehrmaligen Regierungswechsel, die in dieser Zeit stattfanden – von der sozialliberalen Koalition unter Helmut Schmidt über die christlich-liberale Koalition unter Helmut Kohl, die rot-grüne Koalition unter Gerhard Schröder bis hin zu den ersten beiden Kabinetten von Angela Merkel änderte daran nichts. Erst ab 2013 sanken die Staatsschulden. 2020 stiegen sie dann wegen der erhöhten staatlichen Ausgaben zur Abmilderung der wirtschaftlichen Folgen der Corona-Pandemie wieder an.

Auch bei den Staatsschulden ist es sinnvoll, nicht allein ihre absolute Höhe zu betrachten, sondern sie ins Verhältnis zum Bruttoinlandsprodukt zu setzen. In ► Schaubild 2.11 ist die Entwicklung der *Staatsschuldenquote*, der Staatsschulden in Prozent des Bruttoinlandsprodukts, als gestrichelte Linie eingezeichnet. Sie verdoppelt sich im Zeitraum von Mitte der 1970er Jahre bis Anfang der 1980er Jahre von rund 20 auf 40 %. In der zweiten Hälfte der 1980er Jahre blieb sie auf annähernd diesem Niveau – ein Ergebnis der Politik der christlich-liberalen Koalition unter Helmut Kohl (CDU), der die Rückführung der Tätigkeit des Staates auf seine Kernaufgaben in seiner ersten Regierungserklärung als Ziel verkündet hatte.

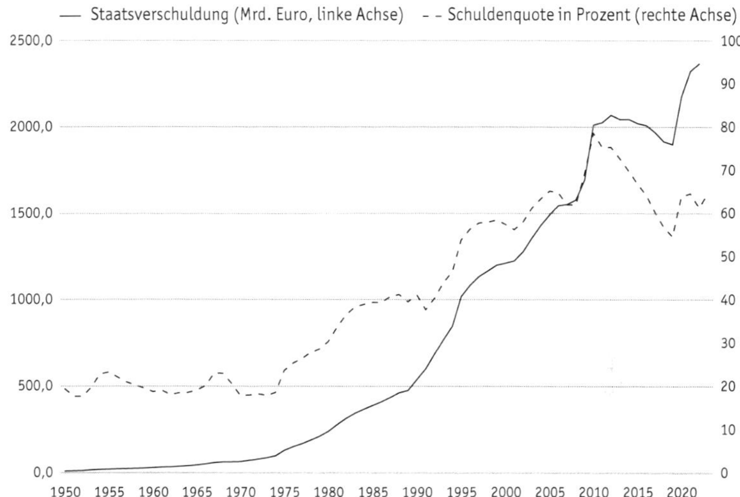

Abb. 2.11: Staatsverschuldung[1] und Schuldenquote[2] in Deutschland[3] 1950 bis 2022 (Quelle: Statistisches Bundesamt, Fachserie 14, Reihe 5 (2022), S. 13 und Fachserie 18, Reihe 1.5 (2022), S. 14).
[1] Bund, Länder, Gemeinden/Gemeindeverbände, Sozialversicherung. Ab 2006 einschl. ausgewählter öffentlicher Fonds, Einrichtungen und Unternehmen des Staatssektors, ab 2010 einschl. aller öffentlichen Fonds (neues Erhebungsprogramm).
[2] Schulden in Prozent des Bruttoinlandsprodukts.
[3] Bis 1990 früheres Bundesgebiet, ab 1991 alte und neue Bundesländer.

Dann erfolgte 1990 die Wiedervereinigung, die erhebliche öffentliche Investitionen in die Infrastruktur der neuen Bundesländer und auch hohe Sozialausgaben für Millionen arbeitslos gewordener Bürger der ehemaligen DDR erforderte. Das war nicht aus den laufenden Steuereinnahmen zu finanzieren, weshalb auch die christlich-liberale Regierung unter Helmut Kohl (CDU) Kredite aufnehmen musste. Mitte der 2000er Jahre wurde die Verschuldung wieder leicht zurückgeführt, bis in der weltweiten Finanzmarktkrise Ende der 2000er Jahre die meisten Industrieländer – so auch Deutschland – kreditfinanzierte Konjunkturprogramme auflegten, um die Folgen für den

Arbeitsmarkt zu mildern. Die 2010er Jahre sind durch eine kontinuierliche Rückführung der Schuldenquote gekennzeichnet, bis die Corona-Pandemie 2020 erneute kreditfinanzierte expansive Maßnahmen notwendig machte.

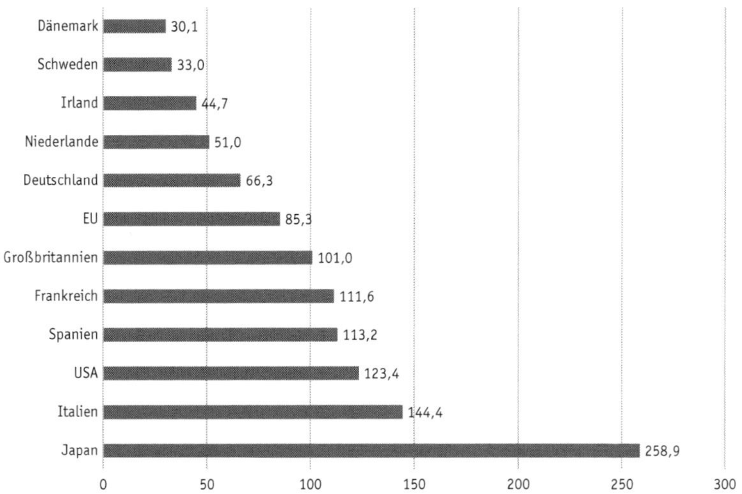

Abb. 2.12: Staatsschuldenquoten[1] im internationalen Vergleich 2022 (Quelle: EU-Kommission).
[1] Staatsschulden in Prozent des Bruttoinlandsprodukts.

Mit einer Schuldenstandsquote von rund 66 % lag Deutschland 2022 im Vergleich zu anderen Industrieländern deutlich unter dem Durchschnitt der EU-Länder von 85 % (▸ Abb. 2.12). Die höchste Staatsverschuldung der OECD-Länder hat seit langem Japan mit fast 260 %. Damit hat Japan keine Probleme, denn es handelt sich fast ausschließlich um eine interne Verschuldung. Das Land käme erst dann in Schwierigkeiten, wenn die japanische Bevölkerung das Vertrauen in ihre Regierung und ihre Währung verlieren und die Staatspapiere in großem Stil auf den internationalen Wertpapierbörsen verkaufen würde. Doch das wird aller Voraussicht nach nicht eintreten, weil die Japaner nicht gegen ihren Staat handeln.

Auch die Verschuldung der USA mit über 120 % ist im internationalen Vergleich sehr hoch. Als Land, in dem die *Leitwährung* gilt (Leitwährung = Währung, die im internationalen Handel allgemein als Zahlungsmittel anerkannt wird), bekommen die USA keine Probleme, wenn ihre Schuldtitel von Nicht-US-Bürgern gehalten werden. Denn sie können unbegrenzt über ihre Notenbank US-Dollar schöpfen und damit ihre Schulden gegenüber Nicht-Amerikanern begleichen, ohne vorher durch Exporte von Waren Devisen zu verdienen.

Staatsverschuldung ist also kein rein deutsches Phänomen. Fast alle Staaten verschulden sich, und Deutschland hat im internationalen Vergleich eine der geringsten Schuldenquoten. Wie Staatsverschuldung generell zu bewerten ist, werden wir ausführlich unten in ▶ Kapitel 5 erörtern.

3 Die Wirkung finanzpolitischer Maßnahmen

Wie soll der Staat die im letzten Kapitel vorgestellten Instrumente – Steuern, Ausgaben, Verschuldung – einsetzen? Um diese Frage zu beantworten ist es zunächst notwendig, die Wirkung finanzpolitischer Maßnahmen zu analysieren. Damit befasst sich dieses Kapitel.

3.1 Die Rolle des Staates in der Wirtschaft

Im Schaubild 2.6 wurde die Rolle des Staates, in Schaubild 2.10 die Staatsverschuldung im Geldkreislauf dargestellt. Beide machen einen grundlegenden Zusammenhang des Geldkreislaufs deutlich: Die Einnahmen des einen sind die Ausgaben bzw. Kosten eines anderen. Beispiele: Die Löhne und Gehälter, die ein Unternehmen seinen Mitarbeitern zahlt, sind für die Arbeitnehmer Einkommen, für das Unternehmen jedoch Kosten. Was ein privater Haushalt für seinen Einkauf im Supermarkt bezahlt, sind für den privaten Haushalt Ausgaben, für den Supermarkt Einnahmen. Die Beiträge, die ein Arbeitnehmer an die Rentenversicherung zahlt, sind für ihn Kosten und schmälern sein verfügbares Nettoeinkommen. Für einen Rentner ist die aus den Beiträgen finanzierte Rente wiederum Einkommen.

Jeder möchte in der Regel seine Ausgaben so gering wie möglich halten. Die Einnahmen sollen dagegen möglichst hoch sein. Weil alle für sich hohe Einnahmen und niedrige Ausgaben anstreben, sind Politik und Wirtschaft von ständigen Interessenkonflikten geprägt. Aus Sicht der Regierung bedeutet das: Sie möchte ihren Wählern möglichst geringe Steuern abverlangen, ihnen aber viele seiner

Ausgaben in Form von kostenlosen öffentlichen Dienstleistungen, Sozialleistungen oder Subventionen zugutekommen lassen. Da die Parteien schwerpunktmäßig unterschiedliche Wählergruppen vertreten, unterscheiden sich ihre finanzpolitischen Vorstellungen, wer von welchen staatlichen Ausgaben profitieren und wer diese Ausgaben über Steuern finanzieren soll. Zwei Grundpositionen stehen sich hier gegenüber:

- Der Staat soll nur wenig Steuern erheben und dementsprechend auch wenig ausgeben.

Das ist die liberal-konservative Position, die den Staat auf seine Kernaufgaben beschränken möchte. Als Kernaufgabe des Staates gilt die Erstellung von Kollektivgütern: Das sind Güter und Dienstleistungen, die nicht von privaten Unternehmen produziert und individuell über den Markt verkauft werden können. Dazu zählen:

- Äußere Sicherheit: Sach- und Personalausgaben für das Militär;
- Innere Sicherheit: Sach- und Personalausgaben für Polizei, Feuerwehr, Gerichte;
- Verwaltung: Sach- und Personalausgaben für Ämter, Behörden, Ministerien.

Die entgegengesetzte Grundposition lautet:

- Der Staat soll über seine Kernaufgaben hinaus auch für die Bereitstellung von Gütern und Dienstleistungen sorgen, von deren Nutzung niemand ausgeschlossen werden soll. Sie werden *meritorische Güter* genannt.

Hier beginnen die finanzpolitischen Kontroversen: Von welchen Gütern und Dienstleistungen soll niemand ausgeschlossen werden? Wer entscheidet darüber? Mit welchen Instrumenten soll der Staat sicherstellen, dass alle mit diesen Gütern und Dienstleistungen versorgt werden?

In Kapitel 1.2 wurden die Güter und Dienstleistungen, die in Deutschland als meritorisch gelten, bereits genannt: Grundnahrungsmittel, Gesundheitsleistungen, Bildung, Kulturgüter, Wohnung, Transport/Mobilität. Es handelt sich hier um soziale Grundrechte, die nicht explizit im Grundgesetz stehen, sondern aus Art. 1 GG (»Die Würde des Menschen ist unantastbar. Sie zu achten und zu schützen ist Verpflichtung aller staatlichen Gewalt.«) abgeleitet werden. Anders als die klassischen bürgerlichen Grundrechte sind soziale Grundrechte jedoch nicht einklagbar. Wie sie konkret ausgefüllt werden, entscheidet die jeweilige Regierung mit der sie stützenden Mehrheit im Parlament immer wieder neu.

Tab. 3.1: Bürgerliche und soziale Grundrechte (Beispiele)

Bürgerliche Grundrechte **Schutzrechte des Individuums vor staatlichen Ein- bzw. Übergriffen**	**Soziale Grundrechte** **Ansprüche des Individuums auf »Gewährleistungen« des Staates**
Freie Entfaltung der Persönlichkeit	Soziale Sicherheit
Freiheit der Meinungsäußerung	Gute Ausbildung
Garantie von Eigentum und Erbrecht	Beteiligung am Vermögen und den Erträgen der Wirtschaft
Freiheit der Berufswahl und -ausübung	Arbeit, Vollbeschäftigung
Unverletzlichkeit der Wohnung	Eigene Wohnung

In Tabelle 3.1 werden einige Beispiele für bürgerliche und soziale Grundrechte aufgelistet. Bürgerliche Grundrechte schützen die Bürger vor staatlichen Eingriffen in ihre Rechte. Sie sind Kernmerkmal eines jeden Rechtsstaates. Fühlt sich ein Bürger vom Staat bzw. einem seiner Organe verletzt, z. B. von einem Polizeibeamten, hat er das Recht, den Staat zu verklagen. Die bürgerlichen Grundrechte standen am Anfang der modernen Demokratie: Die Rechte des Staates und seiner Repräsentanten wurden begrenzt, die des einzelnen Bürgers gestärkt.

Soziale Grundrechte sollen demgegenüber den Staat verpflichten, dafür zu sorgen, dass alle Bürger die bürgerlichen Grundrechte auch nutzen können. So ist etwa die freie Entfaltung der Persönlichkeit nicht gewährleistet, wenn Menschen nicht ausreichend materiell abgesichert sind und um ihre physische Existenz bangen müssen. Von freier Meinungsäußerung kann nur derjenige Gebrauch machen, der eine gute Ausbildung genossen hat, die Welt versteht und sich artikulieren kann. Vom Schutz des Eigentums und vom Recht zu erben und zu vererben profitieren die Menschen nur, wenn sie ein Mindestmaß an privatem Vermögen bilden können. Eine freie Berufswahl ist für jeden nur in einer Wirtschaft mit Vollbeschäftigung gewährleistet. Und die Unverletzlichkeit der Wohnung ist nur für denjenigen reales Gut, der auch eine Wohnung hat.

Wie weit die sozialen Grundrechte gehen sollen und mit welchen Instrumenten sie gewährleistet werden, ist alltäglicher Diskusssionsgegenstand der Politik. Wer vor allem die bürgerlichen Grundrechte hochhält und die sozialen Grundrechte als nachrangig ansieht, tritt für andere politische Maßnahmen ein als derjenige, der für alle die materiellen Voraussetzungen zur Nutzung der bürgerlichen Grundrechte schaffen will. Häufig können soziale Grundrechte nur gewährleistet werden, indem bürgerliche Grundrechte eingeschränkt werden. Beispielsweise wird durch Gesetze häufig in das Eigentumsrecht und die Vertragsfreiheit eingegriffen, um menschenwürdige Arbeitsbedingungen herzustellen, etwa durch Festlegung von Mindestlöhnen oder einer höchstzulässigen Arbeitszeit. Oder durch Erlass von Mietobergrenzen, um sozial schwachen Personen das Mieten einer Wohnung zu ermöglichen. In beiden Fällen wird das Recht von Eigentümern, ihr Eigentum nach Belieben zu nutzen und Verträge nur zum eigenen wirtschaftlichen Vorteil abzuschließen, eingeschränkt.

Hinter den beiden unterschiedlichen Positionen, welche Aufgaben der Staat erfüllen soll, stecken auch verschiedene Menschenbilder.

Dies lässt sich am besten durch einen Vergleich von zwei Passagen der schwedischen und der deutschen Verfassung veranschaulichen.

In Schwedens Verfassung heißt es im Kapitel I, § 2:

> »Die persönliche, wirtschaftliche und kulturelle Wohlfahrt des einzelnen hat das primäre Ziel der öffentlichen Tätigkeit zu sein. Insbesondere obliegt es dem Gemeinwesen, insbesondere das Recht auf Arbeit, Wohnung und Ausbildung zu sichern sowie die Sozialarbeit und soziale Sicherheit sowie für gute Bedingungen für die Gesundheit zu fördern.« (Verfassung des Königreichs Schweden, 1. Teil: Regierungsform)

Demgegenüber steht in Artikel 20, Abs. 1 des Grundgesetzes der Bundesrepublik Deutschland lapidar:

> »Die Bundesrepublik Deutschland ist ein demokratischer und sozialer Bundesstaat.«

Die schwedische Verfassung drückt aus: Die persönliche, wirtschaftliche und kulturelle Wohlfahrt des einzelnen ist Ziel des Staates (= der öffentlichen Tätigkeit). Im nachfolgenden Satz wird konkretisiert, was vor allem unter »Wohlfahrt des einzelnen« zu verstehen ist: Recht auf Arbeit, Wohnung und Ausbildung, soziale Sicherheit, Bedingungen für gute Gesundheit. Dabei handelt es sich um soziale Grundrechte der schwedischen Bürger. Und das Wort »sichern« bzw. »Sicherheit« als Pflicht des Staates kommt gleich zweimal in diesem Satz vor.

Das deutsche Grundgesetz nimmt den Staat dagegen nicht in die Pflicht, sondern spricht nur sehr allgemein von einem sozialen Bundesstaat, ohne auszuführen, was darunter zu verstehen ist. Das hat vor allem historische Gründe. Der parlamentarische Rat, die Verfassung gebende Versammlung, die 1948/49 das Grundgesetz für die Bundesrepublik Deutschland ausgearbeitet hat, konnte sich nicht darauf verständigen, welche Wirtschafts- und Sozialordnung in der Verfassung verankert werden sollte. Deshalb verständigte man sich auf den kleinsten gemeinsamen Nenner und ließ diese Grundsatzfrage offen. Diese ›Lösung‹ war einigungsfähig, weil beide Seiten glaubten, die erste Bundestagswahl zu gewinnen und dann die ihren

Vorstellungen entsprechende Wirtschafts- und Sozialordnung verwirklichen zu können. Wie und in welchem Umfang der Staat für das Wohlergehen des einzelnen durch sozialstaatliche Maßnahmen zu sorgen hat, blieb also offen. Das festzulegen bleibt der jeweiligen politischen Mehrheit überlassen.

Das Menschenbild, das der schwedischen Verfassung zugrunde liegt, ist recht eindeutig. Ob es dem Einzelnen gut geht, liegt nicht allein in seiner Hand. Das wirtschaftliche und soziale Wohlergehen hängt auch und vor allem von den wirtschaftlichen und gesellschaftlichen Rahmenbedingungen ab, unter denen er lebt. Deshalb ist vor allem der Staat dafür verantwortlich, dass es jedem einzelnen Bürger gut geht, indem er für Vollbeschäftigung (= Recht auf Arbeit), Wohnung, Ausbildung, soziale Sicherheit und Gesundheit sorgt.

Das Prinzip, das nicht allein auf die Eigenverantwortung des Menschen setzt, sondern den Staat, d. h. die Gemeinschaft bzw. die gesamte Gesellschaft in die Pflicht nimmt, für das Wohlergehen jedes einzelnen Menschen zu sorgen, ist als Prinzip der gesellschaftlichen Verantwortung oder auch schlicht als Solidarprinzip zu bezeichnen. Daraus folgt, dass der Staat Aufgaben übernimmt, die weit über seine Kernaufgaben hinaus reichen. Der moderne Sozial- und Wohlfahrtsstaat mit seinem umfangreichen sozialen Netz findet in diesem Prinzip seine Rechtfertigung. Um diese Erwartungen erfüllen zu können, braucht der Staat umfangreiche Steuereinnahmen.

Dem steht das Prinzip der individuellen Verantwortung gegenüber. Danach ist nicht der ›gute und wohlwollende Vater Staat‹ für das Wohlergehen der Menschen verantwortlich, sondern jeder Einzelne für sich selbst. Am besten kommt dieses Verständnis von der Eigenverantwortlichkeit des Menschen im Sprichwort »Jeder ist seines Glückes Schmied« zum Ausdruck. Die Fürsorge des Staates wird sogar als Gängelung, als Eingriff in die Privatsphäre empfunden. Die Tabelle 3.2 fasst die gegensätzlichen Menschenbilder, die daraus folgenden Aufgaben des Staates und die hieraus ableitbare erforderliche Höhe der Steuern zusammen.

Tab. 3.2: Menschenbild, Staatsaufgaben und Steuern

Menschenbild	Staatsaufgaben	Steuern
Individuelle Verantwortlichkeit: Jeder Mensch ist für sich selbst verantwortlich	Der Staat muss den inneren und äußeren Frieden sichern und die individuellen Rechte des Einzelnen garantieren.	Niedrige Steuern zur Finanzierung der staatlichen Ordnungsaufgaben (Staatliche Bürokratie, Polizei, Militär, Gerichte)
Gesellschaftliche Verantwortung/Solidarprinzip: Der Staat/die Gesellschaft ist für das Wohlergehen jedes Einzelnen verantwortlich	Der Staat muss die sozialen Grundbedürfnisse wie Arbeit, Wohnung, Bildung, soziale Sicherheit und Gesundheit für alle gewährleisten.	Hohe Steuern zur Finanzierung eines universellen sozialen Sicherungssystems und zur Steuerung der Wirtschaftsprozesse.

3.2 Mit Steuern steuern

Die Überschrift ist mehr als nur ein Wortspiel. Für alle, die dem Staat mehr als nur die Erfüllung seiner Kernaufgaben zuerkennen, sind Steuern nicht nur ein Instrument zur Erzielung von Einnahmen. Mit Steuern soll vielmehr auch das Verhalten von privaten Haushalten und Unternehmen gesteuert werden, um damit übergeordnete Ziele zu erreichen, die im Interesse der Gesamtgesellschaft liegen. Im Folgenden geht es darum, wie Steuern das Verhalten der Menschen, seien es nun Verbraucher oder Unternehmer, beeinflussen. In einem zweiten Schritt sollen die Wirkungen auf die Gesamtwirtschaft betrachtet werden.

Begriffliche Klärungen

Im alltäglichen Sprachgebrauch gilt als Steuerzahler derjenige, der dem Staat die Steuer schuldet. Die finanzwissenschaftliche Steuerlehre, unterscheidet hier etwas differenzierter. Ein Beispiel:

Jeder Arbeitnehmer muss auf seinen Lohn oder sein Gehalt Steuern zahlen. Das macht er aber nicht selbst, indem er am Ersten jeden Monats einen Betrag an das Finanzamt überweist. Die Lohnsteuer wird vielmehr vom Arbeitgeber einbehalten und ans Finanzamt überwiesen. Als formaler Steuerzahler gilt daher in der finanzwissenschaftlichen Steuerlehre derjenige, der im technischen Sinn die Steuer abliefert – also der Arbeitgeber. Doch der Arbeitnehmer ist derjenige, der dem Staat die Steuer schuldet. Er wird deshalb als Steuerschuldner bezeichnet. Das Verfahren, mit dem die Lohnsteuer erhoben wird, nennt man *Quellenabzugsverfahren*. Die Steuer wird an der Quelle, an der die Steuerpflicht entsteht, nämlich im Unternehmen eingezogen.

Die Unterscheidung zwischen Steuerzahler und Steuerschuldner ist juristischer Art. Bei einer volkswirtschaftlichen Betrachtung unterscheidet man nämlich zwischen Steuerträger und Steuerdestinatar. Dazu müssen wir das Beispiel der Umsatzsteuer heranziehen. Wenn wir eine Ware kaufen, schlägt der Verkäufer auf den Nettopreis noch die Umsatzsteuer (2024 beträgt sie für die meisten Waren 19 %) drauf und berechnet einen Bruttopreis. Die Umsatzsteuer wird von ihm ans Finanzamt abgeführt. So gesehen »zahlen« wir als Verbraucher die Umsatzsteuer, für den Verkäufer ist sie nur ein durchlaufender Posten. Was aber, wenn er von seinen Waren als Folge des Aufschlags der Mehrwertsteuer weniger verkaufen kann, er also Umsatzeinbußen im Vergleich zu einer Situation ohne Mehrwertsteuer hinnehmen muss (siehe dazu nächsten Unterabschnitt)?

Wir sehen: Die Frage, wer die Steuer trägt in dem Sinne, dass er Einkommenseinbußen hinnehmen muss, ist bei genauerer Betrachtung nicht so einfach zu beantworten. Vielleicht kalkuliert der Verkäufer die Umsatzsteuer gar nicht erst in seinen Verkaufspreis ein, um die Kunden nicht durch den höheren Preis vom Kauf abzuschrecken. Oder er schlägt nur einen Teil der Steuer auf den Verkaufspreis drauf. Dann sind – im wirtschaftlichen Sinn – sowohl der Käufer als auch der Verkäufer Steuerträger. Denn beide nehmen eine Schmälerung ihres Einkommens hin. Es ist also wichtig zu analysieren, wie private Haushalte und Unternehmen auf die Erhebung einer Steuer reagieren. Damit befasst sich der nächste Unterabschnitt.

Die Wirkung von Steuern auf private Haushalte und Unternehmen

Die Reaktionen auf die Erhebung einer Steuer sind vielfältig. Nehmen wir zunächst einmal die Perspektive eines einzelnen Haushalts oder eines Unternehmens ein, also ein einzelwirtschaftlicher Standpunkt: Wie reagiert ein privater Haushalt oder ein Unternehmen, wenn ihm eine Steuer auferlegt wird? Hierzu wird in der Finanzwissenschaft die Reaktion der Wirtschaftssubjekte gedanklich in drei Phasen unterteilt:

- die Wahrnehmungsphase
- die Zahlungsphase
- die Inzidenzphase (Inzidenz = lat. Einschnitt)

Die Wahrnehmungsphase: *Steuerausweichung*

In dieser Phase wird dem privaten Haushalt oder Unternehmer bewusst, dass eine Steuer auf ihn ›zukommt‹. Das kann Ausweichreaktionen auslösen, d. h. die Steuer wirkt wie ein Signal, das eine Änderung des Verhaltens auslöst mit der Absicht, die Steuer zu umgehen oder zumindest zu minimieren.

Das Schaubild 3.1 zeigt die Möglichkeiten, einer Steuer bereits in der Wahrnehmungsphase auszuweichen, die sachliche, räumliche und zeitliche Substitution (= Ersetzung). Eine sachliche Substitution liegt vor, wenn das mit einer Steuer belegte Produkt nicht mehr gekauft wird. Jemand trinkt beispielsweise Wasser, um die Biersteuer zu vermeiden. Um diese Ausweichreaktionen zu vermeiden, werden zu manchen Steuern »Zwillingssteuern« eingeführt. So gibt es beispielsweise ergänzend zur Kaffeesteuer auch eine Teesteuer, damit das Genussmittel Kaffee nicht durch ein Getränk mit ähnlich wirkenden Inhaltsstoffen ersetzt wird. Parallel zur Erbschaftsteuer existiert die Schenkungsteuer, um zu vermeiden, dass vermögende Personen ihr Vermögen bereits zu Lebzeiten steuerfrei ihren Erben übertragen.

Bei einer räumlichen Substitution wird ein Produkt, auf dem eine hohe Steuer lastet, in einem anderen Land gekauft, in dem dieses Produkt weniger oder gar keinen Steuern unterliegt. So kann es für Bürger, die nahe an einer Landesgrenze wohnen, vorteilhaft sein, z. B. in Österreich zu tanken, oder in Holland Butter einzukaufen.

Eine zeitliche Substitution kann den Stichtag, zu dem eine Steuer neu eingeführt oder auch eine bereits bestehende Steuer erhöht oder gesenkt wird, nutzen, um Vorteile für sich herauszuholen. Wird etwa die allgemeine Mehrwertsteuer zum 1.1. eines bestimmten Jahres erhöht, kann man Steuern sparen, indem man den Kauf insbesondere langlebiger Produkte wie Autos oder Möbel vorzieht und noch im alten Jahr anschafft. Derartige Vorzieheffekte, wie man sie in der ökonomischen Fachsprache nennt, sind bei einschlägigen Gesetzesänderungen regelmäßig zu beobachten.

In der Wahrnehmungsphase besteht der größte Spielraum – in Schaubild 3.1 als Freiheitsgrad bezeichnet – einer Steuer auszuweichen. Dieser verringert sich, wenn die Steuer fällig wird, somit die nächste Phase, die Zahlungsphase, eingetreten ist.

Die Zahlungsphase: *Steuerüberwälzung*

Wird ein kleiner Gewerbetreibender oder ein großes Unternehmen, wenn der Zeitpunkt, zu dem die Steuer abgeführt werden muss, die Umsatzsteuer einfach hinnehmen und zahlen? Oder wird er versuchen, einen Nettoumsatz wie vor der Steuererhebung zu erzielen?

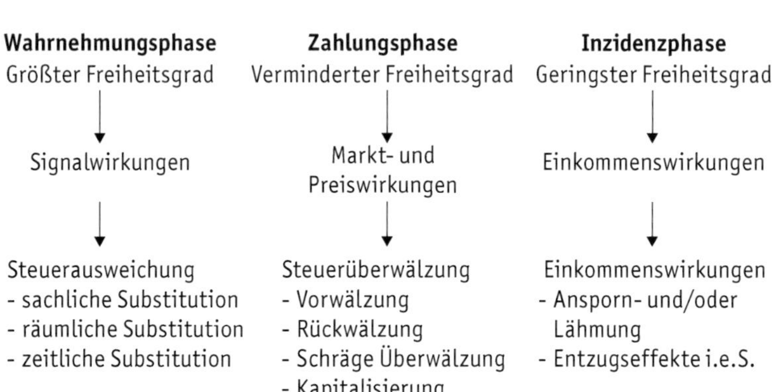

Abb. 3.1: Steuerwirkungen (nach Schmölders 1980, 147).

Ob ihm das gelingt, hängt von der Reaktion seiner Kunden ab, d. h. davon, wie viele Produkte die Kunden trotz eines höheren Preises noch kaufen. Schauen wir uns die Zusammenhänge anhand der Zahlen in Tabelle 3.3 an.

Angenommen, ein Kinobesitzer verlangt in der Ausgangssituation, in der noch keine Mehrwertsteuer auf Kinokarten erhoben wird, für alle Plätze je 20 Euro. Nettopreis (Spalte 2) und Bruttopreis (Spalte 3) unterscheiden sich daher nicht, ebenso haben Netto- und Bruttoumsatz den gleichen Wert. Es sollen 500 Besucher in die Vorstellung kommen. Es ergibt sich ein Brutto-/Nettoumsatz von 10.000 Euro (Fall A).

Erhebt der Staat auf jede Kinokarte eine Mehrwertsteuer (MwSt) von 25 %, müsste der Kinobesitzer, wenn er den Preis bei 20 Euro belässt, vier Euro Mehrwertsteuer abführen (Fall B). Man beachte: Die Mehrwertsteuer wird nicht vom Bruttopreis (= einschließlich Mehrwertsteuer), sondern vom Nettopreis berechnet. Beträgt der Bruttopreis, der die Mehrwertsteuer von 25 % bereits enthält, 20 Euro, errechnet sich der Nettopreis, indem man 20 Euro durch 1,25 dividiert – macht 16 Euro. 25 % vom Nettopreis 16 Euro sind vier Euro Mehrwertsteuer. 16 Euro netto plus 4 Euro Mehrwertsteuer ergeben

Tab. 3.3: Überwälzung der Umsatzsteuer – Modellhafte Darstellung am Beispiel eines Kinos

Fall	Netto-preis	MwSt	Brutto-preis	Besucher	Netto-umsatz	MwSt	Brutto-umsatz	Nachfrage
(1)	(2)	(3)	(4)	(5)	(6)	(7)	(8)	(9)
Ausgangssituation ohne Mehrwertsteuer								
A	20	0	20	500	10.000	0	10.000	
Einführung einer Mehrwertsteuer von 25 %								
B	16	4	20	500	8.000	2.000	10.000	
Erhöhung des Bruttopreises um 25 %								
C	20	5	25	500	10.000	2.500	12.500	vollkommen unelastisch
D	20	5	25	450	9.000	2.250	11.250	unelastisch
E	20	5	25	400	8.000	2.000	10.000	= 1
F	20	5	25	300	6.000	1.500	7.500	elastisch
G	20	5	25	0	0	0	0	vollkommen unelastisch

den Bruttopreis von 20 Euro (siehe Fall B, Spalten 2, 3 und 4). Erhöht der Kinobesitzer trotz Einführung der Mehrwertsteuer den Preis für seine Kinokarte nicht, sinkt sein Nettoumsatz auf 8.000 Euro. Den Rest des Bruttoumsatzes von 10.000 Euro, das sind 2.000 Euro (genau 25 % des Nettoumsatzes von 8.000 Euro) muss er nämlich an Umsatzsteuer zahlen.

Um diese Schmälerung seines Nettoumsatzes zu vermeiden, wird der Kinobesitzer sich überlegen, den Kinokartenpreis zu erhöhen und die 25 % Mehrwertsteuer »drauf zu schlagen.« Dann beträgt der Bruttopreis 20 Euro (netto) plus 25 % Mehrwertsteuer, sind 25 Euro (▶ Tab. 3.3: Fälle C bis G).

Die Kinobesucher wiederum können auf den erhöhten Preis unterschiedlich reagieren. Ideal wäre es für den Kinobesitzer, wenn alle Besucher bereit sind, den erhöhten Preis zu bezahlen und wie vor der Preiserhöhung weiterhin 500 Besucher in die Vorstellung kommen. Dann nähme er insgesamt 12.500 Euro ein, nach Abführung der Mehrwertsteuer blieben ihm 10.000 Euro netto (Fall C). Dieses Verhalten der Besucher nennt man eine *vollkommen unelastische Nachfrage.*

Wenn jedoch anstelle von 500 nur noch 450 Personen die Vorstellung besuchen, steigt zwar der Bruttoumsatz von 10.000 Euro in der Ausgangssituation auf 11.250 Euro (Fall D, Spalte 8). Nach Abzug der Mehrwertsteuer verbleiben ihm jedoch nicht, wie in Fall, 10.000 Euro, sondern nur 9.000 Euro. Der Kinobetreiber hat also eine Einbuße zu verkraften. Diesen Fall bezeichnet man als unelastische Nachfrage: Die Nachfrage geht zwar etwas zurück, doch der Bruttoumsatz steigt an, allerdings nicht so viel, dass netto so viel erwirtschaftet wird wie vorher. Das nennen die Ökonomen *unelastische Nachfrage.*

Sinkt die Nachfrage auf 400 Besucher (Fall E), gleicht die Preiserhöhung der Kinokarte gerade mal den Besucherrückgang aus. Sein Bruttoumsatz erreicht 10.000 Euro wie in der Ausgangssituation A, jedoch bleiben davon nach Abzug der Mehrwertsteuer nur 8.000 Euro übrig. Die Umsatzsteuer hat seinen Nettoumsatz um 20 % gekürzt. 100 Personen können (oder wollen) sich den Kinobesuch bei diesem höheren Preis offenbar nicht mehr leisten. Hier spricht man von einer *Nachfrageelastizität* von 1: Der Effekt der Preiserhöhung wird durch den Rückgang der Nachfrage zunichte gemacht. Durch den höheren Preis und die Umsatzeinbuße zahlen Besucher und Kinobesitzer die Mehrwertsteuer gemeinsam.

Noch dramatischer wirkt sich die Einführung der Mehrwertsteuer für den Kinobesitzer aus, wenn die Besucherzahlen noch weiter zurückgehen. Im Fall F sinken sie auf 300, dadurch fällt selbst der Bruttoumsatz geringer aus als in der Ausgangssituation A (Fall F, Spalte 8). Jetzt liegt eine *elastische Nachfrage* vor. Fall G ist der schlimmste aller denkbaren Fälle: Alle Kinobesucher bleiben aus, der Besitzer ist wirtschaftlich am Ende. Aber auch der Staat hat in diesem Fall mit Zitronen gehandelt. Keine Kinobesucher bedeuten: auch keinen Umsatz, somit auch keine Einnahmen aus der Mehrwertsteuer. Das wäre eine *vollkommen elastische Nachfrage.*

Wir erkennen an diesem modellhaften Zahlenbeispiel: Die Verbraucher sind nicht zwingend auch die Träger der Umsatzsteuer. Je nachdem, wie sich die Nachfrage verhält, kann es die Anbieter selbst treffen. Und im Extremfall vollkommen unelastischer Nachfrage werden Anbieter und der Staat sogar zum Verlierer. Nachdem wir die *Steuerüberwälzung* – so nennt man den Versuch der Weitergabe einer Steuer über den Preis an die Verbraucher – theoretisch analysiert haben, können wir fragen: Wie ist das Verhalten der Käufer in der wirtschaftlichen Realität? Wie elastisch bzw. unelastisch ist die Nachfrage?

In unserem Beispiel dürfte die Nachfrage eher elastisch reagieren. Ein Kinobesuch ist zwar eine schöne Form der Freizeitgestaltung, aber er ist nicht zwingend zum Leben erforderlich. Zudem kann der Verbraucher auch auf eine andere Freizeitaktivität ausweichen – Theater, Konzert oder Sportereignis, oder sich gar auf das Heimkino und Fernsehen, zurückziehen. Anders bei Gütern des täglichen Bedarfs: Brot, Fleisch, Fisch, Gemüse muss man kaufen, um sich zu ernähren. Bei vielen kann man nur schlecht ausweichen, bei bestimmten Nahrungsmitteln überhaupt nicht. So ist eine Familie mit kleinen Kindern auf Milch angewiesen und muss im Prinzip den aufgerufenen Preis akzeptieren. Die Nachfrage ist hier also fast *vollkommen unelastisch.* Es gilt somit:

- Je dringender Waren gebraucht werden und je weniger Ausweichmöglichkeiten es gibt, desto unelastischer ist die Nachfrage und desto eher können Umsatzsteuern vom Verkäufer auf den Preis überwälzt werden.
- Je weniger eine Ware benötigt wird und je mehr Alternativen es gibt, desto elastischer reagiert die Nachfrage und desto schwieriger wird es für die Anbieter, eine Umsatzsteuer erfolgreich auf den Preis zu überwälzen.

In Schaubild 3.1 wird die Überwälzung als Oberbegriff für eine Reaktion gebraucht, die versucht, die Steuerlast anderen zuzuschieben. Die im Kinobeispiel behandelte Erhöhung des Kartenpreises ist – genau genommen – eine *Steuervorwälzung*: Die Steuer wird dem Käufer des Produktes aufgebürdet.

Eine andere Möglichkeit, auf eine Steuer zu reagieren, besteht für einen Produzenten darin zu versuchen, seinen Lieferanten niedrigere Preise bzw. Löhne zu zahlen. So könnte etwa der Kinobesitzer versuchen, die Leihgebühr für die Filme, die er zeigen will, zu drücken oder seinen Angestellten, die die Karten verkaufen und kontrollieren, die Gehälter kürzen, um wieder auf seinen ursprünglichen Gewinn zu kommen. Diese Form der Überwälzung wird *Rückwälzung* genannt. In großen Branchen wie der Automobilindustrie wird häufig versucht, Kostenerhöhungen jedweder Art, seien es Löhne oder Steuern, durch Drücken der Einkaufspreise bei kleinen Zulieferwerken wieder hereinzuholen.

Von einer *schrägen Überwälzung* spricht man, wenn ein Anbieter die Steuer nicht auf den Preis des eigentlich besteuerten Produktes aufschlägt, sondern den Preis eines anderen Produktes erhöht. So könnte etwa ein Gastwirt, wenn die Biersteuer erhöht wird, statt des Bierpreises den Preis für Mineralwasser und sonstige nicht-alkoholische Kaltgetränke anheben. Dann bliebe der Bruttoumsatz beim Bier gleich und würde dafür bei den nicht-alkoholischen Kaltgetränken ansteigen. Autofahrer oder Kinder wären die Leidtragenden: für sie gäbe es bei den Getränken keine Alternative.

Schließlich ist noch eine spezielle Form der Reaktion auf die Einführung einer Steuer denkbar: die *Kapitalisierung*. Dazu folgendes Beispiel: Geldanleger Hübner kauft eine Eigentumswohnung im Wert von 250.000 Euro. Er erzielt im Jahr Mieteinnahmen (nach Abzug aller Kosten) in Höhe von 10.000 Euro, d. h. er erwirtschaftet eine *Rendite* von vier Prozent (Rendite = Einnahmen bezogen auf das eingesetzte Kapital von 250.000 Euro). Eine Steuer auf die Mieteinnahmen wird in unserem Modell nicht erhoben. Nach zehn Jahren will Hübner die Wohnung an einen anderen Investor verkaufen. Auch dieser will vier Prozent Rendite erwirtschaften. Inzwischen hat der Staat jedoch eine Steuer von 10 % auf Mieteinnahmen eingeführt. Für die 10.000 Euro jährlichen Mieteinnahmen sind also 1.000 Euro Steuern abzuführen, es blieben dem neuen Investor also nach Steuern netto nur 9.000 Euro Mieteinnahmen.

Wenn der neue Investor ebenfalls vier Prozent Rendite auf seine Immobilienanlage erzielen will, wird er kaum bereit sein, für die Eigentumswohnung 250.000 Euro zu zahlen. Denn dann betrüge für ihn die Rendite nach Steuern nur 3,6 % (9.000 Euro, bezogen auf 250.000 Euro). Vielmehr würde er höchstens 225.000 Euro für den Erwerb der Immobilie bieten. Der am Markt erzielbare Verkaufspreis würde also auf 225.000 Euro sinken – vorausgesetzt, die Renditeansprüche der Anleger bleiben bei den ursprünglichen vier Prozent (9.000 Euro Mieteinnahmen nach Abzug der Steuern ergäben – auf 225.000 Euro Kaufpreis bezogen – vier Prozent Rendite).

Diese Form der Überwälzung einer Steuer auf den Verkäufer, der eine Minderung des Marktwertes seiner Immobilie hinnehmen muss, bezeichnet man als *Kapitalisierung* oder auch *Steueramortisation*. (Amortisation = Erwirtschaftung der Kosten für eine Investition). Wir sehen: Die Markt- und Preiswirkungen einer Steuer können vielfältig sein, und der Staat kann mit der Erhebung, Senkung oder Abschaffung einer Steuer zahlreiche Reaktionen bei den privaten Haushalten und Unternehmen auslösen.

Die Inzidenzphase – Ansporn oder Lähmung?

Angesichts der geschilderten Ausweich- und Überwälzungsreaktionen stellt sich die Frage: Sind diese Prozesse irgendwann einmal zu Ende? Das tatsächliche Wirtschaftsgeschehen zeigt, dass alle versuchen, das eigene Einkommen oder Vermögen zu verteidigen oder zu mehren und Lasten von sich auf andere abzuwälzen. Wirtschaft ist daher gewissermaßen ein ständiger Verteilungskampf. Und der Staat mischt bei diesen Verteilungskämpfen kräftig mit, indem er einerseits den Bürgern und Unternehmen nimmt (= Steuern erhebt), ihnen andererseits aber auch wieder gibt (z. B. Sozialleistungen und Subventionen).

Auch wenn das Geld schließlich beim Finanzamt angekommen ist, muss sich grundsätzlich niemand für immer mit der Schmälerung seines Einkommens oder Vermögens abfinden. Denn der Wirtschaftskreislauf dreht sich ja permanent weiter. Neue Ausweich- und Überwälzungsversuche können gestartet werden, diese lösen wieder Gegenreaktionen aus usw. Wirtschaft ist wie ein Perpetuum mobile (= etwas, das sich ständig bewegt), das nie zur Ruhe kommt.

In der finanzwissenschaftlichen Steuerlehre macht man gedanklich jedoch an einem bestimmten Zeitpunkt einen Schnitt. Die Einkommens- und Vermögenseinbuße ist – bei wem auch immer – eingetreten. Man nennt diesen Zustand in der ökonomischen Fachsprache *Inzidenz* (lateinisch = Einschnitt). Wie geht es dann weiter? Grundsätzlich sind zwei Reaktionen denkbar (▶ Schaubild 3.1):

- Der Besteuerte versucht, seine Einkommens- oder Vermögenseinbuße wieder wettzumachen, indem er sich anstrengt, mehr oder länger arbeitet, sein Vermögen in attraktivere (evtl. steuerfreie) Anlagen umschichtet. Eine Steuererhebung könnte also sogar als Ansporn wirken nach dem Motto: Jetzt erst recht!
- Der Besteuerte nimmt seine Einkommens- oder Vermögenseinbuße schicksalhaft hin. Er resigniert und reduziert seine wirtschaftlichen Aktivitäten, weil er sich sagt: »Leistung lohnt sich nicht, es wird zu viel vom Erlös meiner Leistung weggesteuert.«

Lähmung der Wirtschaft könnte also auch das Ergebnis einer Steuererhebung sein. Geringeres Einkommen hätte auch negative Auswirkungen auf die Nachfrage in der Wirtschaft. Allerdings ist zu berücksichtigen: Der Staat gibt seine Steuereinnahmen wieder aus und entfaltet so – anstelle des Besteuerten – Nachfrage. Auf diese Zusammenhänge gehen wir im nächsten Unterabschnitt ein.

Die Wirkung von Steueränderungen auf die Gesamtwirtschaft

Wir haben die Steuerwirkungen soeben aus der mikroökonomischen Perspektive – aus der Sicht eines Unternehmens bzw. Privathaushalts – betrachtet. Jetzt geht es um die makroökonomische Betrachtung: Wie wirkt eine Steuersenkung bzw. -erhöhung auf Wirtschaftswachstum, Beschäftigung und Preisentenwicklung?

Schon bei der mikroökonomischen Analyse war ungewiss, wie genau sich die privaten Haushalte und Unternehmen nach einer Steuererhöhung verhalten werden. Deren Reaktionen bestimmen aber in hohem Maße die gesamtwirtschaftlichen Wirkungen. Da das Verhalten von Menschen jedoch nicht genau vorhersagbar ist, sind die gesamtwirtschaftlichen Wirkungen steuerpolitischer Maßnahmen ungewiss.

Fest steht: Erhöhungen der Lohn- und Einkommensteuer entziehen privaten Haushalten und Unternehmen finanzielle Mittel und übertragen sie dem Staat. Private Haushalte können somit weniger für den Konsum ausgeben, Unternehmen weniger investieren, also beispielsweise neue Maschinen anschaffen. Beides dämpft die volkswirtschaftliche Gesamtnachfrage (zu ihrer Zusammensetzung ► Tab. 3.4). Die Unternehmen können weniger verkaufen, sie schränken ihre Produktion ein, und es werden weniger Arbeitskräfte gebraucht. Die Beschäftigung sinkt.

Tab. 3.4: Bestandteile der volkswirtschaftlichen Gesamtnachfrage 2023 (Statistisches Bundesamt)

Nachfrageaggregat	Mrd. Euro
Privater Verbrauch	2.090,55
Staatsverbrauch	891,48
Investitionen	903,11
Vorratsveränderungen	50,21
Außenbeitrag (Exporte – Importe)	186,86
Volkswirtschaftliche Gesamtnachfrage	4.122,21

Grundsätzlich können die privaten Haushalte aber auch ihren Konsum aufrechterhalten und die Unternehmen ihre Investitionsvorhaben durchführen. Das ist möglich, wenn die privaten Haushalte weniger sparen (oder auf einen Teil ihrer Ersparnisse zurückgreifen) und die Unternehmen ihre Investitionen aus unverteilten Gewinnen finanzieren, die sie in den zurückliegenden Jahren erwirtschaftet haben. Je höher das Einkommen eines privaten Haushalts ist, desto größer ist die Wahrscheinlichkeit, dass er seinen Konsum beibehält und weniger spart. Haushalte mit geringen Einkommen haben folglich einen deutlich geringeren Handlungsspielraum. Da sie nur wenig sparen können, werden sie ihren Konsum einschränken müssen. Allgemein gesprochen wird der private Verbrauch nach einer Lohn- und Einkommensteuererhöhung jedoch sinken.

Denkbar ist aber auch, dass private Haushalte und Unternehmen Kredite aufnehmen, um ihren gewohnten Konsum aufrechtzuerhalten und ihre geplanten Investitionen zu realisieren. Dass Steuererhöhungen immer und in jeder Situation die gesamtwirtschaftliche Nachfrage einschränken, ist somit keineswegs ausgemacht. Zu berücksichtigen ist ferner, was der Staat mit seinen zusätzlichen Steuereinnahmen macht. Das betrifft vor allem die Ausgabenseite des Staates. Diese werden wir im nächsten Kapitel einbeziehen.

Schränkt eine Erhöhung der Lohn- und Einkommensteuer die Konsum- und Investitionsmöglichkeiten tendenziell ein (tendenziell = in der Mehrzahl der Fälle), hat eine entsprechende Steuersenkung eine expansive Wirkung (expansiv = ausdehnend, erweiternd) auf die Gesamtwirtschaft. Die private Konsum- und Investitionsnachfrage wird angeregt. Die Unternehmen können mehr Waren verkaufen, es werden zusätzliche Arbeitskräfte benötigt, die Beschäftigung steigt. Erhöhungen bzw. Senkungen der Lohn- und Einkommensteuer sind somit ein Instrument, um die volkswirtschaftliche Gesamtnachfrage zu dämpfen bzw. anzuregen. Das geht somit über das Ziel, dem Staat Einnahmen zu verschaffen, damit er seine Kernaufgaben erfüllen kann, weit hinaus.

Bis Mitte der 1960er Jahre war der Einsatz von Steuererhöhungen bzw. -senkungen zur Beeinflussung der volkswirtschaftlichen Gesamtnachfrage für die damals regierende CDU/CSU-FDP-Koalition unter Konrad Adenauer (CDU) und ab 1963 unter Ludwig Erhard (CDU) tabu. Die wirtschaftspolitische Hauptaufgabe wurde in der Sicherung des Wettbewerbs und der Preisstabilität gesehen. Das änderte sich, als Ende 1966 die erste große Koalition aus CDU/CSU-SPD unter Kurt Georg Kiesinger (CDU) gebildet wurde. Der Wirtschaftsminister Karl Schiller (SPD) vertrat das Konzept der Globalsteuerung: Der Staat sollte die volkswirtschaftliche Gesamtnachfrage steuern und dazu u. a. auch die Steuerpolitik als Instrument einsetzen.

Die große Koalition verabschiedete deshalb 1967 das Gesetz zur Förderung der Stabilität und des Wachstums der Wirtschaft (kurz Stabilitätsgesetz). Darin wurde der Regierung die Vollmacht gegeben, per Rechtsverordnung, aber mit Zustimmung des Bundesrates, den Lohn- und Einkommensteuersatz zur Dämpfung der volkswirtschaftlichen Gesamtnachfrage zeitlich befristet um zehn Prozentpunkte zu erhöhen und zu ihrer Belebung um zehn Prozentpunkte zu senken. Die Ermächtigung zu einer Rechtsverordnung wurde vorgesehen, um die oft langwierigen parlamentarischen Beratungen zu vermeiden und schnell Maßnahmen ergreifen zu können. Das ist notwendig, weil sich die Wirtschaftslage schnell ändern kann und wirtschaftspolitische Maßnahmen kurzfristig getroffen werden müssen, damit sie richtig wirken können.

Bis heute wurde von dieser Möglichkeit einer linearen Steuererhöhung bzw. -senkung per Rechtsverordnung kein Gebrauch gemacht. »Linear« bedeutet, dass alle Steuerpflichtigen gleichermaßen betroffen sind. Stattdessen wurde, wenn ein Zuschlag zur Lohn- und Einkommensteuer erhoben wurde, stets ein Gesetz in Bundestag und Bundesrat eingebracht, etwa beim rückzahlbaren Konjunkturzuschlag, der vom 1.8.1970 bis 30.6.1971 erhoben wurde, oder dem Stabilitätszuschlag, der vom 1.7.1973 bis 30.6.1974 gezahlt werden musste. Beide Male wurde der Zuschlag nicht linear für alle eingeführt. Vielmehr wurden die unteren Einkommensgruppen ausgespart. Da das Stabilitätsgesetz diese Unterscheidung nicht vorsah, konnte es nicht angewandt werden. Erst der zum 1.7.1991 eingeführten Solidaritätszuschlag bezog alle Einkommensgruppen ein, bis ab 1.1.2021 die unteren und mittleren Einkommen davon befreit wurden.

Der Solidaritätszuschlag hatte auch eine andere Funktion als die im Stabilitätsgesetz vorgesehenen linearen Steuererhöhungen bzw. -senkungen. Mit letzteren sollte die volkswirtschaftliche Gesamtnachfrage beeinflusst werden, mit dem Solidaritätszuschlag staatliche Ausgaben finanziert werden, die für die neuen Bundesländer und ihre Bevölkerung zusätzlich erforderlich waren. Es handelt sich also um eine staatliche Lenkungsmaßnahme. Damit werden wir uns im nächsten Unterabschnitt befassen.

Die bisher dargestellten Wirkungen bezogen sich auf eine Erhöhung oder -senkung der Lohn- und Einkommensteuer. Bei einer Mehrwertsteuererhöhung bzw. -senkung sind die gesamtwirtschaftlichen Folgen ähnlich. Eine Erhöhung der Mehrwertsteuer – davon ist auszugehen – führt zu einer Erhöhung der Preise, ohne dass sich die Anbieter dabei absprechen. Höhere Preise lösen einen Rückgang der nachgefragten Menge aus. Das kann die Erlöse der Unternehmen schmälern und ein Sinken ihrer Investitionen bewirken (siehe obiges Kinobeispiel). Private Haushalte mit höheren Einkommen dürften die höheren Preise in Kauf nehmen und trotzdem die bisherige Menge kaufen. Bei Haushalten mit niedrigen Einkommen hängt die Reaktion von der Art des Gutes ab. Waren des täglichen Bedarfs werden sie trotz der höheren Preise kaufen müssen, weil diese nicht durch andere Produkte ersetzt werden können. Familien mit Kindern etwa können nicht auf Milch verzichten! Dann steht diesen Haushalten ein geringeres Budget für Käufe anderer Waren zur Verfügung. Bei anderen Märkten (Möbel, Gastronomie, Reisen) wird also die nachgefragte Menge sinken, was sich spürbar negativ auf die Erlöse der Anbieter dieser Waren und Dienstleistungen auswirken wird. Eine Mehrwertsteuererhöhung wirkt somit restriktiv (= einschränkend) auf die volkswirtschaftliche Gesamtnachfrage.

Infobox 3.1: Preisabsprachen

Nach dem Gesetz gegen Wettbewerbsbeschränkungen (Kartellgesetz) sind Vereinbarungen und Abmachungen zwischen Herstellern einer Ware oder Dienstleistung über die Verkaufspreise ihrer Produkte verboten. Beispielsweise dürfen sich zwei Kneipenbetreiber nicht darüber verständigen, welchen Preis sie für ihr Bier verlangen. Ebenso wenig ist es zwei benachbarten Supermärkten gestattet, sich über die Verkaufspreise zu arrangieren. Bei Verstößen gegen das Preisabspracheverbot kann das Bundeskartellamt, eine nachgeordnete Behörde des Bundesministeriums für Wirtschaft und Klimaschutz, hohe Bußgelder von bis zu einer Million Euro verhängen.

Ob umgekehrt eine Mehrwertsteuersenkung expansiv auf die volkswirtschaftliche Gesamtnachfrage wirkt, hängt ganz wesentlich davon ab, ob die Unternehmen die Steuersenkung auch in einer Preissenkung an die Verbraucher weitergeben. Hier spielt der Wettbewerb zwischen den Anbietern eine wichtige Rolle. Wenn kein Anbieter seine Preise senken würde, hätten die Verbraucher keinen Anlass, ihr Verhalten zu ändern. Eine Absprache der Anbieter, die Preise nicht zu senken, ist nach dem Kartellgesetz verboten und würde, falls sie nachgewiesen werden kann, mit hohen Geldbußen belegt. Es ist daher eher damit zu rechnen, dass einzelne Anbieter mit der Mehrwertsteuersenkung werben und damit versuchen, neue Kunden zu gewinnen. Das setzt andere Anbieter, die gerne ihre Preise beibehalten hätten, unter Druck, ebenfalls die Preise zu senken. Eine Mehrwertsteuersenkung wirkt somit tendenziell expansiv (= ausweitend).

3.3 Mit Staatsausgaben lenken

Wie sich die Staatsausgaben zusammensetzen, wurde im Abschnitt 2.2 erläutert. Den größten Block machte der Staatsverbrauch aus. Die staatlichen Investitionen sind im Vergleich dazu bescheiden. Wie bei den Steuern werden in den nächsten Unterabschnitten die Wirkungen von Erhöhungen bzw. Senkungen der Staatsausgaben auf private Haushalte und Unternehmen (= mikroökonomische Perspektive) und auf die Gesamtwirtschaft (= makroökonomischer Perspektive) dargestellt.

Die Wirkung von Staatsausgaben auf private Haushalte und Unternehmen

Staatsausgaben werden von den Bürgern und den Unternehmen als nicht so unangenehm empfunden wie die Steuern. Denn jede Staatsausgabe ist für einen privaten Haushalt oder ein Unternehmen eine Einnahme.

Direkte Zahlungen an private Haushalte

Das Einkommen von Beschäftigten im öffentlichen Dienst sind die Personalausgaben des Staates. Kürzungen der Personalausgaben bedeuten daher eine Schmälerung der Einkommen von Angestellten und Beamten des öffentlichen Dienstes, eine Erhöhung eine entsprechende Verbesserung ihrer Einkommen. Eine beliebige Kürzung der Personalausgaben ist allerdings schwer möglich. Denn die Einkommen sind tarifvertraglich vereinbart, Beamte können zudem nicht gekündigt werden.

Eine Senkung der Personalausgaben ist deshalb nur mittelfristig möglich, indem entweder Stellen von Beschäftigten, die in den Ruhestand treten, nicht mehr besetzt werden, oder indem staatliche Unternehmen privatisiert werden und deren Beschäftigte dadurch zu Arbeitnehmern der freien Wirtschaft werden und in der Statistik des öffentlichen Dienstes nicht mehr erscheinen.

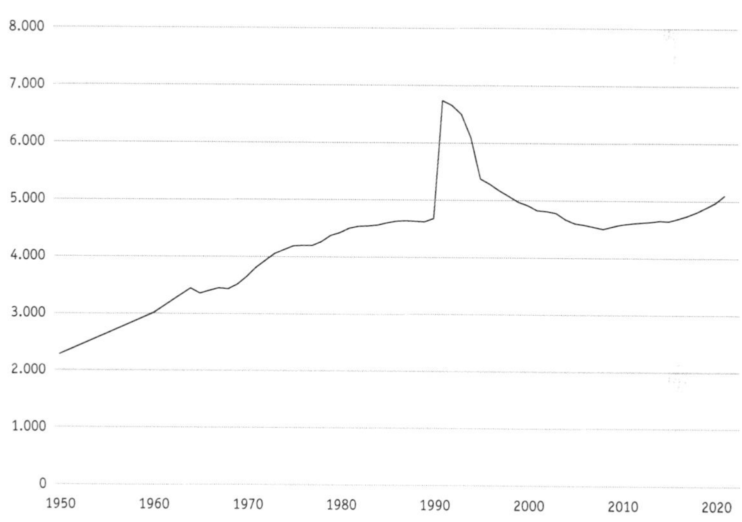

Abb. 3.2: Beschäftigte im öffentlichen Dienst in Deutschland[1] in Tsd. bis einschl. 1990 BRD, ab 1991 alte und neue Bundesländer (Quelle: Statistisches Bundesamt, Finanzen und Steuern. Personal des öffentlichen Dienstes, Fachserie 14, Reihe 6 (2021), S. 94).

Das Schaubild 3.2 zeigt die Entwicklung der Zahl der Beschäftigten des öffentlichen Dienstes von 1950 bis 1990 im früheren Bundesgebiet, ab 1991 einschließlich der neuen Bundesländer. Zu erkennen ist eine stetige Zunahme der Beschäftigten im öffentlichen Dienst in den ersten vier Jahrzehnten bis 1990. Im Jahr 1991 nimmt die Beschäftigtenzahl sprunghaft zu, weil der öffentliche Dienst der neuen Bundesländer dazukommt, der rund 1.780.500 Personen beschäftigt hatte. Im früheren Bundesgebiet zählte der öffentliche Dienst im gleichen Jahr gut 4.957.266 Beschäftigte. Es fällt auf, dass es in der ehemaligen DDR pro 100 Einwohner elf Beschäftigte im öffentlichen Dienst gab, im früheren Bundesgebiet waren es nur acht. Hier zeigt sich der große bürokratische Apparat des anderen politischen und wirtschaftlichen Systems der DDR im Vergleich zur westdeutschen Bundesrepublik.

Nach der Wiedervereinigung wurde der vergleichsweise aufgeblähte staatliche Apparat in den neuen Bundesländern abgebaut, weshalb die Kurve in Schaubild 3.2 in den 1990er und 2000er Jahren deutlich sinkt. Aber auch im früheren Bundesgebiet wurden Stellen im öffentlichen Dienst gestrichen. 2008 waren im gesamten Deutschland 121.000 Personen weniger im öffentlichen Dienst beschäftigt als 1988 in der alten Bundesrepublik. Wenngleich hier zu berücksichtigen ist, dass durch die Privatisierung der Deutschen Bundespost, die zum 1.1.1995 in drei privatrechtliche Aktiengesellschaften – die Deutsche Post AG, die Deutsche Telekom AG und die Deutsche Postbank AG – übergeleitet wurde, deren Beschäftigte aus der Statistik des öffentlichen Dienstes herausfallen, so ist doch unverkennbar, dass der staatliche Personalbestand in diesen beiden Jahrzehnten sehr stark reduziert wurde. Seit 2009 steigt die Beschäftigtenzahl im öffentlichen Dienst wieder. 2021 war sie um fast 600.000 höher als 2008. Trotzdem besteht zurzeit erheblicher Personalmangel in vielen Ämtern, bei Polizei und Feuerwehr und in den Schulen.

Personalausgaben des Staates sind nicht nur Einkommen für die im öffentlichen Dienst Beschäftigten. Sie sind auch ein Anhaltspunkt dafür, in welchem Umfang öffentliche Dienstleistungen bereitgestellt werden. Natürlich hängt die Qualität öffentlicher Dienstleistungen nicht nur von der Zahl der Beschäftigten ab. Deren Ausbildung und soziale Kompetenz (= Fähigkeit, mit Menschen umzugehen und sich in sie einzufühlen) ist ein ebenso wichtiger Qualitätsfaktor. Und nicht zuletzt bestimmt auch die technische Ausstattung der Ämter, der Polizei und der Schulen, ob die Bürger mit den staatlichen Dienstleistungen zufrieden sind.

Die Gehälter der im öffentlichen Dienst Beschäftigten sind Teil des Staatsverbrauchs, einem Teilaggregat der volkswirtschaftlichen Gesamtnachfrage (▶ Tab. 3.4). Da öffentliche Dienstleistungen im Unterschied zu privaten Dienstleistungen wie etwa ein Haarschnitt oder eine ärztliche Behandlung nicht individuell zu erwerben sind, sondern kollektiv bereitgestellt werden, haben sie auch keinen Marktpreis. In der vom Statistischen Bundesamt aufgestellten volkswirtschaftlichen Gesamtrechnung wird davon ausgegangen, dass die Gehälter der im öffentlichen Dienst Beschäftigten auch dem Wert (dem »Marktpreis«) der von ihnen erbrachten Dienstleistungen entspricht. Denn diese werden vom Staat nachgefragt, d. h. »gekauft«, indem er Personen beschäftigt und sie mit der Erstellung der öffentlichen Dienstleistungen beauftragt. Wenn die Gehälter der Angestellten und die Besoldung der Beamten, etwa nach einer Tarifrunde, angehoben werden, steigt also der »Preis« für öffentliche Dienstleistungen, die der Staat kauft. Gleichzeitig erhöht sich die Kaufkraft von über fünf Millionen privater Haushalte (= derjenigen, in denen ein oder mehrere Mitglieder im öffentlichen Dienst arbeiten). Hier stoßen wir wieder auf die Doppel-Eigenschaft einer ökonomischen Größe. Die Personalausgaben für den öffentlichen Dienst sind einerseits Einkommen und damit Nachfragefaktor, für den Staat dagegen Kosten, die über Steuern aufgebracht werden müssen.

Bei den Sozialleistungen ist der hybride Charakter (hybrid = zwei Merkmale, Bestandteile aufweisend) noch offensichtlicher. Für die Empfänger ist eine Sozialleistung wie die Rente, das Kindergeld, das Bürgergeld das Einkommen, für den Staat sind die Sozialleistungen Ausgaben. Diese wiederum müssen entweder aus Beiträgen der privaten Haushalte und Unternehmen finanziert werden wie die Renten oder aus Steuermitteln wie das Kindergeld oder das Bürgergeld. Während der Staat also auf der einen Seite privaten Haushalten Sozialleistungen gibt, nimmt er auf der anderen Seite privaten Haushalten in Form von Sozialbeiträgen und Steuern Geld weg. Da liegt die Frage nahe: Wem gibt der Staat, von wem nimmer der Staat?

Subventionen für Unternehmen

Dieselbe Frage stellt sich bei den Subventionen, den Finanzhilfen und Steuervergünstigungen des Staates zur Unterstützung einzelner Unternehmen oder ganzer Wirtschaftszweige (▶ Abb. 2.6, in dem die Subventionen als Geldstrom vom Staat zu den Unternehmen eingezeichnet sind). Subventionen bedeuten nicht immer, dass Unternehmen oder Wirtschaftszweige Geldzuwendungen erhalten. Die Unterstützung kann auch darin bestehen, dass sie Steuervergünstigungen erhalten. In diesem Fall gibt der Staat zwar kein Geld aus, er nimmt aber weniger ein.

Während mit den Sozialleistungen sozialpolitische Ziele wie insbesondere die materielle Absicherung ärmerer Bevölkerungsschichten verfolgt werden, geht es bei den Subventionen um wirtschafts- und gesellschaftspolitische Ziele. Im ersten Subventionsbericht der Bundesregierung, vorgelegt am 21.12.1967, wurden Subventionen als ein wichtiges Instrument des Staates zur Erreichung strukturpolitischer, vermögenspolitischer, wohnungspolitischer und agrarpolitischer Ziele benannt.

Infobox 3.2: Der Subventionsbericht

Seit Verabschiedung des Stabilitäts- und Wachstumsgesetzes (StabG) von 1967 ist die Bundesregierung verpflichtet, alle zwei Jahre einen Subventionsbericht vorzulegen (§ 12). Darin soll Auskunft über den Stand der Finanzhilfen und Steuervergünstigungen des Bundes gegeben werden. Anlass für die Einführung der Subventionsberichterstattung war die Mitte der 1950er Jahre einsetzende öffentliche Diskussion über die massiven Hilfen für die Landwirtschaft und die in der ersten Hälfte der 1960er Jahre wachsenden Subventionsleistungen. Damals wurde in den Medien die Subventionspolitik zur »Gretchenfrage der Finanzpolitik schlechthin« erklärt. Seit 1967 wurden von den Regierungen 29 Subventionsberichte vorgelegt, der bisher letzte am 06.09.2023.

Unter *Wirtschaftsstruktur* versteht man die sektorale und regionale Zusammensetzung des Bruttoinlandsprodukts. Konkret: Wieviel tragen die Landwirtschaft, die Industrie und der Dienstleistungssektor zur Erstellung des Bruttoinlandsprodukts bei (= sektorale Wirtschaftsstruktur) und in welchen Gegenden wird was produziert (= regionale Wirtschaftsstruktur). Die Veränderung der Wirtschaftsstruktur im Zeitablauf wird Strukturwandel genannt. Tabelle 3.5 zeigt die sektorale Wirtschaftsstruktur Deutschlands und ihre Veränderung von 1950 bis 2022.

Der Strukturwandel geht mit einer Veränderung der Erwerbstätigenstruktur einher: Je weiter entwickelt eine Volkswirtschaft ist, desto weniger Menschen arbeiten in der Landwirtschaft und in der Industrie, dafür immer mehr im Dienstleistungssektor (zu den Ursachen ► Infobox 3.3). Da die schrumpfenden Branchen häufig in bestimmten Regionen konzentriert sind, z. B. der Kohlebergbau im Ruhrgebiet, im Saarland und in der Lausitz, die Schuh- und Lederindustrie im südlichen Rheinland-Pfalz und der Schiffbau in den norddeutschen Küstengebieten, bedroht das Schrumpfen einzelner Branchen häufig ganze Regionen.

Mit Subventionen soll der Strukturwandel gemäß politischen und gesellschaftlichen Zielen beeinflusst werden. Diese Ziele ändern sich im Zeitablauf, ebenso die politischen Mehrheiten, die die Ziele festlegen und darüber bestimmen, wer wie lange und warum finanzielle Hilfen erhält. Letztlich geht es bei allen Subventionen und Steuervergünstigungen für Unternehmen darum, ihr Verhalten, insbesondere ihre Investitionsentscheidungen, in eine politisch gewünschte Richtung zu lenken. Dabei geht es nicht darum, den Strukturwandel als solchen aufzuhalten. Vielmehr sollen Schrumpfungsprozesse, die schwerwiegende soziale Folgen für die Beschäftigten haben, zeitlich gestreckt werden bis hin zur Garantie einer Mindestproduktion.

Umgekehrt soll das Wachstum in Bereichen, in denen es politisch und gesellschaftlich erwünscht ist, gefördert und beschleunigt werden.

Tab. 3.5: Der Strukturwandel: Anteile der Sektoren an der Bruttowertschöpfung[1] (Statistisches Bundesamt)

Sektor	1950	1970	1980	1990	2000	2010	2020	2022
								Anteile in Prozent
Primärer[2]	10,7	3,3	2,2	1,3	1,1	0,9	0,8	1,0
Sekundärer[3]	49,7	48,3	41,3	37,6	30,7	29,9	29,5	29,7
Tertiärer[4]	40,0	48,3	56,6	61,0	68,2	69,2	69,7	69,3

[1] Bruttowertschöpfung: Wert der produzierten Güter und Dienstleistungen abzüglich der darin enthaltenen Vorleistungen (= Wert der von anderen Wirtschaftseinheiten bezogenen Produkte).
[2] Land- und Forstwirtschaft, Fischerei.
[3] Energie- und Wasserversorgung, Bergbau, Verarbeitendes Gewerbe, Baugewerbe.
[4] Handel, Gastgewerbe, Verkehr und Nachrichtenübermittlung, Kredit- und Versicherungsgewerbe, Grundstücks- und Wohnungswesen, Öffentliche Verwaltung, Erziehung und Unterricht, Gesundheitswesen, öffentliche und private Dienstleistungen, Private Haushalte.

Infobox 3.3: Ursachen des wirtschaftlichen Strukturwandels

Die Veränderung der Anteile der Wirtschaftssektoren und Branchen an der Bruttowertschöpfung und der Verteilung der Erwerbstätigen auf die Sektoren hat vor allem zwei Ursachen:

1) Die Nachfrage nach den Produkten der einzelnen Sektoren und Branchen steigt nicht proportional mit dem Einkommen. Wer nach 20 Jahren real (= nach Abzug der Inflationsrate) doppelt und nach 40 Jahren real dreimal so viel verdient, isst nicht die doppelte oder dreifache Menge. Die Nachfrage nach Nahrungsmitteln (landwirtschaftlichen Erzeugnissen) steigt infolgedessen langsamer als das Einkommen. Auch die Nachfrage nach industriellen Produkten hält mit der Einkommensentwicklung nicht Schritt. Dagegen werden private und öffentliche

Dienstleistungen (Versicherungen, Reisen, medizinische Leistungen) mit wachsendem Einkommen auch verstärkt nachgefragt. Der Dienstleistungssektor (Tertiärer Sektor) gewinnt deshalb in hochentwickelten Gesellschaften mit hohem Bruttoinlandsprodukt eine immer größere Bedeutung.

2) Technische Neuerungen (= Innovationen, die es ermöglichen, in einer Arbeitsstunde mehr zu produzieren) finden in den einzelnen Sektoren und Branchen in unterschiedlichem Umfang statt. In der Landwirtschaft und in der Industrie ist es eher möglich, die Effektivität durch Einsatz neuer Techniken zu steigern als im Dienstleistungsbereich (Friseur, ärztliche Behandlung, Pflege). Deshalb sind immer weniger Erwerbstätige in der Landwirtschaft und der Industrie und immer mehr im Dienstleistungsbereich beschäftigt.

Üblich ist eine Einteilung der Subventionen in:

- *Erhaltungssubventionen.* Sie sind vornehmlich wirtschafts-, verteilungs- und/oder regionalpolitisch begründet und insbesondere in der Land- und Forstwirtschaft, im Schiffbau sowie im Schienengüterverkehr anzutreffen. Auch Energiesteuerbegünstigungen für bestimmte Bereiche oder Wirtschaftszweige werden teilweise als Erhaltungssubventionen eingestuft. Um Anpassungsprozesse nicht dauerhaft zu verhindern, sollen Erhaltungssubventionen nicht zeitlich unbegrenzt gewährt werden. Typisches Beispiel für Erhaltungssubventionen sind finanzielle Hilfen für die Landwirtschaft, die gezahlt werden, um die Versorgung mit Nahrungsmitteln im eigenen Land sicherzustellen und von Importen unabhängig zu bleiben.
- *Anpassungssubventionen.* Sie sind als Hilfen für Betriebe und Wirtschaftszweige gedacht, die langfristig nicht mehr wettbewerbsfähig sind, deren Schrumpfungsprozess aber zeitlich gestreckt und sozial abgefedert werden soll. Prominentes Beispiel für derartige Erhaltungssubventionen sind der Kohlebergbau. Finanzhilfen, die

gezahlt werden, um Unternehmen oder Branchen den politisch gewünschten Umstieg auf erneuerbare Energien zu ermöglichen, gehören zu diesen Anpassungssubventionen. Grundsätzlich sollen die Hilfen nach erfolgter Umstrukturierung nicht mehr notwendig sein.

- *Produktivitäts-* und *Wachstumssubventionen*. Sie sollen Innovationen und Wachstum in Betrieben und Wirtschaftszweigen fördern, die vor allem neue Produkte anbieten und neue Produktionsmethoden entwickeln und umsetzen. Finanzhilfen an Unternehmen, die sich neu in Deutschland ansiedeln, um politische gewünschte Produkte herzustellen, z. B. Batterie- und Chipfabriken, gehören dazu.
- Bei den sonstigen Hilfen handelt es sich vor allem um Subventionen, die bestimmte Güter und Leistungen für private Haushalte verbilligen. Hilfen an private Haushalte werden nur dann im Subventionsbericht erfasst, wenn sie indirekt dem Wirtschaftsgeschehen zugerechnet werden können. Dies trifft insbesondere für die Wohnungsbau- und die Sparförderung zu, die Haushalten den Erwerb von Wohnraum und die Bildung von Vermögen erleichtern sollen und gleichzeitig die Baunachfrage und die Nachfrage nach Darlehen im Finanzsektor in erheblichem Umfang beeinflussen.

Aus Tabelle 3.6 geht hervor, in welcher Höhe der Bund 2022 Finanzhilfen und Steuervergünstigungen an Unternehmen und private Haushalte gezahlt und ob es sich dabei um Erhaltungs-, Anpassungs-, Wachstums- oder sonstige Hilfen gehandelt hat. Das Gros der Subventionen von rund 33 Mrd. Euro geht an Betriebe und Wirtschaftszweige (79 %), nur 21 % kommen privaten Haushalten zugute. Die Gesamtsumme von 41,6 Mrd. Euro Subventionen im Jahr 2022 hört sich gigantisch an. Gemessen am nominalen Bruttoinlandsprodukt machten sie jedoch nur 1,1 % aus.

In Tabelle 3.7 sind die fünf größten Finanzhilfen gegenübergestellt, die 1992 und 2022 laut des jeweiligen Regierungsentwurfs gezahlt wurden. Es wird deutlich: Was der Staat mit Subventionen fördert und in welcher Höhe, ändert sich im Zeitablauf. 1992, zwei Jahre nach

Tab. 3.6: Subventionen des Bundes nach ihrer Zielsetzung 2022 (Quelle: 29. Subventionsbericht, Bundestagsdrucksache 20/8300)

	Mio. Euro	**in Prozent**
Finanzhilfen für Betriebe oder Wirtschaftszweige	12.694	63,1
Erhaltungssubventionen	1.054	5,2
Anpassungssubventionen	6.655	33,1
Produktivitäts-/Wachstumssubventionen	2.043	10,2
Sonstige	2.942	14,6
Finanzhilfen für private Haushalte	7.416	36,9
Summe Finanzhilfen	**20.110**	**100,0**
Steuervergünstigungen für Betriebe oder Wirztschaftszweige	20.154	93,8
Erhaltungssubventionen	8.345	38,8
Anpassungssubventionen	4.673	21,8
Produktivitäts-/Wachstumssubventionen	3.312	15,4
Sonstige	3.824	17,8
Steuervergünstigungen für private Haushalte	1.331	6,2
Summe Steuervergünstigungen	**21.485**	**100,0**
Finanzhilfen und Steuervergünstigungen für Betriebe und Wirtschaftszweige	32.848	79,0
Erhaltungssubventionen	9.399	22,6
Anpassungssubventionen	11.328	27,2
Produktivitäts-/Wachstumssubventionen	5.355	12,9
Sonstige	6.766	16,3
Finanzhilfen und Steuervergünstigungen für private Haushalte	8.747	21,0
Summe insgesamt	**41.595**	**100,0**

Tab. 3.7: Die fünf größten Finanzhilfen[1] 1992 und 2022 (Bund) Mio. Euro (Quelle: 13. Subventionsbericht, Bundestagsdrucksache 12/1525)

1992[2]		**2022**	
Sozialer Wohnungsbau	1.222	Förderung von Maßnahmen der Energieeffizienz und erneuerbarer Energie im Gebäudebereich	2.936
Kokskohlenbeihilfe	1.120	Bundesförderung für effiziente Gebäude	2.775
Gemeinschaftsaufgabe Agrarstruktur (ohne Küstenschutz)	1.105	Markteinführungsprogramm zur Förderung des Einsatzes erneuerbarer Energien	2.112
Zuweisungen für betriebliche Investitionen im Beitrittsgebiet	739	Zuschüsse zum Kauf elektrisch betriebener Fahrzeuge	2.100
Gasölverbilligung Landwirtschaft	516	Zuschüsse zur Errichtung von Tank- und Ladeinfrastruktur	1.680

[1] Jeweils Regierungsentwurf.
[2] DM-Werte in Euro umgerechnet.

der Wiedervereinigung, sind die Finanzhilfen über den Wohnungsbau, die Kohle, die Landwirtschaft und Hilfen speziell für Investitionen in der ehemaligen DDR breit gestreut. 2022 stehen fünf Maßnahmen der Energiepolitik an der Spitze der Finanzhilfen.

Unter den Steuervergünstigungen entfielen 1992 noch ein großer Teil auf die Berlinförderung und die Wohneigentumsförderung (► Tab. 3.8). Erst danach folgen Maßnahmen zur steuerlichen Förderung der Investitionen in den neuen Bundesländern. Gleichwohl ist die Verlagerung des Schwerpunkts auf die Unterstützung der Transformation der Wirtschaft der ehemaligen DDR unverkennbar. 2024 führen die Vergünstigungen bei der Vererbung von Produktivvermögen (Betriebe und Kapitalanteile) zu den größten Steuermindereinnahmen, gefolgt vom ermäßigten Mehrwertsteuersatz (7 %) für kulturelle und unterhaltende Leistungen, der Steuerbefreiung der Zuschläge für Sonntags-, Feiertags- und Nachtarbeit und der Steuerermäßigung für Handwerkerleistungen. Hier sind die privaten Haushalte in der Regel die Begünstigten, wobei man die Steuerbefreiung der Zuschläge für Sonntags- Feiertags- und Nachtarbeit auch als Unternehmenssubvention ansehen könnte. Denn die Unternehmen brauchen nur geringere Zuschläge zu zahlen, weil der Bruttobetrag netto bei den Arbeitnehmern ankommt.

Tabelle 3.9 zeigt, wie sich die Struktur der Subventionen in den 50 Jahren von 1970 bis 2020 verändert hat. Mehr als die Hälfte fließt derzeit an die Gewerbliche Wirtschaft, die privaten Haushalte empfangen nur knapp 16 % der Hilfen. Der Rückgang des Anteils des Bereichs »Ernährung, Landwirtschaft und Verbraucherschutz« erklärt sich daraus, dass diese Tabelle nur die Subventionen enthält, die aus dem Bundesetat gezahlt werden. Der größte Teil der Hilfen für die Landwirtschaft wird aus dem EU-Etat bestritten und erscheint deshalb nicht im Bundeshaushalt.

Wie bei den Staatsausgaben und den Steuereinnahmen ist es sinnvoll, nicht nur ihre absolute Höhe zu betrachten, sondern auch geeignete Quoten zu berechnen und deren Verlauf zu verfolgen. Das geschieht in Schaubild 3.3. Dabei werden die Steuervergünstigungen, die Finanzhilfen und die Subventionen insgesamt auf unterschiedliche Größen bezogen:

- Die Steuervergünstigungen als Steuermindereinnahmen in Prozent der Steuereinnahmen (= Steuervergünstigungsquote).
- Die Finanzhilfen in Prozent der Staatsausgaben (= Finanzhilfenquote).
- Die Subventionen insgesamt als Prozent des Bruttoinlandsprodukts (= Subventionsquote).

Tab. 3.8: Die fünf größten Steuervergünstigungen 1992 und 2024 Steuermindereinnahmen in Mio. Euro (Bund und Länder)[1] (Quelle: 13. Subventionsbericht, Bundestagsdrucksache 12/1525)

1992		2024	
Steuervergünstigungen nach dem BerlinFG	2.812	Vergünstigung für Erwerber von Betrieben und Anteilen an Kapitalgesellschaften im Erb- und Schenkungsfall (§ 13a ErbStG)	4.500
Wohneigentumsförderung (erhöhte Abschreibungen nach § 7b EstG, Sonderausgabenabzug nach § 10e EstG)	2.569	Ermäßigter Steuersatz für kulturelle und unterhaltende Leistungen (§ 12 Abs. 2 Nr. 1 und 2 sowie Nr. 12 und 13 i.V. m. Nr. 49, 53 und 54 der Anlage 2 zum UstG sowie § 12 Nr. 7 UstG)	4.335
Investitionszulagen für Ausrüstungsinvestitionen im. Beitrittsgebiet und dem ehemaligen Berlin (West) (Investitionszulagengesetz)	2.306	Steuerbefreiung der gesetzlichen und tariflichen Zuschläge für Sonntags-, Feiertags- und Nachtarbeit	3.235
Sonderabschreibungen für bestimmte Investitionen im Zonenrandgebiet (§ 3 ZRFG)	869	Steuerermäßigung für die Inanspruchnahme von Handwerkerleistungen für Renovierungs-, Erhaltungs- und Modernisierungsmaßnahmen (§ 35a Abs. 3 EstG)	2.205
Sonderabschreibungen für betriebliche Investitionen im Beitrittsgebiet und dem ehemaligen Berlin (West) (§§ 2 und 3 Fördergebietsgesetz)	769	Ermäßigter Steuersatz für Personenbeförderung im Nahverkehr und im Schienenfernverkehr (§ 12 Abs. 2 Nr. 10 UstG)	2.000

[1] Bund und Länder werden hier zusammengefasst, weil die Einnahmen aus den Steuern, die ermäßigt werden, Bund und Ländern zufließen, also Gemeinschaftsteuern sind.

Tab. 3.9: Höhe und Struktur der Subventionen des Bundes 1970 und 2020 (Quelle: 19. Subventionsbericht, Bundestagsdrucksache 15/1635)

Bezeichnung	1970		2020	
	Mio. Euro	%	Mio. Euro	%
Ernährung, Landwirtschaft u. Verbraucherschutz	2.431	34,0	2.037	7,5
Gewerbliche Wirtschaft (ohne Verkehr)	1.893	26,5	15.026	55,5
Verkehr	463	6,5	2.697	10,0
Wohnungswesen	670	9,4	3.027	11,2
Sparförderung und Vermögensbildung	1.378	19,3	576	2,1
Sonstige Finanzhilfen und Steuervergünstigungen[1]	309	4,3	3.711	13,7
insgesamt	7.144	100,0	27.076	100,0

[1] Überwiegend Steuervergünstigungen, die unmittelbar privaten Haushalten zugutekommen, aber das Wirtschaftsgeschehen in wichtigen Bereichen beeinflussen.

Dieser Bezug auf unterschiedliche Größen ergibt Sinn. Die *Steuervergünstigungsquote* (gepunktete Linie) drückt aus, um wieviel Prozent die Steuereinnahmen durch Steuerermäßigungen verringert werden. Die *Finanzhilfenquote* (gestrichelte Linie) sagt aus, wieviel Prozent der Staatsausgaben auf Subventionen entfallen. Die *Subventionsquote* (schwarze Linie) wiederum ist eine gesamtwirtschaftliche Kennziffer, die ähnlich wie die Staatsquote oder die Sozialabgabenquote das Ausmaß der staatlichen Intervention in die Wirtschaft erkennen lässt.

Anfang der 1970er Jahre lag die Subventionsquote bei etwas über zwei Prozent. 1979 war sie erstmals unter zwei Prozent gefallen. Bis Mitte der 1990er Jahre ist sie kontinuierlich auf rund ein Prozent gesunken. Seitdem verharrte sie etwa 25 Jahre lang auf diesem Niveau von leicht unter einem Prozent. Erst 2021 stieg sie als Folge der

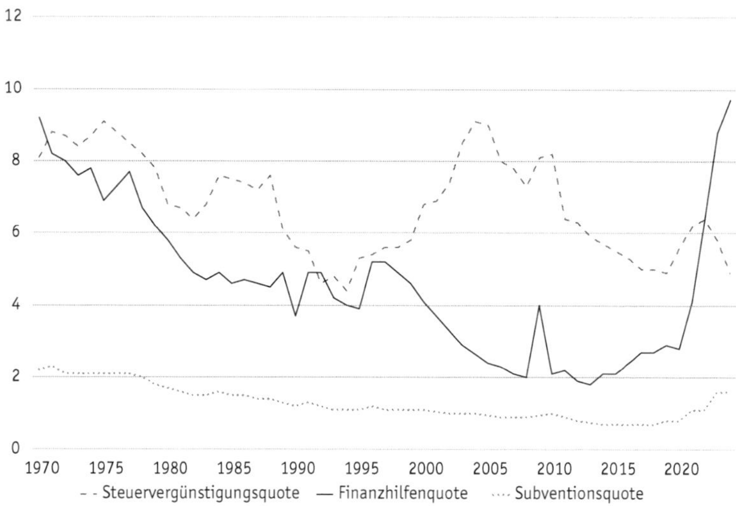

Abb. 3.3: Steuervergünstigungen[1], Finanzhilfen[2] und Subventionen insgesamt[3] (Quellen: Diverse Subventionsberichte der Bundesregierung).
[1] Steuermindereinnahmen durch Steuervergünstigungen in Prozent der Steuereinnahmen.
[2] Finanzhilfen in Prozent der Staatsausgaben.
[3] Gesamte Subventionen in Prozent des Bruttoinlandsprodukts.

Maßnahmen zur Abmilderung der wirtschaftlichen Auswirkungen der Corona-Pandemie wieder auf über ein Prozent an.

Dieser langfristige Trend nach unten ist auch bei den Finanzhilfen festzustellen (▶ gestrichelte Linie in Abb. 3.3). Einen vorübergehenden starken Anstieg gab es 2009, als ein zeitlich befristetes Programm zur Stärkung der Pkw-Nachfrage (Abwrackprämie) in Höhe von fünf Mrd. Euro aufgelegt wurde. Es sollte die als Folge der weltweiten Finanzmarktkrise drohende Absatzkrise in der Automobilindustrie abfedern und gleichzeitig aus Umweltgründen das Verschrotten alter Pkw mit hohem CO_2-Ausstoß fördern.

Bei den Steuervergünstigungen gibt es ab Mitte der 1990er Jahre, verstärkt ab 1999 bis Mitte der 2000er Jahre eine Abkehr vom langfristigen Trend. Der Anstieg der Steuervergünstigungsquote auf neun Prozent in den Jahren 2004 und 2005 hängt maßgeblich mit der ökologischen Steuerreform der rot-grünen Bundesregierung unter Gerhard Schröder (SPD) zusammen. Mit ihr wurde die Besteuerung des Stroms durch das Stromsteuergesetz (StromStG) eingeführt und die Mineralölsteuer schrittweise angehoben. Damit sollten umweltschädliche fossile Energien verteuert und ein Anreiz geschaffen werden, sie sparsamer einzusetzen. Um die Wettbewerbsfähigkeit der Landwirtschaft und des Produzierenden Gewerbes nicht zu gefährden, wurden jedoch für diese Branchen zahlreiche Ausnahmeregelungen in Form von Steuervergünstigungen geschaffen, die sich als Steuermindereinnahmen in der Subventionsstatistik niederschlugen. Im Jahr 1999 betrugen die Steuermindereinnahmen für Ausnahmeregelungen der ökologischen Steuerreform ca. 1,8 Mrd. Euro, im Jahr 2004 bereits 5,6 Mrd. Euro, und 2010 erreichten sie ein Volumen von 18,6 Mrd. Euro. Im Folgejahr sanken sie – bedingt durch das Auslaufen der Eigenheimzulage – wieder auf 15,6 Mrd. Euro. Die Steuervergünstigungsquote fiel bis 2017 auf fünf Prozent zurück.

Mit der Corona-Pandemie kehrte sich der Abwärtstrend der Subventionsquote erneut um. Die staatlichen Maßnahmen zur Abmilderung der wirtschaftlichen Folgen der Pandemie ließen sowohl die Quote der Steuervergünstigungen als auch die der Finanzhilfen ab 2020 wieder ansteigen, ebenso die Subventionsquote insgesamt (► Abb. 3.3). Der Verlauf der Subventionskurven seit 1970 lässt zweierlei erkennen:

- Einerseits belegt der langfristige Abwärtstrend das Bestreben der Politik, Subventionen abzubauen, weil sie notwendige wirtschaftliche Strukturveränderungen nur hinauszögern, nicht jedoch verhindern.
- Andererseits muss die Politik bei externen Schocks wie der Finanzmarktkrise oder der Corona-Pandemie deren wirtschaftliche und soziale Folgen wieder durch neue Subventionen abfedern.

Außerdem gab es in der Vergangenheit immer wieder Phasen mit besonderen wirtschaftlichen Herausforderungen: die Wiederaufbauphase nach dem Zweiten Weltkrieg (1950er und 1960er Jahre), die

Transformation der ostdeutschen Wirtschaft von der Plan- in die Marktwirtschaft nach der Wiedervereinigung (1990er Jahre), die weltweite Finanzmarktkrise 2008/09, die Corona-Pandemie 2019/20 und aktuell die Kriege in der Ukraine und im Gaza-Streifen. Hinzu kommt in den nächsten zwei bis drei Jahrzehnten die Transformation des fossilen Wohlfahrtskapitalismus in eine sozial-ökologische Marktwirtschaft.

Finanzhilfen und Steuervergünstigungen werden deshalb auch in Zukunft als Instrument der Finanzpolitik eingesetzt werden. Dabei wird ihre Wirkungsweise immer wieder Anlass zu kontroversen wissenschaftlichen und politischen Diskussionen geben. Die unterschiedlichen Positionen zu den gesamtwirtschaftlichen Wirkungen der staatlichen Ausgaben werden Gegenstand des folgenden Unterabschnitts sein.

Die Wirkung von Staatsausgabenänderungen auf die Gesamtwirtschaft

Bisher hatten wir uns damit befasst, wie eine Steuer oder eine Subvention das wirtschaftliche Verhalten eines einzelnen privaten Haushalts oder eines einzelnen Unternehmens beeinflusst. Jetzt wollen wir die gesamtwirtschaftlichen Wirkungen auf den Geld- und Wirtschaftskreislauf und damit auf die Gesamtwirtschaft betrachten.

Mit Steuern entzieht der Staat privaten Haushalten und Unternehmen finanzielle Mittel, die sie nicht mehr nachfragewirksam ausgeben können. Somit haben Steuern restriktive Effekte auf den privaten Verbrauch und die privaten Investitionen der Unternehmen. Die Gelder, die der Staat durch Steuern und Sozialabgaben einnimmt, gibt er aber wieder aus und schleust sie in den Wirtschaftskreislauf zurück. Die privaten Haushalte erhalten Sozialleistungen, die Unternehmen Finanzhilfen, und beide profitieren von Steuervergünstigungen. Das erweitert ihre finanziellen Spielräume. Somit wirken Staatsausgaben expansiv. Die Kernfrage lautet daher:

Überwiegen die restriktiven Effekte der Steuern oder die expansiven Effekte der Staatsausgaben?

Bei der Analyse des Wirtschaftskreislaufs muss somit stets geklärt werden: Wo fließt Geld ab, wo fließt Geld hin? Und wie reagieren diejenigen, von denen Geld abfließt, und diejenigen, denen Geld zufließt? Und welche Wirkungen ergeben sich daraus für die Wirtschaft?

Vereinfacht lassen sich die Folgen der Staatstätigkeit am zugespitzten Beispiel »Butter oder Kanonen?« erklären. Dabei steht Butter stellvertretend für Nahrungsmittelproduktion, Kanonen für Rüstung. Die Regierung eines Landes muss entscheiden, wieviel Nahrungsmittel sie der Bevölkerung zugestehen will, und wieviel Rüstung sie zur Verteidigung des Landes für erforderlich hält. Sie wird die privaten Haushalte mit einer Steuer belegen, somit können sie weniger konsumieren. Die Nahrungsmittelhersteller können weniger verkaufen, werden deshalb ihre Produktion einschränken und Arbeitskräfte entlassen. Der Staat wird mit den eingenommenen Steuern Rüstungsgüter kaufen. Die Rüstungsindustrie wird ihre Produktion erhöhen und dafür zusätzliche Arbeitskräfte einstellen.

Die Erhebung der Steuer wird also als Instrument eingesetzt, um die Produktions- und Erwerbstätigenstruktur zu ändern. Es sollen weniger Konsumgüter, dafür mehr Rüstungsgüter hergestellt werden, und Arbeitskräfte sollen von der Konsumgüterindustrie in die Rüstungsindustrie wechseln. Das klingt zunächst einfach, ist in der Praxis jedoch nicht so einfach und schnell umzusetzen:

- Die Arbeitskräfte in der Konsumgüterindustrie sind nicht ohne weiteres in der Rüstungsindustrie einsetzbar. Landwirte, Bäcker, Metzger haben eine andere Ausbildung, als sie für eine Tätigkeit in der Rüstungsindustrie benötigt wird. Viele werden sich umschulen lassen müssen und die dazu nicht bereit sind, laufen Gefahr, arbeitslos werden.
- Die Erhebung der Steuer und die daraus folgende notwendige Einschränkung des Konsums wird Widerstände hervorrufen, ebenso der Bau neuer Rüstungsunternehmen bei allen Pazifisten,

aber auch bei denjenigen, die in der unmittelbaren Nachbarschaft wohnen.

Um soziale Härten, die mit Umstrukturierung der Wirtschaft verbunden sind, wird der Staat den Abbau der Arbeitsplätze in der Konsumgüterindustrie zeitlich strecken, den Unternehmen, die Ertragseinbußen haben, einen Ausgleich zahlen, ebenso die Arbeitnehmer finanziell unterstützen, wenn sie vorzeitig in den Ruhestand gehen wollen oder müssen. Für den Aufbau der Rüstungsindustrie wird er steuerliche Anreize setzen und/oder Finanzhilfen gewähren. Dann bleibt es nicht bei der Einführung nur einer Steuer. Vielmehr werden weitere Maßnahmen folgen. Auch die können Widerstände auslösen, zumal sie auch finanziert werden müssen und evtl. sogar noch eine weitere Steuer erfordern. So beginnt sich das Steuer- und Subventionskarussell zu drehen.

In den nächsten beiden Unterabschnitten schauen wir uns an, wie eine Steuer- und Ausgabensenkung bzw. eine Steuer- und Ausgabenerhöhung des Staates wirken. Dazu werden zwei theoretische Ansätze herangezogen, die zu entgegengesetzten Aussagen kommen.

Durch Steuer- und Staatsausgabensenkung zu mehr Wachstum und Wohlstand?

Steuersenkungen mit dem Ziel, mehr Wachstum und Wohlstand zu erzeugen, betreffen hauptsächlich die Einkommen- und Körperschaftsteuer. Insbesondere geht es um einen anderen Einkommensteuertarif und – damit verbunden – eine Senkung des Spitzensteuersatzes. Nach 1958 blieb der Spitzensteuersatz bei der Einkommensteuer von 53 % (bzw. 56 % von 1976 bis 1990) jahrelang unverändert. Erst um die Jahrtausendwende wurde er von der rot-grünen Bundesregierung unter Gerhard Schröder (SPD) drastisch auf 42 % gesenkt. Die zweite große Koalition aus CDU/CSU und SPD unter Angela Merkel (CDU) führte die sogenannte Reichensteuer von drei Prozent für Jahreseinkommen von damals über 250.000/500.000 Euro (Ledige/Verheirate) ein. Dadurch stieg der Spitzensteuersatz wieder leicht auf 45 %, ohne allerdings die Höhe im Zeitraum von 1960 bis 2000 zu erreichen. Seitdem wurde er nicht mehr verändert.

Die Steuerpolitik wurde seit den 1980er Jahren maßgeblich von der Theorie des amerikanischen Ökonomen Arthur B. Laffer beeinflusst. Seine Kernaussage lautet: Das Steueraufkommen eines Landes hängt von der Höhe des Steuersatzes ab. Es steigt zunächst mit dem Steueransatz an, aber nur bis zu einem optimalen Satz. Wird der Steuersatz über diesen optimalen Satz erhöht, gehen die Steuereinnahmen wieder zurück. Grund: Die Bürger sehen in Steuersätzen jenseits des optimalen Wertes ein so großes Anreiz- und Leistungshemmnis, dass sie ihre unternehmerischen Aktivitäten einschränken und damit eine wirtschaftliche Schwächeperiode auslösen, die die Steuereinnahmen sinken lässt.

In seinem 1979 erschienenen Buch »The Economics of Tax Revolt« (deutsch: »Ökonomie der Steuerrevolte«) hat er diesen Zusammenhang in einer Kurve dargestellt, die man seither weltweit als Laffer-Kurve oder auch als Laffer-Theorem (Theorem = Lehrsatz) bezeichnet (▶ Abb. 3.4). Sie zeigt, wie das Steueraufkommen steigt (Bereich links von der gestrichelten senkrechten Linie im Schaubild), bis ein optimaler Steuersatz erreicht ist, mit dem das größte Steueraufkommen erzielt wird. Danach (Raum rechts von der gestrichelten Linie) geht das Steueraufkommen wieder zurück, obwohl der Steuersatz steigt.

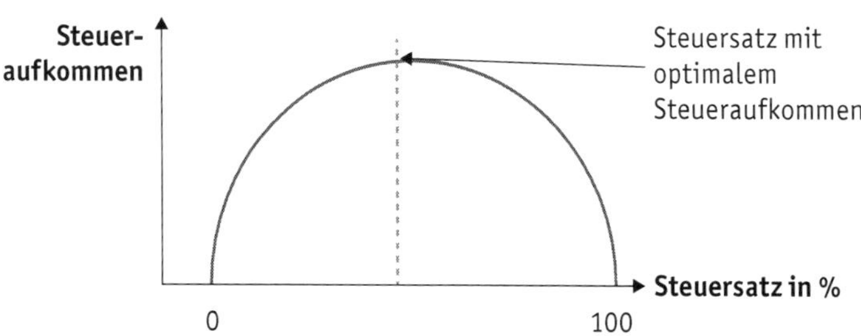

Abb. 3.4: Laffer-Kurve.

Über dreißig Jahre dauerte in der Wissenschaft der Streit über das Laffer-Theorem. Inzwischen ist man zu differenzierteren Einschätzungen gelangt. Unumstritten bleibt indes, dass Steuersatzsenkungen zu mehr wirtschaftlichem Wachstum (= Anstieg des realen Bruttoinlandsprodukts) führen können. Mehr Wachstum wiederum bedeutet höhere Einkommen und Umsätze. Die wiederum führen zu höheren Steuereinnahmen.

Fraglich ist allerdings, ob der Impuls auf das wirtschaftliche Wachstum tatsächlich so groß ist, dass die Steuereinnahmen insgesamt nach der Steuersatzsenkung höher oder zumindest gleich hoch sind wie vor der Steuersatzsenkung? Die Ökonomen sprechen in diesem Fall von einem Selbstfinanzierungseffekt.

Wie immer in der Wirtschaft hängt die tatsächliche Wirkung einer ökonomischen Maßnahme vom Verhalten der Verbraucher, der Arbeitnehmer und der Unternehmer ab. Wie reagieren die Menschen, wenn sie weniger Steuern zahlen müssen? Kaufen die privaten Haushalte mehr und erhöhen sich dadurch die Umsätze der Unternehmen? Oder sparen sie das, was ihnen durch die Steuersatzsenkung bleibt, weil sie für eventuell schlechtere Zeiten etwas zurücklegen wollen?

Infobox 3.4: Die Steuerbemessungsgrundlage

Ein hoher Spitzensteuersatz bedeutet nicht zwingend, dass die Bezieher hoher Einkommen auch entsprechend höhere Steuern bezahlen müssen. Maßgebend ist immer, an welchem zu versteuernden Einkommen (= Bemessungsgrundlage) der Spitzensteuersatz anknüpft.

Beispiel:

Herr Meier hat ein Gesamteinkommen von 500.000 Euro jährlich. Davon kann er im Fall A (breite Bemessungsgrundlage) 100.000 Euro steuerlich geltend machen. Sein zu versteuerndes Einkommen beträgt folglich 400.000 Euro. Bei einer durchschnittlichen Steuerbelastung von 42 % beträgt seine Steuerschuld dann 168.000 Euro.

Im Fall B (schmale Bemessungsgrundlage) soll er dagegen bei gleichem Gesamteinkommen 200.000 Euro steuermindern abziehen können. Sein zu versteuerndes Einkommen beträgt folglich 300.000 Euro. Selbst bei einem um zehn Prozentpunkte höheren Durchschnittssteuersatz, also 52 %, müsste er nur 156.000 Euro Steuern bezahlen.

Fall A		**Fall B**
Niedriger Steuersatz von 42 % Breite Bemessungsgrundlage		Höherer Steuersatz von 52 % Schmale Bemessungsgrundlage
500.000 Euro	Gesamteinkommen	500.000 Euro
100.000 Euro	Steuer mindernde Abzüge	200.000 Euro
400.000 Euro	Zu versteuerndes Einkommen = Bemessungsgrundlage	300.000 Euro
168.000 Euro	Steuerschuld	156.000 Euro

Mit anderen Worten: Bei einer breiten Bemessungsgrundlage kann die zu zahlende Steuer trotz eines niedrigeren Steuersatzes höher sein als bei einer schmalen Bemessungsgrundlage, d. h. bei vielen Absetzmöglichkeiten.

Arbeiten die Arbeitnehmer mehr, weil sie spüren, die Anstrengung lohnt sich, weil ihnen mehr Netto vom Brutto bleibt? Oder passiert genau das Gegenteil: Arbeiten sie weniger, weil sie das gewohnte, frühere Nettoeinkommen in kürzerer Arbeitszeit erreichen können? Manche Ökonomen gehen davon aus, dass die Arbeitnehmer ihre Arbeitszeit frei bestimmen können. Das ist in Wirklichkeit nur bedingt der Fall, weil sie an feste Arbeitsverträge gebunden sind. In Bereichen, in denen bezahlte Überstunden üblich sind, ist es jedoch durchaus denkbar, dass die Bereitschaft sinkt, diese zu erbringen, wenn der erreichte Lebensstandard als ausreichend empfunden wird.

Investieren die Unternehmen mehr, d. h. kaufen sie neue Maschinen und Anlagen, um mehr zu produzieren? Oder legen sie ihre zusätzlichen Erträge gewinnbringend bei ihrer Bank an und warten ab, wie sich die allgemeine Wirtschaftslage entwickelt? Und schließlich ganz wichtig: Wie reagiert der Staat, wenn er tatsächlich mehr Steuern einnimmt? Nutzt er sie, um seine Schulden abzubauen? Und was macht er, wenn der Laffer-Effekt nicht eintritt? Kürzt er dann seine Ausgaben, insbesondere im sozialen Bereich, um seinen Haushalt auszugleichen? Das würde dann die Kaufkraft der privaten Haushalte einschränken, den privaten Konsum verringern und den beabsichtigten Wachstumsimpuls ins Gegenteil verkehren.

Fazit: Es gibt nicht die eine, für jedes Land und für jede Zeit geltende Wirkung einer Steuersatzsenkung. Ob sich ein Land in Schaubild 3.4 auf der rechten Hälfte der Kurve befindet und eine Steuersatzsenkung zu mehr Steuereinnahmen führt oder ob das genaue Gegenteil passiert, ein Land sich also in der linken Hälfte der Kurve befindet, hängt von den Reaktionen der Menschen ab. Und diese sind von Land zu Land und von Zeitpunkt zu Zeitpunkt verschieden. Auch der Entwicklungsstand einer Volkswirtschaft spielt dabei eine wichtige Rolle.

In einem von der Europäischen Zentralbank (EZB) 2010 veröffentlichten Arbeitspapier zum Thema »Wie weit sind wir vom optimalen Steuersatz entfernt? Die Laffer-Kurve neu betrachtet« haben Matthias Trabandt (Europäische Zentralbank und Schwedische Reichsbank) und Harald Uhlig (Universität Chicago) versucht, die These von Laffer zu belegen. Ihre zentrale Fragestellung lautete:

- Inwieweit tritt in den USA, in der EU sowie in einzelnen EU-Ländern nach einer Steuersenkung ein Selbstfinanzierungseffekt ein, d. h. wie viel Prozent der durch eine Steuersatzsenkung bedingten Steuerausfälle kommen durch höheres Wirtschaftswachstum wieder herein?

Für Deutschland lautete das Ergebnis: Nur 50 % einer Einkommensteuersatzsenkung würden sich in Deutschland selbstfinanzieren (Trabandt/Uhlig 2010, Tab. 9, S. 29). Erst wenn die Steuer-/Abgabenbelastung bei über 64 % liegt, also deutlich höher wäre als heute, würde der Laffer-Effekt eintreten, und Steuersatzsenkungen würden der Wirtschaft einen derart großen, zusätzlichen Impuls geben, dass es unter dem Strich zu keinen Steuerausfällen, sondern zu Steuermehreinnahmen käme. Dieses Ergebnis bedeutet politisch: Eine Senkung des Einkommensteuersatzes würde zwar belebend auf die Wirtschaft wirken, aber mit hoher Wahrscheinlichkeit nicht so sehr, dass die Steuerausfälle durch eine bessere Konjunktur wieder ausgeglichen würden. Das Haushaltsdefizit würde sich also vergrößern, statt – wie die Befürworter von Steuersenkungen behaupten – verringern.

Die mit ökonometrischen Methoden (*Ökonometrie* = Anwendung mathematischer Methoden zur Überprüfung von ökonomischen Theorien) gewonnenen Erkenntnisse decken sich mit den Erfahrungen, die man in der praktischen Politik gesammelt hat. So stieg unter der Reagan-Administration in den 1980er Jahren das Haushaltsdefizit der USA in bisher nie gekannte Höhen, wozu neben den Steuersatzsenkungen allerdings auch die gleichzeitige Expansion der Militärausgaben beigetragen hat.

In Deutschland musste man ähnliche Erfahrungen machen: Als die rot-grüne Bundesregierung Anfang der 2000er Jahre die – wie der damalige Bundesfinanzminister Hans Eichel (SPD) verkündete – größte Steuersenkung in der Nachkriegsgeschichte durchführte, kam es zu Steuerausfällen, ohne dass danach die Konjunktur ausreichend »angesprungen« wäre. Die entstandenen Löcher im Staatshaushalt mussten durch höhere Staatsverschuldung gestopft werden mit der Folge, dass Deutschland die in im Maastricht-Vertrag der EU vereinbarte Höchstmarke der Staatsverschuldung (60 % des Bruttoinlandsprodukts) überschritt. Schließlich wurde 2007 von der großen Koalition die Mehrwertsteuer von 16 % auf 19 % erhöht, um den Anstieg der Staatsverschuldung zu begrenzen. Doch die Konjunktur lief trotz der Mehrwertsteuererhöhung danach so gut und die Steuereinnahmen sprudelten so kräftig, dass der Staat kurz vor dem Ziel stand, keine neuen (zusätzlichen) Schulden mehr aufnehmen zu müssen. Die aus den USA auf Europa überschwappende Finanzmarktkrise 2008/09 machte dem jedoch einen Strich durch die Rechnung.

Obwohl die positiven Wirkungen von Steuersatzsenkungen auf Wachstum und Staatsfinanzen nach den bisherigen empirischen Erkenntnissen fragwürdig sind, greifen konservative und liberale Politiker das Laffer-Theorem gerne auf und rechtfertigen damit ihre Forderung nach Steuersenkungen. Dahinter steckt eine wohlüberlegte politische Strategie. Steuersenkungen sind populär, und ihre Rechtfertigung mit dem Laffer-Theorem gibt ihnen einen wissenschaftlichen Anstrich. Da jedoch den fachlich versierten Befürwortern von Steuersenkungen bekannt sein dürfte, dass in der Realität die expansiven Wirkungen bereits in der Vergangenheit nicht eingetreten sind, muss hinter dieser Forderung noch mehr stecken.

Vieles spricht dafür, dass die Befürworter von Steuersenkungen unter dem Deckmantel des »wissenschaftlichen« Laffer-Theorems langfristig die staatlichen, vor allem sozialen Ausgaben reduzieren und die Netto-Einkommensverteilung zugunsten der Oberschichten verändern wollen. Denn wenn Steuersatzsenkungen – wie wir gezeigt haben – den erwünschten Selbstfinanzierungseffekt über höheres Wachstum nicht auslösen, wird nach einer Steuersatzsenkung ein großes Loch in die öffentlichen Haushalte gerissen, das gestopft werden muss. Eine Erhöhung der Staatsverschuldung stößt an verfassungsrechtliche (Schuldenbremse) und ökonomische Grenzen (► Kap. 5). Steuererhöhungen werden strikt abgelehnt. Dann bleibt nur die Senkung der Ausgaben, und da sind die Sozialleistungen für konservativ-liberale Regierungen ein willkommener Ansatzpunkt.

Durch Erhöhung von Steuern und Staatsausgaben zu mehr Wachstum und Wohlstand?

Für die gegenteiligen Maßnahmen, nämlich Steuer- und Staatsausgabenerhöhungen, gibt es ebenfalls eine wissenschaftliche Begründung. Ihr liegt das sogenannte Haavelmo-Theorem des norwegischen Ökonomen Trygve Magnus Haavelmo (1911–1999) zugrunde. Es besagt:

- Eine Erhöhung der Einkommensteuer führt – *ceteris paribus* (= lateinisch: wenn alles andere gleich bleibt) – zu einer höheren volkswirtschaftlichen Gesamtnachfrage, wenn die damit erzielten zusätzlichen Steuereinnahmen vom Staat wieder voll für Käufe von Produkten verausgabt werden.

Grundlage dieses Theorems ist das in der Wirklichkeit anzutreffende Konsum- und Sparverhalten der privaten Haushalte. Je höher das verfügbare Einkommen eines privaten Haushalts ist, einen desto größeren Anteil seines Einkommens spart er, d. h. gibt er nicht für Konsumkäufe wie z. B. Kleidung, Auto, Reisen usw. aus. Den Anteil der Ersparnis am verfügbaren Einkommen nennt man *Sparquote*, den Anteil der Konsumausgaben am Einkommen *Konsumquote*. Umgekehrt gilt: Je niedriger das Einkommen eines privaten Haushalts ist, einen desto geringeren Anteil seines Einkommens kann er sparen. Denn den größten Teil seines Einkommens muss er für den Kauf der Güter und Dienstleistungen des täglichen Bedarfs ausgeben. Mit anderen Worten: Mit höherem Einkommen sinkt die Konsumquote und steigt die Sparquote.

Dieser Zusammenhang entspricht unseren alltäglichen Erfahrungen. In Schaubild 3.5 ist er gut zu erkennen: Die untersten zehn Prozent der Einkommensbezieher sparen nur 1,8 % ihres verfügbaren monatlichen Haushaltsnettoeinkommens. Im zweiten und dritten Einkommenszehntel steigt die Sparquote auf 4,3 % bzw. 6,4 %. Die mittleren Einkommen (4. bis 6. Zehntel) sparen jeweils 7,9 %, 8,3 % und 9 % ihres monatlich verfügbaren Haushaltseinkommens. Und das wird immer mehr, je höher das Einkommen ist. Die obersten zehn Prozent der Haushalte sparen 17 % ihres Einkommens.

Aus der von der Höhe des Einkommens abhängigen Sparquote lässt sich nun ableiten: Eine Steuererhöhung, speziell für die oberen Einkommensschichten, erhöht das Wachstum und die Beschäftigung

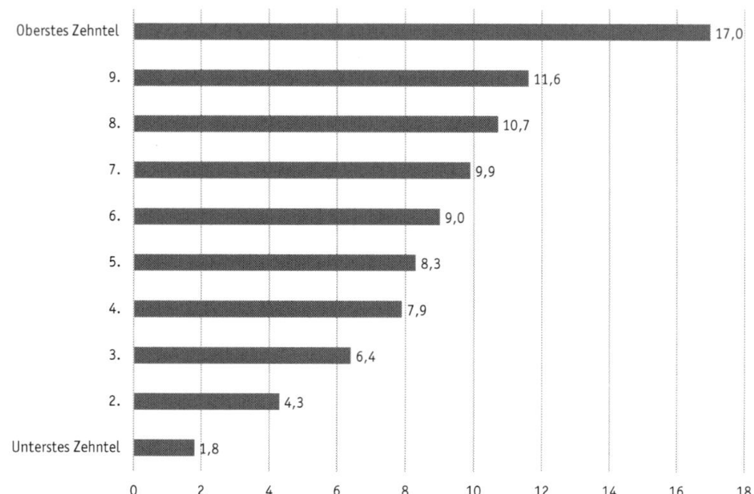

Abb. 3.5: Sparquote[1] der privaten Haushalte nach Einkommensdezilen[2] 2011 (Quelle: Brenke/Wagner 2013, 114).
[1] Anteil des Sparens am monatlichen Haushaltsnettoeinkommens.
[2] Einkommensdezil = Einkommenszehntel. Das zweite Dezil sind somit die 10 % der Einkommensbezieher, die über dem untersten Zehntel liegen.

einer Volkswirtschaft, wenn der Staat die zusätzlichen Steuereinnahmen in den Wirtschaftskreislauf in Form von Güterkäufen zurückschleust und dadurch die gesamtwirtschaftliche Nachfrage steigert.

Das lässt sich mit einem Zahlenbeispiel verdeutlichen. Müssen die privaten Haushalte auf einen Teil ihres Nettoeinkommens verzichten, weil sie höhere Steuern zahlen müssen, schränken sie ihren Konsum und ihre Ersparnis ein und zwar etwa in Höhe ihrer jeweiligen Konsum- und Sparquote.

Ein Haushalt mit einem Nettoeinkommen von 2.000 Euro, einer Sparquote von zehn und einer Konsumquote von 90 Prozent gibt also beispielsweise bei einer Steuererhöhung um 100 Euro (= fünf Prozent des vorherigen Nettoeinkommens) 90 Euro weniger aus und spart 10 Euro weniger (► Tab. 3.10, obere Hälfte).

Ein Haushalt mit 20.000 Euro Monatseinkommen und einer Konsum- und Sparquote von je 50 % zahlt im Falle einer Steuererhöhung um 2.000 Euro (= 10 % des vorherigen Nettoeinkommens), indem er für 1.000 Euro weniger konsumiert und 1.000 Euro weniger spart (▶ Tab. 3.10, untere Hälfte). Gibt der Staat die Mehreinnahmen aus der Steuererhöhung voll aus, erhöht sich die Gesamtnachfrage, und zwar umso mehr, je höher die besteuerten Einkommen sind (▶ Tab. 3.10, rechte Spalte).

Wie immer in der Ökonomie gilt dieser Zusammenhang allerdings nur unter bestimmten Bedingungen. Ökonomen fügen deshalb in solche Aussagen die *Ceteris-Paribus*-Klausel ein, die besagt: Wenn alles Übrige gleichbleibt! Konkret heißt das: Es wird unterstellt, dass

- die Steuererhöhungen nicht die Bereitschaft der Unternehmen zu investieren beeinträchtigt. Würden die Unternehmen nämlich weniger investieren, etwa weil sie sagen »Bei der höheren Steuerbelastung lohnt es sich nicht mehr, Geld für neue Maschinen und Anlagen auszugeben, weil der Staat zu viel von den zusätzlichen Erlösen wegsteuert«, gäbe es an anderer Stelle der Volkswirtschaft – den privaten Investitionen – weniger Nachfrage, und der erwartete positive Effekt auf Wachstum und Beschäftigung bliebe aus;
- der Staat seine zusätzlichen Steuereinnahmen in vollem Umfang für zusätzliche Warenkäufe und nicht zur Erhöhung von Transferleistungen ausgibt. Grund: Würde er z. B. die Steuernehreinnahmen dazu verwendet, das Kindergeld zu erhöhen, wäre nicht gewährleistet, dass die Familien das zusätzliche Geld auch vollkommen für Konsumgüter verausgaben. Sie könnten z. B. einen Teil davon für die Ausbildung ihrer Kinder sparen. So sinnvoll das aus Sicht der Eltern und Kinder auch langfristig wäre, volkswirtschaftlich hätte das weniger Privatnachfrage zur Folge. Die Gesamtnachfrage würde weniger steigen, im Extremfall stagnieren und der positive Effekt auf Wachstum und Beschäftigung bliebe aus.

Tab. 3.10: Haavelmoo-Effekt bei niedrigem und bei hohem Einkommen

Haavelmo-Effekt bei niedrigem Einkommen (monatlich 2.000 Euro netto)			
		Zusätzliche Steuer 100 € (5 %)	
	Euro		Euro
vorher:	netto 2.000	nachher:	netto 1.900
davon:		davon:	
Sparen (10 %)	200	Sparen (10 %)	190
Konsum (90 %)	1.800	Konsum (90 %)	1.710
Privatnachfrage	1.800	Privatnachfrage	1.710
+ Staatsnachfrage	0	+ zusätzliche Staatsnachfrage	100
Gesamtnachfrage	1.800	Gesamtnachfrage	1.810
		Nachfrageerhöhung:	+ 10
Haavelmoo-Effekt bei hohem Einkommen (monatlich 20.000 € netto)			
		Zusätzliche Steuer 2.000 € (10 %)	
vorher:	netto 20.000	nachher:	18.000
davon:		davon:	
Sparen (50 %)	10.000	Sparen (50 %)	9.000
Konsum (50 %)	10.000	Konsum (50 %)	9.000
Privatnachfrage	10.000	Privatnachfrage	9.000
+ Staatsnachfrage	0	+ zusätzliche Staatsnachfrage	2.000
Gesamtnachfrage	10.000	Gesamtnachfrage	11.000
		Nachfrageerhöhung	+ 1.000

Mit anderen Worten, die Steuererhöhung wirkt nach dem Haavelmo-Theorem nur dann wachstums- und beschäftigungsfördernd, wenn private Haushalte und Unternehmen ihr Verhalten nicht ändern und bei den oberen Einkommensschichten weder Ausweichreaktionen auf die zusätzlichen Steuern stattfinden noch ihre Bereitschaft sinkt, Investitionen zu tätigen. Wieder hängen die ökonomischen Wirkungen also vom menschlichen Verhalten ab, und das ist unsicher und schwer vorauszusagen.

Trotzdem finden die Befürworter von Steuererhöhungen im Haavelmo-Theorem genauso eine wissenschaftliche Begründung für ihre Forderung nach Steuererhöhungen speziell für obere Einkommensschichten. Sie wollen mit den zusätzlichen Steuereinnahmen die staatlichen Ausgaben, vor allem für die Infrastruktur, erhöhen, und damit die Voraussetzung für mehr Wachstum und mehr Wohlstand schaffen. Aber auch die Verteilung der Nettoeinkommen soll zugunsten der unteren Einkommensschichten verändert werden. Es treffen also in der Finanzpolitik zwei gegensätzliche Positionen aufeinander:

- mehr Staat (= höherer Anteil des Staates am Bruttoinlandsprodukt), eine gute Infrastruktur und eine gleichmäßigere Einkommensverteilung,

oder:

- weniger Staat (= geringerer Anteil des Staates am Bruttoinlandsprodukt), eine schlechtere Infrastruktur und eine größere Ungleichheit bei der Verteilung der Einkommen.

Letztlich geht es also um die bereits erwähnte Grundsatzfrage: Welche Rolle soll der Staat in der Wirtschaft spielen? Darum geht es auch im nächsten Kapitel, in dem die Finanzpolitik als Instrument zur staatlichen Wirtschaftslenkung und zur Umverteilung behandelt wird.

4 Finanzpolitik als Lenkungs- und Umverteilungsinstrument

Im letzten Kapitel wurde dargestellt, wie der Staat den Bürgern einerseits über Steuern finanzielle Mittel entzieht, ihnen andererseits aber über Sozialleistungen und Subventionen wieder Gelder zukommen lässt. In diesem Kapitel soll anhand einiger historischer Beispiele gezeigt werden, wie der Staat seine finanzpolitischen Instrumente zur Wirtschaftslenkung eingesetzt hat. Anschließend werden Ergebnisse der empirischen Wirtschaftsforschung zu den Verteilungswirkungen der staatlichen Finanzpolitik vorgestellt.

4.1 Beispiele staatlicher Wirtschaftslenkung durch Finanzpolitik

Wie Finanzpolitik zur Wirtschaftslenkung eingesetzt wird lässt sich am besten an konkreten Beispielen veranschaulichen.

Das Investitionshilfegesetz von 1952

Nach Ende des Zweiten Weltkriegs herrschten in der Bundesrepublik in vielen Bereichen Engpässe. Insbesondere im Kohlebergbau, der Eisen- und Stahlindustrie und im Energiesektor fehlte es an ausreichenden Kapazitäten. Auch die Bundesbahn verfügte noch nicht über genügend Waggons, um etwa die abgebaute Kohle an die Empfänger abtransportieren zu können. Es bestand die Gefahr, dass der Wiederaufbau der Wirtschaft ins Stocken gerät, weil zu viele Konsumgüter produziert wurden und zu wenig in neue Produktionsanlagen der Schwerindustrie investiert wurde.

Auf Vorschlag des Gemeinschaftsausschusses der Deutschen Gewerblichen Wirtschaft verabschiedete der Deutsche Bundestag 1952 nach längeren, kontroversen Beratungen das Investitionshilfegesetz. Es trat am 18. Januar 1952 in Kraft und sah folgende Regelungen vor:

- Unternehmen der gewerblichen Wirtschaft mussten einmalig einen Teil ihrer Gewinne abführen. Bemessungsgrundlage für die Abführung waren die zu versteuernden Gewinne der Jahre 1950 und 1951 zuzüglich der steuerlichen Abschreibungsbeträge nach den §§ 7 bis 7e EstG und zuzüglich vier Prozent der in diesen Jahren erzielten Umsätze. Betroffen waren rund 140.000 Unternehmen.
- Der Abführungssatz betrug 3,5 % dieser Bemessungsgrundlage. Das Einziehen der Beträge wickelten die Finanzämter ab, diese zahlten sie bei der Industriekreditbank in Düsseldorf ein, die wiederum ein Sondervermögen Industriehilfe einrichtete. Die Industriekreditbank war 1949 von Industrieunternehmen gegründet worden und hatte vor allem die Aufgabe, öffentliche Fördergelder an begünstigte Unternehmen durchzuleiten.
- Die abführungspflichtigen Unternehmen erhielten im Gegenzug Wertpapiere, die drei Jahre lang nicht an der Börse gehandelt werden durften. Die Investitionshilfeabgabe war somit keine eigentliche Steuer, sondern eine Zwangsanleihe.
- Die Umlage brachte dem Sondervermögen Einnahmen von 1,16 Mrd. DM. Daraus wurden Investitionshilfen an Unternehmen in den Engpassbereichen gezahlt, die sich wie folgt aufteilten:
  - Kohlebergbau 228,2 Mio. DM
  - Eisen- und Stahlindustrie 296,5 Mio. DM
  - Elektrizitätsversorgung 241,8 Mio. DM
  - Gasversorgung 106,1 Mio. DM
  - Wasserversorgung 77,4 Mio. DM
  - Waggonbau 50,0 Mio. DM

Mit dem Rest von 160 Mio. DM wurden Investitionshilfen an kleine und mittelständische Unternehmen in bisher nicht berücksichtigten Wirtschaftszweigen vergeben (Jeikli, Z., Vom Marshallplan zum Kohlepfennig, Opladen 1990, S. 76).

- Unternehmen des Kohle- und Eisenerzbergbaus, der eisenschaffenden Industrie und der Energiewirtschaft erhielten außerdem massive steuerliche Abschreibungsvergünstigungen – im Jahr der Anschaffung und in den beiden Folgejahren konnten insgesamt 50 % bei beweglichen, 30 % bei unbeweglichen Gütern des Anlagevermögens abgeschrieben werden.
- Insgesamt kam es in den genannten Bereichen zu Investitionen in Höhe von 4,7 Mrd. DM.

Das Investitionshilfegesetz der frühen 1950er Jahre ist ein Paradebeispiel für eine massive Umlenkung privater Investitionen von der Konsumgüterindustrie in die Schwerindustrie. Bemerkenswert ist dabei dreierlei:

- Der Vorschlag hierzu kam nicht aus der Regierung, sondern aus der Wirtschaft. Da die technische Abwicklung über die Industriekreditbank erfolgte, sah der überwiegende Teil der Unternehmen die volkswirtschaftlich notwendige Investitionsumlenkung als eine vom Staat organisatorisch unterstützte Selbsthilfemaßnahme der Wirtschaft und nicht als dirigistischen Eingriff des Staates.
- Das Bundesverfassungsgericht erklärte damals in seinem Investitionshilfeurteil vom 20. 07.1954: »Das Grundgesetz garantiert weder die wirtschaftspolitische Neutralität der Regierungs- und Gesetzgebungsgewalt noch eine nur mit marktkonformen Mitteln zu steuernde soziale Marktwirtschaft« (Rz. 40). Auch derartige nicht-marktkonforme Eingriffe des Staates in den Wirtschafsablauf sind demnach zulässig und mit dem Grundgesetz vereinbar.
- Die lenkenden Eingriffe in die Wirtschaft wurden von einer konservativ-liberalen Regierung vorgenommen, die die Steuerung der Wirtschaft grundsätzlich den Marktkräften überlassen will. Die

Praxis der sozialen Marktwirtschaft war also stets eine Mischung aus Markt und Lenkung.

Der Solidaritätszuschlag von 1991

Eine finanzpolitische Maßnahme jüngeren Datums, bei der eine Steuer erhoben wird, deren Einnahmen gleich wieder für bestimmte Zwecke verausgabt werden, ist der Solidaritätszuschlag. Dabei handelt es sich um eine Ergänzungsabgabe zur Einkommen- und Körperschaftsteuer, die 1991 eingeführt wurde, um aus den Mehreinnahmen

- die Mehrbelastungen aus dem Zweiten Golfkrieg zu tragen, die auf 16,9 Mrd. DM veranschlagt wurden,
- die Länder in Mittel-, Ost- und Südeuropa zu unterstützen,
- die zusätzlichen Aufgaben in den neuen Bundesländern zu finanzieren.

Ursprünglich sollte der Zuschlag von 7,5 % der zu zahlenden Einkommen- bzw. Körperschaftsteuer auf ein Jahr befristet sein. 1993 und 1994 wurde er dann ausgesetzt, 1995 aber erneut und unbefristet wieder eingeführt mit der Begründung, damit die Kosten der Vereinigung von alter Bundesrepublik und ehemaliger DDR zu bestreiten. 1998 wurde er auf 5,5 % ermäßigt, seit 2021 müssen ihn nur noch die Bezieher hoher Einkommen bezahlen. Seit 2024 sind das konkret Alleinstehende mit einem jährlich zu versteuernden Einkommen von über 68.410 Euro, Verheiratete mit einem zu versteuernden Jahreseinkommen von über 136.820 Euro.

Das Aufkommen aus dem Solidaritätszuschlag betrug rund 20 Mrd. Euro jährlich, 2023 noch ca. 12,5 Mrd. Euro. Es steht allein dem Bund zu, weshalb für seine Einführung nur die Zustimmung der Mehrheit des Bundestages notwendig ist. Auch seine vollständige Abschaffung könnte allein der Bundestag beschließen. Dafür gab es bisher jedoch keine Mehrheit.

Auch wenn die Einführung des Solidaritätszuschlages seinerzeit mit der Finanzierung der deutschen Einheit begründet worden war, sind die Einnahmen wie die aus jeder anderen Steuer nicht zweckgebunden. Diese Regel wird als *Nonaffektationsprinzip* (= Gesamtdeckungsprinzip) bezeichnet. Alle Steuereinnahmen, egal wie die Steuer begründet wird, fließt in den Haushalt und kann für alle Zwecke ausgegeben werden.

Mit dem Solidaritätszuschlag wurden finanzielle Mittel vom privaten Sektor – von privaten Haushalten und Unternehmen – zum Staat umgelenkt, die dieser wieder für politisch definierte Zwecke ausgegeben und so an anderer Stelle wieder in den Wirtschaftskreislauf zurückgeschleust hat. Das unterscheidet den Solidaritätszuschlag von der Investitionshilfeabgabe. Mit ihr wurden Gelder innerhalb des Unternehmenssektors vom Konsumgüterbereich zur Schwerindustrie umgeleitet, der Solidaritätszuschlag lenkt Mittel vom privaten Sektor zum Staat um, und dieser gibt sie wieder in Form von Sozialleistungen und Subventionen oder durch direkte Käufe (öffentliche Investitionen) an den Privatsektor zurück.

Die ökologische Steuerreform von 1999

Die rot-grüne Bundesregierung aus SPD und Bündnis 90/Die Grünen vollzog 1999 mit zwei Gesetzen den Einstieg in eine ökologische Steuerreform. Sie bestand aus zwei Elementen:

- Verteuerung des Energieverbrauchs durch Einführung einer Stromsteuer und Erhöhung der Mineralölsteuer für Diesel, Benzin, Heizöl und Gas.
- Senkung der Beiträge zur gesetzlichen Rentenversicherung.

Mit der Kombination von einer Erhöhung von Verbrauchsteuern und gleichzeitiger Absenkung der Rentenversicherungsbeiträge sollte zweierlei erreicht werden:

1) Private Haushalte sollten Energie sparen, die Wirtschaft sollte erneuerbare Energien ausbauen und energiesparende, ressourcenschonende Produkte und Produktionsverfahren entwickeln.
2) Durch niedrigere Beiträge zur Rentenversicherung sollten die Lohnnebenkosten für die Unternehmen gesenkt werden, um bestehende Arbeitsplätze zu sichern und neue zu schaffen.

Infobox 4.1: Ökologische Steuerreform 1999

Im Zuge der Ökologischen Steuerreform wurden seit dem 1.4.1999 in Deutschland die Mineralölsteuersätze für Kraftstoffe, Gas und Heizöl erhöht sowie eine Stromsteuer eingeführt:

- Die Mineralölsteuersätze auf Kraftstoffe (Benzin und Diesel) wurden in fünf Stufen von 1999 bis 2003 jedes Jahr um 3,07 Cent je Liter erhöht, also insgesamt um 15,35 Cent je Liter gegenüber 1998.
- Die Mineralölsteuer auf leichtes Heizöl wurde 1999 um 2,05 Cent je Liter erhöht.
- Die Mineralölsteuer wurde 1999 für Erdgas um 0,164 Cent je kWh und für Flüssiggas um 12,78 Euro je 1.000 kg erhöht; im Jahr 2003 wurden die Steuersätze für Erdgas um weitere 0,2 Cent je kWh und um 22,26 Euro je 1.000 kg für Flüssiggas erhöht.
- Von 1999 an wurde die Stromsteuer mit 1,02 Cent je kWh eingeführt. Bis 2003 stieg der Steuersatz um jährlich 0,26 Cent je kWh auf gegenwärtig 2,05 Cent je kWh.
- Vom Jahr 2000 an wurden die Mineralölsteuersätze für schweres Heizöl zur Wärme- und Stromerzeugung zu einem einheitlichen Mineralölsteuersatz von 17,89 Euro je 1.000 kg zusammengefasst, dieser Steuersatz ist Anfang 2003 auf 25 Euro je 1.000 kg erhöht worden.

Auch bei dieser finanzpolitischen Maßnahme ging es darum, das wirtschaftliche Verhalten der Menschen zu steuern. Durch die Steuern sollten Strom, Gas, Benzin, Diesel und Heizöl teurer und ihr

Verbrauch reduziert werden. Die Lohnnebenkosten wie die Arbeitgeberbeiträge zur Rentenversicherung wurden damals als eine zu hohe Belastung für die Unternehmen angesehen. Mit den Mehreinnahmen aus den Ökosteuern sollten die staatlichen Zuschüsse an die Rentenversicherung erhöht werden, was die Senkung der Rentenversicherungsbeiträge von 20,3 % (1998) auf 19,1 % (2001/02) ermöglichte. Die Mehreinnahmen aus den erhöhten Energiesteuern waren zwar nicht für die Zuschüsse zur Rentenversicherung zweckgebunden. Das hätte dem Nonaffektationsprinzip widersprochen. Gleichwohl wurde so verfahren, und die höheren Energiesteuern ließen sich damit – neben Umweltschutzargumenten – in der öffentlichen Diskussion rechtfertigen.

Bemerkenswert an der ökologischen Steuerreform ist der Versuch, umwelt- und beschäftigungspolitische Ziele gleichzeitig zu erreichen. Das Deutsche Institut für Wirtschaftsforschung (DIW) hat im Auftrag des Umweltbundesamtes (UBA) die gesamtwirtschaftlichen Effekte quantifiziert. Ergebnis:

- Das Wirtschaftswachstum fiel um knapp 0,5 Prozentpunkte höher aus.
- Die Emissionen sind im ersten Jahr um etwa ein halbes Prozent und bis 2003 deutlich um 2,4 % zurückgegangen, was knapp 20 Mio. Tonnen entspricht.
- Die Beschäftigung hat sich um rund eine Viertel Million Personen erhöht.

Die Wirkungen auf die Umwelt und den Arbeitsmarkt waren also durchweg positiv. Gleichwohl blieb die ökologische Steuerreform nicht ohne Kritik:

- Weite Bereiche des Produzierenden Gewerbes und der Landwirtschaft blieben von der Ökosteuer ausgespart, um die internationale Wettbewerbsfähigkeit landwirtschaftlicher und industrieller Betriebe nicht wegen zu hoher Strompreise zu gefährden. Insofern waren die Umwelteffekte noch begrenzt.

- Von der Senkung der Rentenversicherungsbeiträge profitierten nur Arbeitgeber und Arbeitnehmer. Selbständige, Beamte, Rentner und Studenten, die nicht rentenversicherungspflichtig sind, erhielten bei ihrem Nettoeinkommen keinen Ausgleich für die höheren Energiepreise. Diese Verteilungswirkungen der Ökosteuer empfanden viele als ungerecht.

Das führt uns zu der Frage: Wie wirken Steuern und Staatsausgaben auf die Einkommensverteilung?

4.2 Verteilungswirkungen der Finanzpolitik

Ob alle angemessen Steuern zahlen und die staatlichen Sozialleistungen gerecht verteilt werden, ist ein in der Öffentlichkeit immer wieder kontrovers und teilweise sehr emotional diskutiertes Thema. Welche Einkommensgruppen wieviel zum gesamten Steueraufkommen beitragen, wird nicht vom Statistischen Bundesamt ermittelt, sondern von mehreren wissenschaftlichen Instituten in größeren Zeitabständen errechnet. Die Ergebnisse unterscheiden sich in der Regel nicht grundlegend.

Einkommensteuer

Das Deutsche Institut für Wirtschaftsforschung (DIW) hat für 2015 Zahlen zur Steuerlastverteilung in Deutschland veröffentlicht. Demnach ergibt sich für die Einkommensteuer:

- die obersten 10 % der Einkommensbezieher zahlen 60 %,
- die obersten 30 % zahlen 86 %,
- die obersten 50 % zahlen 96 %

des gesamten Einkommensteueraufkommens (▶ Abb. 4.1). Daraus ergibt sich, dass die untere Hälfte der Einkommensbezieher nur vier Prozent des Einkommensteueraufkommen beiträgt.

Zu beachten ist hierbei: Es geht hier nur um das Aufkommen aus der Lohn- und Einkommensteuer. Die Sozialabgaben sind hier noch nicht erfasst, ebenso wenig die Mehrwertsteuer und sonstige indirekte Steuern. Häufig wird in der öffentlichen Debatte unpräzise argumentiert und behauptet: »Die obersten zehn Prozent der Einkommensbezieher erbringen 60 Prozent des Steueraufkommens.« Das ist falsch! Nur bei der Einkommensteuer tragen die obersten 10 Prozent rund 60 Prozent bei.

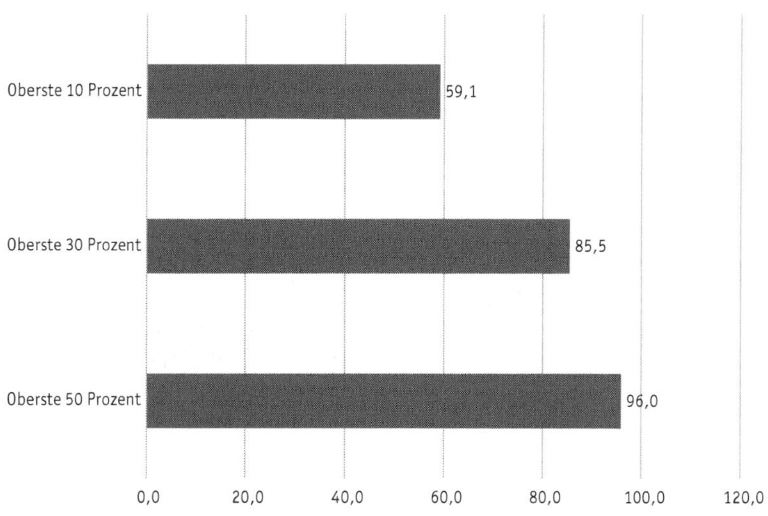

Abb. 4.1: Verteilung der Einkommensteuerlast[1] auf private Haushalte 2015 (Quelle: Bach/Beznoska/Steiner 2016, S. 1211).
[1] Lohn- und Einkommensteuer, Solidaritätszuschlag, Unternehmenssteuern.

Der hohe Anteil der oberen Hälfte der Einkommensbezieher am Einkommensteueraufkommen ist politisch gewollt. Bürger mit hohen Einkommen sollen absolut und relativ mehr Einkommensteuer bezahlen als Bürger mit niedrigen Einkommen. Absolut heißt hier: Der zu zahlende Einkommensteuerbetrag wächst mit dem Einkommen. Relativ bedeutet: Der Prozentsatz des Bruttoeinkommens, der an Einkommensteuer abzuführen ist, steigt mit höherem Einkommen ebenfalls an. Durch den progressiven Steuersatz, der von 14 % bei niedrigen Einkommen bis zu 45 % bei den Spitzeneinkommen (2024 ab 277.826/555.652 Euro Jahreseinkommen Alleinstehende/Verheiratete) reicht, ist die Einkommensteuer das steuerpolitische Hauptinstrument zur Einkommensumverteilung.

Infobox 4.2: Eckwerte des Einkommensteuertarifs 2024

Grundfreibetrag: Nicht alle, die Geld verdienen, müssen auch Einkommensteuer zahlen. Bis zu einem Jahreseinkommen von 11.604 Euro (Alleinstehende) bzw. 23.208 Euro (Verheiratete) muss keine Einkommensteuer entrichtet werden.

Progressiver Steuersatz: Wer mehr verdient als den Grundfreibetrag, muss für den übersteigenden Betrag Einkommensteuer bezahlen. Der Eingangssteuersatz beträgt 14 %. Er steigt auf 42 % ab einem Jahreseinkommen von 62.810/125.620 Euro (Alleinstehende/Verheiratete).

Reichensteuer: Ab einem Jahreseinkommen von 277.826/555.652 Euro gilt der Reichensteuersatz von 45 %.

Sozialabgaben

Auch bei den Sozialabgaben – den gesetzlichen Renten-, Arbeitslosen-, Kranken- und Pflegeversicherungsbeiträgen – tragen die Bezieher höherer Einkommen mehr zum Aufkommen bei, als es ihrem Anteil an der Bevölkerung entspricht (▶ Abb. 4.2):

- Die obersten zehn Prozent zahlen 23 Prozent der Sozialabgaben,
- die obersten 30 Prozent 57 Prozent,
- die obere Hälfte 79 Prozent.

Anders als beim Einkommensteuertarif sind die Beiträge zu den Sozialversicherungen nicht progressiv, sondern proportional ausgestaltet: Alle zahlen prozentual den gleichen Rentenversicherungs-, Krankenkassen- und Arbeitslosenversicherungsbeitrag vom Bruttoeinkommen, allerdings nur bis zur Beitragsbemessungsgrenze. Das ist der Einkommensbetrag, bis zu dem die Sozialversicherungsbeiträge mit dem gleichen Prozentsatz vom Einkommen berechnet werden. Jenseits dieser Beitragsbemessungsbemessungsgrenze steigen die Beiträge nicht mehr. Das heißt: Die Versicherten mit einem Einkommen über der Beitragsbemessungsgrenze zahlen nur so viel Beitrag, wie wenn sie nur ein Einkommen in Höhe der Beitragsbemessungsgrenze hätten.

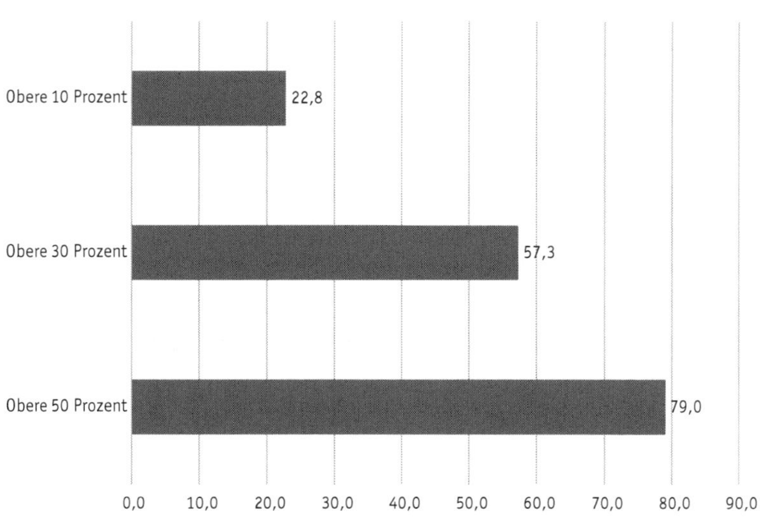

Abb. 4.2: Verteilung der Sozialabgabenlast auf private Haushalte 2015 (Quelle: Bach/Beznoska/Steiner 2016, S. 1211).

Renten- und Arbeitslosenversicherung sind nicht als Instrument zur Umverteilung von reich zu arm ausgelegt. Vielmehr gilt das Äquivalenzprinzip. Die Leistungen richten sich nach der Höhe der geleisteten Beiträge. Wer viel verdient und entsprechend hohe Beiträge an die Rentenversicherung entrichtet, erhält eine höhere Rente als diejenigen mit niedrigen Einkommen und entsprechend geringeren Beiträgen. Auch das Arbeitslosengeld hängt von der Höhe des vorherigen Einkommens und der geleisteten Beiträge ab. Somit verteilen diese beiden Versicherungen von den Erwerbstätigen zu den Rentnern (Rentenversicherung) bzw. von denjenigen, die einen Arbeitsplatz haben, zu denjenigen, die arbeitslos sind, um (Arbeitslosenversicherung).

Auch die gesetzliche Krankenversicherung verteilt um. Wer gesund ist und nur wenige Leistungen der Krankenkasse in Anspruch nehmen muss, zahlt mit seinen Beiträgen die Leistungen, die die gesetzliche Krankenkasse für die Kranken erbringt. Anders als bei der Renten- und Arbeitslosenversicherung sind die Leistungen der gesetzlichen Krankenkasse für alle gleich, unabhängig von der Höhe der zuvor gezahlten Beiträge. Es gilt also nicht das Äquivalenzprinzip, sondern das Solidarprinzip. Jeder hat unabhängig von seinem Einkommen Anspruch auf die gleiche, medizinisch notwendige Versorgung.

Indirekte Steuern

Entscheidend für die Steuerlastverteilung ist jedoch nicht allein die Belastung mit Lohn- bzw. Einkommensteuern und Sozialabgaben, sondern auch die Belastung mit indirekten Steuern. Hier zeigt sich, dass die obersten 10 % der Einkommensbezieher zwar 60 % der Einkommensteuer zahlen, aber nur 20 % der indirekten Steuern (► Abb. 4.3). Zwar konsumieren die Haushalte mit überdurchschnittlichem Einkommen mehr als die ärmeren Haushalte, zahlen also auch entsprechend viel beispielsweise an Mehrwertsteuer. Wer sich etwa einen Porsche kauft, muss absolut mehr Mehrwertsteuer und Benzin-(Mineralöl)steuer zahlen als der Käufer eines Polo. Doch der entscheidende Unterschied ist: Wer weniger verdient als der Durchschnitt, hat eine höhere Konsum- und niedrigere Sparquote als diejenigen, die überdurchschnittlich verdienen. Das hat zur Folge:

Wer den größten Teil seines Einkommens für den Konsum ausgibt, entrichtet - bezogen auf sein Einkommen - mehr an indirekten Steuern als diejenigen, die viel verdienen und entsprechend mehr sparen können. Denn Sparbeträge unterliegen keiner indirekten Steuer. So stammen über 36 % der Einnahmen aus indirekten Steuern von der unteren Hälfte der Einkommensbezieher, während auf die obere Hälfte nur 64 % entfallen. Das ist erheblich weniger als bei der Einkommensteuer und bei den Sozialabgaben.

Die Wirkung dieses Effekts zeigt Schaubild 4.4. Während das Bruttoeinkommen der unteren 10 % der Einkommensbezieher (1. Dezil) nur mit 0,2 % Einkommensteuer belastet wird (schwarze Säule in ▶ Abb. 4.4), beträgt der Anteil der von ihm entrichteten indirekten Steuern am Bruttoeinkommen 22,9 % (graue Säule in ▶ Abb. 4.4). Mit steigendem Einkommen wird die Belastung durch

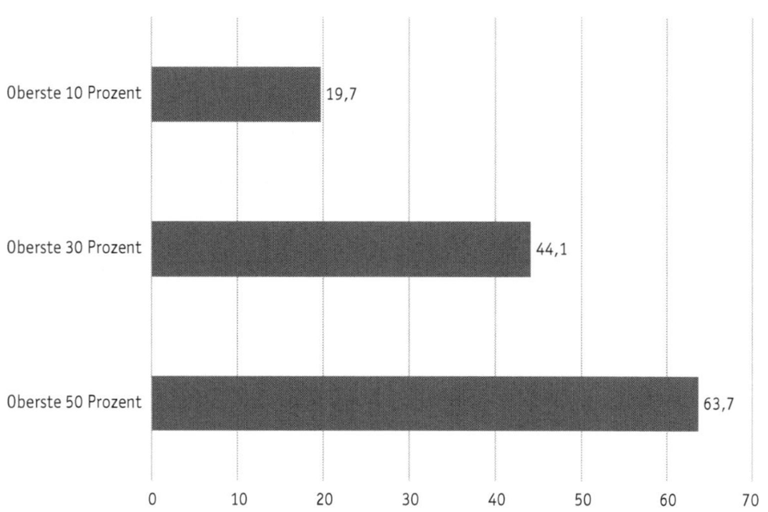

Abb. 4.3: Verteilung der Belastung mit indirekten Steuern[1] auf private Haushalte 2015 (Quelle: Bach/Beznoska/Steiner 2016, 1211).

[1] Indirekte Steuern: Mehrwertsteuer, Versicherungssteuer, Energiesteuern, EEG-Umlage, Tabak- und Alkoholsteuern, Wettsteuern, Grund-, Kfz- und sonstige Steuern, indirekte, im Unternehmenssektor anfallende, überwälzte Steuern.

indirekte Steuern immer geringer (graue Säulen), die durch direkte Steuern wächst dagegen (schwarze Säulen). Damit können wir überleiten zur zentralen Frage: Wie ist die Verteilung der gesamten Steuer- und Sozialabgabenbelastung?

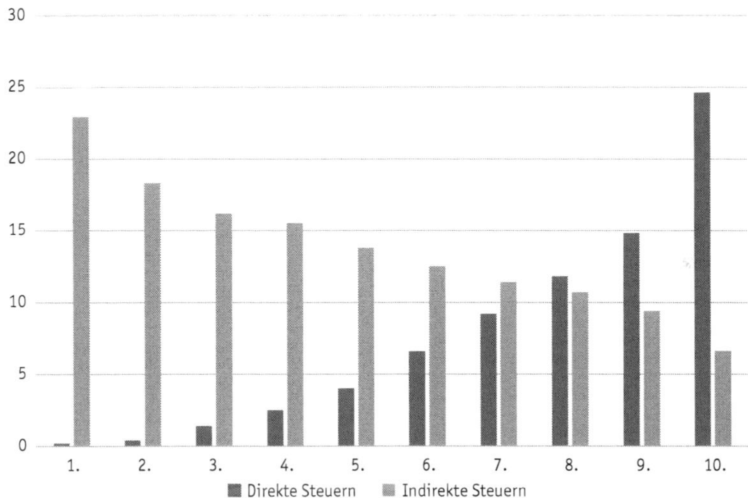

Abb. 4.4: Belastung privater Haushalte mit direkten[1] und indirekten[2] Steuern 2015 nach Bruttoeinkommensdezilen (Quelle: Bach/Beznoska/Steiner 2016, S. 1213).
[1] Lohn- und Einkommensteuern, Solidaritätszuschlag, Unternehmenssteuern.
[2] Mehrwertsteuer, Versicherungssteuer, Energiesteuern, EEG-Umlage, Tabak-und Alkoholsteuern, Wettsteuer, Grund-, Kfz-Steuer und sonstige Steuern, überwälzte, im Unternehmenssektor anfallende Steuern.

Gesamtabgaben

Fasst man die Belastung durch die direkten und indirekten Steuern sowie die Sozialabgaben zusammen, ergibt sich folgende Antwort auf die Frage, welche privaten Haushalte wieviel zum Steuer- und Sozialabgabenaufkommen beitragen.

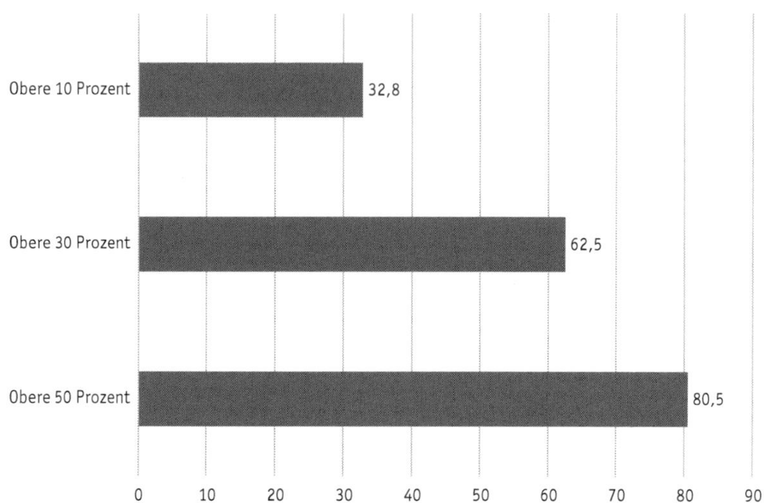

Abb. 4.5: Gesamtsteuer- und Sozialabgabenbelastung der privaten Haushalte 2015 (Quelle: Bach/Beznoska/Steiner 2016, S. 1211).

Bei den oberen zehn Prozent der Einkommensbezieher fällt der Beitrag deutlich geringer aus, als wenn man nur die direkten Steuern betrachtet. Sie beträgt nur noch knapp 33 % (▸ Abb. 4.5). Auf die oberen 30 % entfallen weniger als zwei Drittel, die obere Hälfte der Einkommensbezieher erbringt immerhin über 80 % des gesamten Steuer- und Sozialabgabeaufkommens. Zum gleichen Ergebnis kam das RWI – Leibniz-Institut für Wirtschaftsforschung, Essen für das Jahr 2018 (Wirtschaftsdienst, Heft 4/2021, S. 289).

Wer also trägt unseren Staat? Aus Schaubild 4.5 geht eindeutig hervor: Vor allem die obere Hälfte der Einkommensbezieher schafft mit ihren Steuern und Sozialabgaben die finanziellen Voraussetzungen für die Bereitstellung kollektiver und meritorischer Güter und einen umverteilenden Wohlfahrtsstaat. Nun ist zu prüfen, wem die vom Staat eingenommenen Gelder zugutekommen. Auch dazu gibt es wissenschaftliche Untersuchungen.

Gesamtabgaben und Sozialleistungen

In Tabelle 4.1 sind die privaten Haushalte nach der Höhe ihres Bruttoäquivalenzeinkommens in zehn gleich große Kohorten (= Dezile) aufgeteilt. Die zehn Prozent der Haushalte mit den niedrigsten Einkommen (= 1. Dezil) haben ein Bruttoäquivalenzeinkommen von bis zu 1.314 Euro im Monat. Sie zahlen im Jahr 2.810 Euro direkte und indirekte Steuern und 1.237 Euro Sozialversicherungsbeiträge, zusammen also 4.047 Euro an Abgaben. Gleichzeitig erhalten sie aber Sozialleistungen in Höhe von 8.467 Euro im Jahr. Das bedeutet, dass sie deutlich mehr an Sozialleistungen erhalten, als sie an Steuern und Sozialabgaben entrichten. Der Saldo beträgt 4.420 Euro. Sie profitieren also vom Steuer- und Transfersystem der Bundesrepublik Deutschland.

Aus Tabelle 4.1 lässt sich weiter ablesen, bis zu welchem Einkommen private Haushalte mehr Geld vom Staat erhalten, als sie an Steuern und Sozialversicherungsbeiträgen zahlen – und zwar bis zu einem Bruttoäquivalenzeinkommen von bis zu 2.790 Euro monatlich. Dazu gehört genau die untere Hälfte der Einkommensbezieher. Sie sind somit die Begünstigten des Wohlfahrtsstaats.

Die obere Hälfte der Einkommensbezieher finanziert demgegenüber den Wohlfahrtsstaat. Ab einem Bruttoäquivalenzeinkommen von 2.791 Euro monatlich zahlen die Haushalte mehr Steuern und Sozialabgaben, als sie an Sozialleistungen erhalten. Zwar bekommen auch überdurchschnittlich Verdienende Sozialleistungen, die nicht an eine bestimmte Einkommensobergrenze gebunden sind. So haben beispielsweise auch Spitzenverdiener Anspruch auf Kindergeld bzw. auf einen steuermindernden Kinderfreibetrag. Gleichwohl ist der Saldo aus Abgaben und Sozialleistungen bei den Haushalten mit überdurchschnittlichem Einkommen positiv. Sie müssen mehr an den Staat abgeben, als sie von ihm wieder zurückbekommen.

Tabelle 4.1 macht deutlich, wie im wohlfahrtsstaatlichen Transfersystem der Bundesrepublik Deutschland von reich zu arm umverteilt wird. Das ist politisch gewollt und entspricht dem grundgesetzlich verankerten Sozialstaatsprinzip. Das Ausmaß der

Tab. 4.1: Steuern, Sozialversicherungsbeiträge und erhaltene Sozialleistungen der privaten Haushalte 2019 (Beznoska 2020, 14 mit Tabelle 3 – 2 und S. 28 mit Tabelle A-4)

Dezil	Brutto-äquivalenz-Einkommen[1] von ... bis	Direkte und indirekte Steuern	Sozial-versicherungs-beiträge	Steuern und Sozialversicherungsbeiträge insgesamt	Erhaltene Sozialleistungen	Saldo[2] aus Abgaben u. Sozialleistungen
	Euro pro Monat					Euro im Jahr
1.	bis 1.314	2.810	1.237	4.047	8.467	-4.420
2.	1.315 – 1.712	4.007	2.164	6.171	12.616	-6.446
3.	1.713 – 2.072	5.221	3.147	8.368	14.615	-6.247
4.	2.073 – 2.407	6.543	4.020	10.562	15.728	-5.166
5.	2.408 – 2.790	8.377	4.998	13.375	13.853	-478
6.	2.791 – 3.246	10.545	5.862	16.408	13.548	2.860
7.	3.247 – 3.774	13.653	7.057	20.710	10.914	9.796
8.	3.775 – 4.514	16.763	8.189	24.952	9.016	15.936
9.	4.515 – 5.836	22.417	9.263	31.680	9.791	21.889
10.	über 5.837	44.928	9.754	54.683	7.059	47.624

[1] Äquivalenzgewichtet mit der neuen OECD-Skala.
[2] Minuszeichen = Haushalte haben weniger an Steuern und Sozialversicherungsbeiträgen entrichtet als Sozialleistungen erhalten; kein Minuszeichen = Haushalte haben mehr an Steuern und Sozialversicherungsbeiträgen gezahlt als Sozialleistungen erhalten.

Umverteilung wird jedoch kontrovers beurteilt. Im liberal-konservativen politischen Lager hält man das Ausmaß der bestehenden Umverteilung eher für zu groß, im linken Spektrum wird eher noch ein Mehr an Umverteilung befürwortet.

4.3 Umverteilungskonzepte

Mit dem Investitionshilfegesetz von 1952 wurde die Finanzpolitik in der alten Bundesrepublik als Instrument zur Wirtschafts- und Investitionslenkung eingesetzt. Ein anderes Instrument der Finanzpolitik – das ebenfalls 1952 verabschiedete *Lastenausgleichsgesetz* – diente als Umverteilungsinstrument. Es dient uns als historisches Beispiel aus der Frühzeit der alten Bundesrepublik und wird als erstes vorgestellt. Anschließend werden Vorschläge zur Reform des Steuersystems aus der jüngeren Zeit behandelt, mit denen Einkommen und Vermögen umverteilt werden sollen.

Historisches Beispiel: Das Gesetz über den Lastenausgleich von 1952

Mit dem Gesetz über den Lastenausgleich vom 14.8.1952 sollten Vermögensschäden ausgeglichen werden, die Deutsche infolge des Zweiten Weltkriegs und seiner Nachwirkungen erlitten hatten. Einen finanziellen Ausgleich für erlittene Vermögensschäden konnte insbesondere beanspruchen, wer

- durch direkte Kriegseinwirkungen (Bomben oder andere Waffen) geschädigt worden war,
- Spätheimkehrer war,
- aus früher zum Deutschen Reich gehörenden Gebieten östlich von Oder und Neiße oder aus früher nicht zum Deutschen Reich ge-

hörenden Gebieten vertrieben worden oder aus der Sowjetischen Besatzungszone bzw. später aus der DDR geflohen war.

Der Kreis der Anspruchsberechtigten war hoch. 1949 gab es im alten Bundesgebiet

- 9 Mio. Vertriebene und Flüchtlinge. Hinzu kamen 2,5 Mio. Menschen, die innerhalb des alten Bundesgebietes evakuiert worden waren und ebenfalls ihren Heimatort hatten verlassen müssen,
- 8 Mio. Kriegsgeschädigte, einschließlich ihrer Familienangehörigen,
- 0,5 Mio. Flüchtlinge aus der sowjetischen Besatzungszone mit Ansprüchen an den Härtefonds des Lastenausgleichs,
- 0,5 Mio. Währungsgeschädigte mit Ansprüchen auf Kriegsschadenrente.

Zusammen hatten 18 Mio. Menschen Ansprüche auf Lastenausgleich, das waren mehr als ein Drittel der damals 50 Mio. Einwohner zählenden alten Bundesrepublik. Das bedeutete nicht nur in finanzieller Hinsicht eine Herausforderung. Auch die Öffentliche Verwaltung hatte einen großen Aufwand zu bewältigen. Es musste eine eigene Verwaltung neu aufgebaut werden, um die vielen Anträge bearbeiten zu können. Neben dem Bundesausgleichsamt wurde in jedem Bundesland ein Landesausgleichsamt mit in der Regel mehreren Außenstellen errichtet. Alles in allem gab es in den 1950er und 1960er Jahren rund 600 Ausgleichsämter mit rund 25.000 Beschäftigten.

Die Abwicklung des Lastenausgleichs war nicht zuletzt deshalb so aufwändig, weil viele der Geschädigten keine Unterlagen hatten retten können, mit denen sie das verlorene Vermögen nachweisen konnten. Das Bundesausgleichsamt erließ deshalb für fast alle denkbaren Vermögensschäden Rechtsverordnungen, die die Beweisnot der Antragsteller berücksichtigten. Aufgrund von Erfahrungssätzen konnten Schäden auch ermittelt werden, wenn der Antragsteller nur einzelne Betriebsmerkmale wie z. B. Zahl der Beschäftigten oder den Umsatz angeben konnte.

Auch für den Verlust von Hausrat wurden Entschädigungen gezahlt. Die Zahl der gestellten Anträge belief sich auf insgesamt 9,6 Millionen. Da es für die Ausgebombten und die Vertriebenen unmöglich war nachzuweisen, welchen Wert der verlorene Hausrat hatte, stützte man sich auf die Höhe der Einkünfte in den Jahren 1937 bis 1939. Je nach Jahreseinkommen oder damals vorhandenem Vermögen wurde der Antragsteller einer von drei Schadensstufen zugeordnet. In diesen gab es 1.200 DM, 1.600 DM und 1.800 DM. Für die insgesamt 9,6 Mio. Anträge auf Hausratentschädigung wurden bis zum Schluss rund 10 Mrd. DM ausgezahlt. Neben Entschädigungen für Vermögensschäden an Immobilien und Fabrikanlagen sowie an Hausrat gab es

- für diejenigen, die von Mieteinahmen aus einem Haus gelebt hatten, das zerstört worden war, eine Kriegsschadenrente,
- ein zinsverbilligtes Eingliederungsdarlehen,
- ein zinsverbilligtes Darlehen zum Hausbau oder Erwerb von Wohneigentum in Höhe von 6.200 DM.

Die Mittel für die Entschädigungsleistungen wurden von denjenigen aufgebracht, die Glück gehabt hatten und trotz aller Zerstörungen ihr Vermögen retten konnten. Sie mussten eine Lastenausgleichsabgabe zahlen, die sich nach der Höhe ihres am 21. Juni 1948 (= ein Tag nach Einführung der D-Mark) vorhandenen Vermögens richtete. Die Abgabe betrug 50 % des berechneten Vermögens. Sie war vierteljährlich in 120 Raten, also über 30 Jahre verteilt, über die Finanzämter an den Lastenausgleichsfonds abzuführen.

Ergänzend wurde eine Hypothekengewinnabgabe und eine Kreditgewinnabgabe erhoben. Die Hypothekengewinnabgabe neutralisierte den Vorteil, den Immobilieneigentümer durch Abwertung ihrer Hypothekendarlehen im Zuge der Währungsreform von 1948 auf ein Zehntel gehabt hätten. Sie mussten den ursprünglich in Reichsmark festgesetzten Beträge für ihre Zins- und Tilgungsraten unverändert in D-Mark zurückzahlen. Die Kreditgewinnabgabe schöpfte die Gewinne ab, die bei Unternehmen durch Abwertung ihrer Schulden durch die Währungsreform entstanden.

Die drei Abgaben erbrachten rund 53 Mrd. DM. Das entsprach jedoch nur etwa einem Drittel der gesamten notwendigen Ausgaben für den Lastenausgleich. Der Rest der Mittel von rund 92 Mrd. DM wurde aus den allgemeinen Steuereinnahmen aufgebracht. Insgesamt wurden 145 Mrd. DM umverteilt. Diese Zahl sowie die Abgabepflicht von 50 % des Vermögens klingen nach einer massiven Umverteilung. Doch bei genauerem Hinsehen ist der Umverteilungseffekt zu relativieren:

- Da die Abgabe auf 30 Jahre gestreckt war, konnten die Abführungspflichtigen die Abgabe leicht aus ihren regulären, in den 1950er und 1960er Jahren stark steigenden Einkommen aufbringen. Durch die Inflation in den drei Jahrzehnten wurde die Abgabe zudem real entwertet.
- Der größere Teil der Lastenausgleichszahlungen wurde von den Steuerzahlern aufgebracht, also auch von Beziehern kleiner und mittlerer Einkommen.
- Durch die Vermögensabgabe im Rahmen des Lastenausgleichs wurde nicht von Reich zu Arm, sondern von Reich zu ehemals Reichen umverteilt. Diejenigen, die den Zweiten Weltkrieg unbeschadet überstanden hatten, mussten von ihrem Vermögen die Hälfte in kleinen Raten abgeben an diejenigen, die vorher ebenfalls reich gewesen waren. Eine Umverteilung von Vermögen fand nicht statt und war auch gar nicht beabsichtigt. Die Vermögen der der durch den Krieg nicht geschädigten Reichen wuchsen geringfügig langsamer, und die durch den Krieg Geschädigten erhielten so viel Ausgleich, dass sie schnell wieder zu Wohlstand kommen konnten.

Gleichwohl gilt der Lastenausgleich als eine vorbildliche sozialpolitische Maßnahme, mit der in der Nachkriegszeit der Gedanke der Solidarität gestärkt und die Integration von Millionen von Flüchtlingen in die westdeutsche Gesellschaft erreicht wurde. Bemerkenswert ist auf jeden Fall, dass eine konservativ-liberale Regierung den Lastenausgleich durchgeführt hat und dabei weder vor einer Vermögensabgabe, die die Reichen zur Mitfinanzierung heranzog, noch vor dem dafür notwendigen immensen bürokratischen Aufwand zurückgeschreckt ist.

Aktuelle steuerpolitische Umverteilungskonzepte

Das Lastenausgleichsgesetz aus der frühen Zeit der alten Bundesrepublik wird in der aktuellen Diskussion oft als Blaupause für die erneute Einführung einer Vermögensabgabe gesehen. Der folgende Unterabschnitt beschäftigt sich mit diesem Vorschlag. Anschließend werden Konzepte zur Wiederbelebung der Vermögensteuer und zur Reform der Erbschaftsteuer behandelt. Schließlich soll ein Blick auf Vorschläge zur Reform der Einkommensteuer geworfen werden.

Vermögensabgabe

Eine neue Vermögensabgabe wird immer wieder mit unterschiedlichen Begründungen in die politische Diskussion eingebracht. Bündnis 90/Die Grünen wollten mit ihrem Gesetzentwurf von 2012 (Bundestags-Drucksache 17/10770) die fiskalischen Kosten der Finanzmarktkrise abmildern, die Partei Die Linke wollte die Staatsschulden, die durch die Stützung der Wirtschaft im Zuge der Corona-Pandemie entstanden sind, abbauen (Bundestags-Drucksache 19/28908). Zuletzt begründete Die Linke eine einmalige Vermögensabgabe mit der Belastung breiter Bevölkerungsschichten durch die gestiegenen Energiepreise, die Multimillionäre und Milliardäre weniger treffen (Bundestags-Drucksache 20/4307).

Sowohl Bündnis 90/Die Grünen als auch Die Linke hatten, bevor sie ihre Anträge in den Bundestag eingebracht haben, das Deutsche Institut für Wirtschaftsforschung in Berlin (DIW), beauftragt, in einem Gutachten verschiedene Varianten einer Vermögensabgabe durchzurechnen und sowohl die Belastung als auch das erzielbare Aufkommen zu ermitteln. Die Ergebnisse des jüngsten Gutachtens sind der Tabelle 4.2 zu entnehmen. Sie beziehen sich auf 2017. Denn für dieses Jahr liegen Zahlen der Europäischen Zentralbank zur Höhe und Verteilung der Vermögen vor, auf die sich das DIW in seinem Gutachten gestützt hat.

Tab. 4.2: Aufkommen aus der Vermögensabgabe 2017 (Bach 2020, 3)

	Persönlicher Freibetrag 1 Million Euro			**Persönlicher Freibetrag 2 Millionen Euro**		
	Freibetrag für Betriebsvermögen und Beteiligungen an Kapitalgesellschaften					
	ohne	**2 Mio. €**	**5 Mio. €**	**ohne**	**2 Mio. €**	**5 Mio. €**
Abgabe pflichtige						
in 1.000	1.564	1.448	1.332	423	366	293
Prozent der Bevölkerung	2,3	2,1	2,0	0,6	0,5	0,4
	Spitzenabgabesatz 30 % ab 30 Mio. Euro, linear-progressiver Tarif					
Aufkommen Mrd. Euro						
insgesamt	560	473	437	471	405	369
jährlich	34	29	26	29	25	22
	Spitzenabgabesatz 30 % ab 100 Mio. Euro, Stufentarif					
Aufkommen Mrd. Euro						
insgesamt	427	360	339	350	300	279
jährlich	26	22	21	21	18	17

Die Abgabe sollte erstmalig zum 1. Januar 2020 bei natürlichen Personen und Unternehmen erhoben und auf 20 Jahre gestreckt werden.

Der Abgabetarif sollte progressiv gestaltet sein, bei 10 % beginnen und ab einem abgabepflichtigen Vermögen von 30 Mio. Euro 30 % betragen. Je nachdem,

- wie hoch der persönliche Freibetrag für natürliche Personen und
- der Freibetrag für Unternehmen angesetzt werden und
- wie der Tarif verläuft,

ergäbe sich eine unterschiedliche Zahl von Abgabepflichtigen und ein anderes Aufkommen.

Infobox 4.3: Steuertarife

Beim *linear-progressiven Steuertarif* steigt der Steuersatz gleichmäßig mit dem Einkommen an (► Abb. 4.6).

Beim *Stufentarif* bleibt der Steuersatz für eine bestimmte Einkommensspanne gleich, steigt ab einem Schwellenwert sprunghaft an, bleibt dann wieder für eine Spanne gleich, macht dann wieder einen Sprung usw. (► Abb. 4.7)

Das höchste Aufkommen ließe sich mit einem linear-progressiven Tarif bei einem persönlichen Freibetrag von nur einer Million Euro und ohne Freibetrag für Betriebs- und Kapitalvermögen erzielen. Abgabepflichtig wären dann über 1,5 Millionen Personen (2,3 % der Bevölkerung). Das Aufkommen betrüge 20 Jahre lang 34 Mrd. Euro jährlich.

Am geringsten wäre das Aufkommen bei einem persönlichen Freibetrag von zwei Millionen Euro, einem Freibetrag für Betriebs- und Kapitalvermögen von fünf Millionen Euro und einem Stufentarif, bei dem der Spitzenabgabesatz von 30 % erst ab einem Vermögen von 100.000 Euro einsetzt. Bei dieser Variante läge das Aufkommen bei 17 Mrd. Euro jährlich, abgabepflichtig wären 293.000 Personen (0,4 % der Bevölkerung). Angenommen die Politik würde eine Vermögensabgabe einführen und sich für eine mittlere Variante entscheiden,

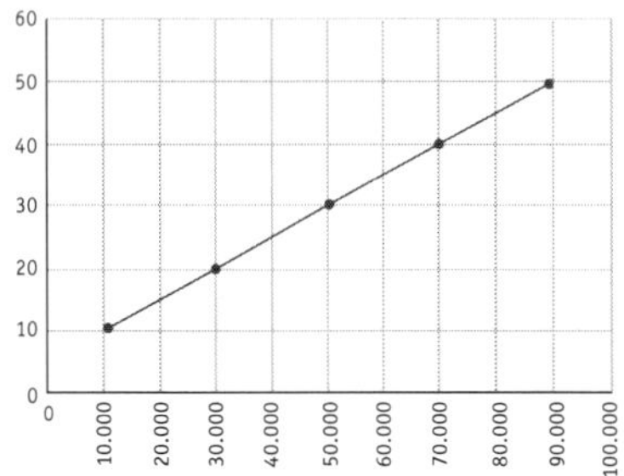

Abb. 4.6: Linear-progressiver Tarif.

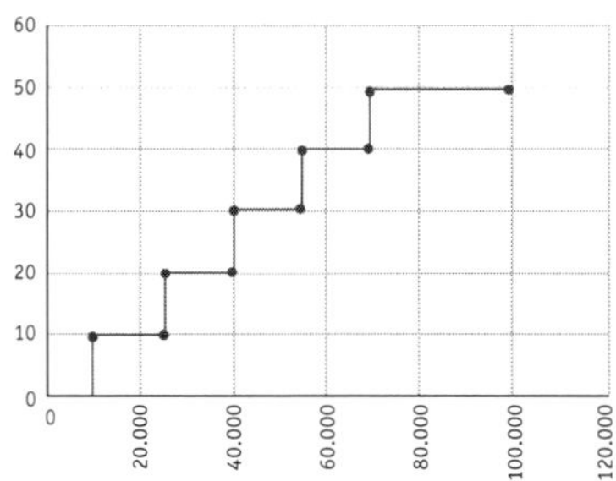

Abb. 4.7: Stufentarif.

wäre mit einem Aufkommen von 25 bis 26 Mrd. Euro zu rechnen. Das entspräche knapp 3,5 % der Steuereinnahmen des Jahres 2017.

Hier wird deutlich, was viele, die für eine höhere Besteuerung der oberen Einkommensschichten plädieren, nicht wahrhaben wollen: Die Steuermehreinnahmen, die sich damit erzielen ließen, klingen beachtlich, denn es handelt sich immerhin um einen zweistelligen jährlichen Milliardenbetrag. Doch gemessen am Gesamtsteueraufkommen wären diese Mehreinnahmen recht bescheiden.

Die Kosten, die dem Staat durch die Erhebung der Abgabe und die dafür erforderliche Ermittlung der Vermögenswerte entstünden, hat das DIW auf zwei bis drei Prozent der Einnahmen geschätzt. Sie wurden bei den Zahlen zum Aufkommen aus der Abgabe bereits gegengerechnet. Der große Vorteil einer Vermögensabgabe im Vergleich zu einer Vermögensteuer besteht darin, dass die Vermögenswerte nur einmal ermittelt werden müssen und danach – von Einspruchsfällen abgesehen – für den gesamten Erhebungszeitraum von 20 Jahren feststehen. Die sogenannte Nettoergiebigkeit einer Vermögensabgabe (Aufkommen abzüglich Erhebungskosten) wäre also hoch.

Auch mit Ausweichreaktionen der Abgabepflichtigen wäre kaum zu rechnen, wenn als Bemessungsgrundlage das Vermögen des laufenden Jahres oder des Vorjahres herangezogen wird. Denn würde das Gesetz beispielsweise im Frühjahr 2025 in Kraft treten und sich die Abgabepflicht nach dem im Jahr 2024 oder 2023 vorhandenen Vermögen richten, wären im Nachhinein Verlagerungen nicht mehr möglich.

Die Vermögensabgabe setzt zwar an einer Bestandsgröße – dem Vermögen – an. Sie wird aber im Regelfall aus den Erträgen des Vermögens, also aus einer Strömungsgröße, bezahlt. Im Prinzip könnten einzelne abgabepflichtige Personen oder Unternehmen nicht über genügend Liquidität verfügen, um die Abgabe zu leisten. Dies dürfte jedoch bei den obersten 0,1 bis 0,4 % der Bevölkerung, die von der Vermögensabgabe betroffen wären, nur selten auftreten. In solchen Fällen müssten die Betreffenden entweder einen Kredit aufnehmen oder den geschuldeten Abgabebetrag vortragen. Denkbar wäre auch, falls es sich um Unternehmen handelt, diesen zu ermöglichen, die Abgabebeträge in Staatsbeteiligungen umzuwandeln.

Da die Einnahmen aus einer Vermögensabgabe allein dem Bund zustehen würden, wäre für ihre Einführung die Zustimmung des Bundesrates nicht erforderlich.

Vermögensteuer

Eine Vermögensteuer wurde schon 1923 in Deutschland eingeführt. Sie bestand im »Dritten Reich« und in der alten Bundesrepublik fort, wurde jedoch ab 1997 ausgesetzt. Bis dahin wurde das Nettovermögen (= Bruttovermögen abzüglich Schulden) von natürlichen Personen ab einem Freibetrag von 120.000 DM pro Familienmitglied mit einem Prozent und das von juristischen Personen mit 0,6 % besteuert.

Dabei gingen Immobilien nicht mit ihrem aktuellen Marktwert ein, sondern nur mit 140 % des Wertes, den sie nach einer Erhebung von 1964 hatten. Das Aufkommen betrug etwa 0,4 % des Bruttoinlandsprodukts. Das hätte 2023 gut 16 Mrd. Euro entsprochen.

In seinem Beschluss vom 22.06.1995 (2 BvL 37/91) erklärte das Bundesverfassungsgericht die Vermögensteuer in ihrer damaligen Form für verfassungswidrig, weil sie Immobilien und andere Vermögensarten unterschiedlich besteuerte. Die damalige CDU/CSU-FDP-Regierung unter Helmut Kohl (CDU) setzte daraufhin die Erhebung der Vermögensteuer aus.

Würde man die Vermögensteuer verfassungskonform wiederbeleben, sähe das mögliche Aufkommen nach Berechnungen des DIW wie folgt aus: Bei einem persönlichen Freibetrag von einer Million Euro und einem proportionalen Vermögensteuersatz von einem Prozent hätte im Jahr 2011 das Aufkommen 19 Mrd. Euro jährlich betragen (0,71 % des Bruttoinlandsprodukts). Ein zusätzlicher Freibetrag für das Betriebsvermögen in Höhe von fünf Millionen Euro hätte das jährliche Steueraufkommen auf 15 Mrd. Euro sinken lassen (0,55 % des Bruttoinlandsprodukts). Vermögensteuerpflichtig wäre nur das reichste ein Prozent der Bevölkerung, etwa 400.000 Haushalte.

Die Eckdaten der Vermögensteuer und der Vermögensabgabe sind ähnlich. Doch es gibt einen wesentlichen Unterschied. Bei der Vermögensteuer muss der Wert der Vermögen jedes Jahr neu ermittelt werden, bei der Vermögensabgabe nur einmal zu Beginn des 20jährigen Abgabezeitraums. Der administrative Aufwand für den Vollzug (Vollzugskosten = Erhebungskosten + Entrichtungskosten) ist deshalb bei der Vermögensteuer deutlich höher als bei der Vermögensabgabe. Das DIW schätzt die Kosten je nach Fallzahl und Freibetrag auf 0,7 bis 1,5 Mrd. Euro, das wären etwa acht Prozent des Aufkommens. Andere Wirtschaftsforschungsinstitute wie z. B. das RWI – Leibniz-Institut für Wirtschaftsforschung, Essen, schätzte sie für 1984 sogar auf mehr als 32 %.

Die jährlich notwendige Ermittlung der Vermögenswerte aller Steuerpflichtigen macht die Vermögensteuer zudem anfällig für

Widersprüche. Mit zahlreichen Einsprüchen dürfte jedes Jahr zu rechnen sein, was zu erheblichem weiteren Aufwand bei den Finanzämtern und den Gerichten führt. Zwar wird es auch bei der Vermögensabgabe Einsprüche gegen die Festsetzung des abgabepflichtigen Vermögens geben. Diese könnten aber nur einmal, zu Beginn des Abgabezeitraums, erhoben werden und wären dann erledigt, weil die Bemessungsgrundlage für die Abgabe für 20 Jahre gleichbleibt.

Fast alle OECD-Staaten haben die Vermögensteuer, soweit sie überhaupt jemals eine erhoben haben, abgeschafft, z. B. Italien, Österreich, die Niederlande, Dänemark, Schweden und Finnland. Frankreich hat die allgemeine Vermögensteuer unter Präsident Emanuel Macron 2017 wieder abgeschafft, nachdem sie unter dem sozialistischen Präsidenten François Hollande 2013 stark erhöht worden war. Geblieben ist nur eine Steuer auf Immobilien. Vermögensbezogene Steuern, z. B. eine Grundsteuer auf Immobilien, eine Grunderwerbsteuer auf Immobilienkäufe sowie Erbschafts- und Schenkungssteuern bestehen dagegen in den meisten Ländern.

Exkurs: Kein Halbteilungsgrundsatz in der Besteuerung

Der Beschluss des Bundesverfassungsgerichts vom 22.06.1995, mit dem die Vermögensteuer für verfassungswidrig erklärt worden war, enthielt ein *obiter dictum* (lateinisch: nebenbei gesagt) seines Vorsitzenden, Paul Kirchhof. Es war zwar für den Beschluss nicht ausschlaggebend, sollte aber doch etwas Grundsätzliches zur Besteuerung festhalten: den sogenannten *Halbteilungsgrundsatz*. Der entsprechende Passus lautete:

> »Die Vermögensteuer darf [...] zu den übrigen Steuern auf den Ertrag nur hinzutreten, soweit die steuerliche Gesamtbelastung [...] in der Nähe der hälftigen Teilung zwischen privater und öffentlicher Hand verbleibt.« (BVerfGE 93, 121, 138)

Das bedeutet konkret, dass das Einkommen mit maximal 50 % besteuert werden darf. Abgeleitet wurde dieser Besteuerungsgrundsatz aus Artikel 14 (2) des Grundgesetzes, der lautet: »Eigentum verpflichtet. Sein Gebrauch soll zugleich dem Wohle der Allgemeinheit dienen.« Kirchhof legte das Wort »zugleich« als »zu gleichen Teilen« aus und leitete daraus ab: Die in Artikel 14 (1) verankerte, verfassungsrechtliche Garantie des Eigentums verbiete dem Staat, einem Steuerpflichtigen mehr als die Hälfte seines Einkommens über Steuern wieder wegzunehmen. Diese Auffassung wurde schon 1995 nicht von allen Verfassungsrichtern geteilt. In einem späteren Urteil rückte das Bundesverfassungsgericht von diesem »Halbteilungsgrundsatz« wieder ab:

> »Aus dem Eigentumsgrundrecht lässt sich keine allgemein verbindliche, absolute Belastungsobergrenze in der Nähe der hälftigen Teilung (»Halbteilungsgrundsatz«) ableiten. Der Wortlaut des Art. 14 Abs. 2 Satz 2 GG (»Der Gebrauch soll zugleich dem Wohle der Allgemeinheit dienen«) kann nicht als ein striktes, grundsätzlich unabhängig von Zeit und Situation geltendes Gebot hälftiger Teilung zwischen Eigentümer und Staat gedeutet werden.« (Pressemitteilung des Bundesverfassungsgerichts Nr. 19/2006 vom 16. März 2006)

Damit hat das Bundesverfassungsgericht klargestellt: Das Wort »zugleich« in Art. 14, Abs. 2, Satz 2 GG ist nicht als »zu gleichen Teilen« auszulegen, sondern im Sinne von »gleichzeitig, zur gleichen Zeit« zu verstehen. Der Staat könnte also durchaus den Spitzenverdienern einen Steuersatz von 60, 70 oder 80 % auferlegen, ohne gegen die Verfassung zu verstoßen. Gleichwohl hat sich in vielen Köpfen festgesetzt, die Vermögensteuer an sich wäre verfassungswidrig. Das ist sie ausdrücklich nicht! Verfassungswidrig ist lediglich die unterschiedliche Bewertung von Immobilien und anderen Vermögensarten bei der Besteuerung.

Erbschaft- und Schenkungsteuer

Nicht zuletzt wegen der geschilderten Probleme der Vermögensteuer bevorzugen viele als Instrument zur Umverteilung die Erbschaft- und Schenkungsteuer. Diese gibt es bereits seit 1906, damals blieben allerdings Ehegatten und Kinder noch von der Erbschaftsteuer verschont.

Wie bei der Vermögensabgabe muss bei der Erbschaftssteuer das Vermögen nur einmal, nämlich im Erbfall, ermittelt werden. Das macht die Vollzugskosten überschaubar. Die Probleme, die bei der Vermögensteuer auftreten, sind allerdings bei der Erbschaftssteuer die gleichen. Neben Geldvermögen wie Bankguthaben und Wertpapieren werden auch landwirtschaftliche und gewerbliche Grundstücke, Wohnhäuser, Fabrikanlagen usw. besteuert. Sachvermögen ist aber im Unterschied zu Geldvermögen nicht liquide. Teile von Traktoren, Kühen, Häusern oder Maschinen können nicht an den Staat abgeführt werden. Bei einem Erbschaftssteuersatz von 30 % könnte ein Erbe je nachdem, über wieviel liquides Vermögen er verfügt, in die Lage kommen, Teile des geerbten Sachvermögens verkaufen zu müssen, damit er die Steuer bezahlen kann.

Der Gesetzgeber steht deshalb bei der Erbschaftssteuer vor einem Dilemma. Entweder er legt einen niedrigen Steuersatz für alle Vermögensarten fest, und zwar so niedrig, dass auch die Erben von Sachvermögen die Erbschaftssteuer problemlos aus ihrem Geldvermögen bzw. aus ihren jährlichen Vermögenserträgen bezahlen können. Dann ist das Erbschaftssteueraufkommen, gemessen am jährlichen Erbvolumen, relativ gering. Oder es gibt für landwirtschaftliches und gewerbliches Vermögen hohe Freibeträge, so dass diese Vermögensarten deutlich geringer besteuert werden. In diesem Fall besteht die Gefahr, dass die Erbschaftssteuer wegen nicht einheitlicher Besteuerung der verschiedenen Vermögensarten vom Bundesverfassungsgericht für verfassungswidrig erklärt wird. Zudem führen hohe Freibeträge für gewerbliches Vermögen zu einer degressiven Belastung. Hohe Erbschaften, bei denen es sich in der Regel um Unternehmen handelt, unterliegen dann einem niedrigeren effektiven Steuersatz als kleine Vermögen, die überwiegend aus liquiden Anlagen bestehen.

Genau das ist bei der derzeitigen Erbschaftssteuer der Fall, die erhebliche Vergünstigungen für vererbtes Unternehmensvermögen vorsieht. Um sicherzustellen, dass Unternehmen, die vererbt werden,

Tab. 4.3: Erbschaftsteuertabelle

Zu versteuernde Erbschaft in Euro	Klasse I	Klasse II	Klasse III
			Steuersatz in Prozent
bis 75.000	7	15	30
75.001 bis 300.000	11	20	30
300.001 bis 600.000	15	25	30
600.001 bis 6.000.000	19	30	30
6.000.001 bis 13.000.000	23	35	50
13.000.001 bis 26.000.000	27	40	50
über 26.000.000	30	43	50

Steuerklasse		Freibetrag in Euro
I	Ehepartner, eingetragene Lebenspartner	500.000
I	Kinder, Stief- und Adoptivkinder	400.000
I	Abkömmlinge der Kinder und Stiefkinder	200.000
I	Eltern und Großeltern beim Erwerb durch Erbschaft	100.000
II	Eltern und Großeltern beim Erwerb durch Schenkung, Geschwister, Kinder der Geschwister, Stiefeltern, Schwiegerkinder, Schwiegereltern, geschiedene Ehepartner und Lebenspartner einer aufgehobenen Partnerschaft	20.000
III	Alle anderen	20.000

weiterbestehen und die Arbeitsplätze erhalten bleiben, gibt es für Erben von Betriebsvermögen hohe Freibeträge, gleichzeitig aber auch Bedingungen. Da die Regelungen sehr kompliziert sind, können sie hier nicht in allen Einzelheiten dargestellt werden. Es geht hier nur darum, das Grundprinzip zu erklären.

Die wichtigsten Eckpunkte der Besteuerung von Betriebsvermögen, Betrieben der Land- und Forstwirtschaft sowie Anteilen an Kapitalgesellschaften, deren Wert im Erbfall 26 Millionen Euro nicht übersteigt, sind:

- Verschonungsabschlag von 85 %. Wer also beispielsweise einen Betrieb im Wert von 20 Mio. Euro erbt, muss nur für 15 % dieses Wertes, also für drei Mio. Euro, Erbschaftsteuer bezahlen. Bedingung: Der Erwerber muss das Unternehmen fünf Jahr lang weiterführen und die Lohnsumme darf in diesen fünf Jahren insgesamt 400 % der Ausgangslohnsumme nicht unterschreiten (= Mindestlohnsumme). Als Ausgangslohnsumme gilt die durchschnittliche Lohnsumme der letzten fünf vor dem Zeitpunkt der Entstehung der Steuer endenden Wirtschaftsjahre.
- Soweit der Wert des Betriebsvermögens nach Abzug des Verschonungsabschlags 150.000 Euro nicht übersteigt (Abzugsbetrag), bleibt es erbschaftsteuerfrei. Liegt der Wert über 150.000 Euro, wird der Abzugsbetrag abgeschmolzen. Er verringert sich um 50 % des diese Wertgrenze von 150.000 Euro übersteigenden Betrags.
  1) Beispiel: Der Wert des geerbten Betriebsvermögens beträgt 1 Mio. Euro. Nach Abzug des Verschonungsabschlags von 85 % bleiben 150.000 Euro. Jetzt darf noch der Abzugsbetrag in voller Höhe geltend gemacht werden. Dadurch sinkt der Steuerwert (= Wert der Erbschaft abzüglich aller Steuerbefreiungen) auf null. Der Erbe muss keine Erbschaftssteuer zahlen.
  2) Beispiel: Der Wert des geerbten Betriebsvermögens beträgt 2 Mio. Euro. Nach Abzug des Verschonungsabschlags von 85 % bleiben 300.000 Euro. Dieser Betrag übersteigt den Abzugsbetrag von 150.000 Euro um 150.000 Euro. Die Hälfte dieses übersteigenden Betrages sind 75.000 Euro, die als abgeschmolzener Abzugsbetrag geltend gemacht werden können. Somit verbleiben 225.000 Euro als Steuerwert. Ist der Erbe der Sohn des Verstorbenen (über 27 Jahre alt), steht ihm noch ein per-

sönlicher Freibetrag von 400.000 Euro zu. Das ist mehr als der Steuerwert von 225.000 Euro. Das Betriebsvermögen von 2 Mio. Euro kann somit steuerfrei vererbt werden.

3) Beispiel: Der Wert des geerbten Betriebsvermögens beträgt 4 Mio. Euro. Nach Abzug des Verschonungsabschlags von 85 % bleiben 600.000 Euro. Dieser Betrag übersteigt den Abzugsbetrag von 150.000 Euro um 450.000 Euro. Die Hälfte dieses übersteigenden Betrages sind 225.000 Euro, mehr als der maximale Abzugsbetrag von 150.000 Euro. Es kann somit kein Abzugsbetrag geltend gemacht werden. Somit verbleiben 600.000 Euro als Steuerwert (= Wert der Erbschaft abzüglich aller Steuerbefreiungen). Ist der Erbe der Sohn des Verstorbenen (über 27 Jahre alt), steht ihm noch ein persönlicher Freibetrag von 400.000 Euro zu. Somit muss er für 200.000 Euro des Erbes Erbschaftssteuer zahlen. Der Steuersatz dafür beträgt 11 %, ergibt eine Erbschaftssteuer von 22.000 Euro auf ein Erbe eines Betriebsvermögens von 4 Mio. Euro.

- Verschonungsabschlag von 100 %. Für das geerbte Unternehmen im Wert von beispielsweise 20 Mio. Euro muss überhaupt keine Erbschaftssteuer entrichtet werden, wenn der Erwerber das Unternehmen sieben Jahre weiterführt und in diesem Zeitraum eine Mindestlohnsumme von 700 % nicht unterschritten wird.

Die Verpflichtung, eine Mindestlohnsumme in den nächsten fünf bzw. sieben Jahren nicht zu unterschreiten, soll gewährleisten, dass möglichst viele Arbeitsplätze in den vererbten Unternehmen erhalten bleiben. Eine Garantie für jeden Arbeitsplatz ist das jedoch nicht. Beim Verschonungsabschlag von 85 % kann die Lohnsumme im Schnitt der folgenden Jahre um 20 % gekürzt werden. Stellenstreichungen und Entlassungen sind also durchaus möglich. Selbst die im Falle einer 100-prozentigen Verschonung von der Erbschaftsteuer geltenden 700 % Mindestlohnsumme kann durchaus mit einer geringeren Beschäftigtenzahl eingehalten werden. Erstens steigt das allgemeine Lohnniveau in den sieben Jahren an, zweitens können einzelne Beschäftigte in der Unternehmenshierarchie aufsteigen und gehaltlich höhergruppiert werden, so dass die Mindestlohnsumme auch bei weniger Beschäftigten erreicht wird.

Obwohl nicht alle Arbeitsplätze gesichert werden, spiegeln die großzügigen Verschonungsregeln für Betriebsvermögen bei Erbschaften das Bemühen des Gesetzgebers wider, den Bestand von Unternehmen nicht durch zu hohe Erbschaftssteuersätze zu gefährden. Immerhin können Unternehmen bis zu einem Wert von 26 Mio. Euro steuerfrei vererbt werden. Die hohen Verschonungsabschläge führen zu einer absurden Situation. Erben großer Unternehmen haben einen niedrigeren Erbschaftssteuersatz als Erben kleinerer Vermögen, insbesondere dann, wenn sie nur »bescheidene« Geldvermögen erben (▶ Abb. 4.8). Den Großteil des Erbschaftssteueraufkommens erbringen deshalb die sogenannten »armen Reichen«: diejenigen, deren geerbtes Vermögen zwar weit über dem Durchschnittsvermögen liegt, die aber kein Unternehmen, sondern Geldvermögen in Form von Anleihen, Aktien und Investmentzertifikaten erben.

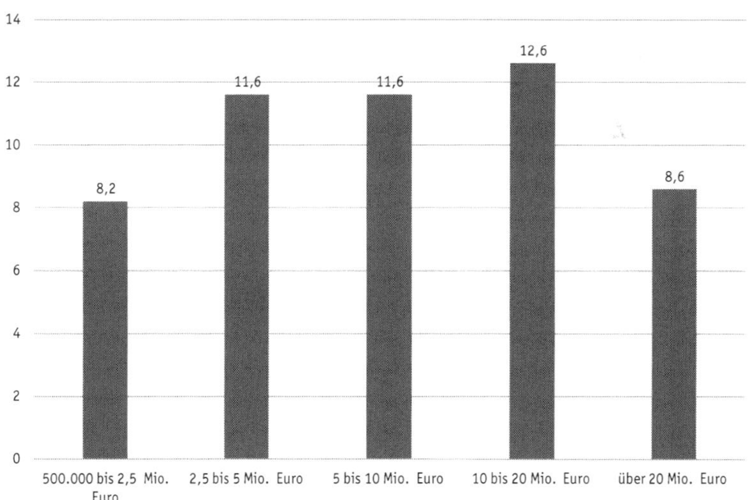

Abb. 4.8: Effektive Erbschaftsteuersätze nach Höhe der Erbschaft (Hans Böckler Stiftung (Hrsg.), 2023, 7).

Gemessen am jährlichen Erbschaftsvolumen von jährlich rund 400 Mrd. Euro ist das Aufkommen aus der Erbschaftsteuer bescheiden. 2023 erbrachte sie 9,29 Mrd. Euro. Das entsprach 1,1 % der kassenmäßigen Steuereinnahmen (ohne Gemeindesteuern).

Nicht zuletzt wegen ihres geringen Aufkommens steht die Erbschaftssteuer in der jetzigen, 2016 verabschiedeten Fassung in der Kritik. Nach wie vor werden Geldvermögen und Sachvermögen unterschiedlich hoch besteuert, wenn auch anders als früher für das Betriebsvermögen ein »Marktwert« ermittelt wird (und nicht mehr von veralteten Einheitswerten ausgegangen wird). Trotzdem ist das Betriebsvermögen privilegiert, weil hohe Abschläge und Freibeträge eingeräumt werden. Ob diese Privilegien vor dem Bundesverfassungsgericht Bestand haben, bleibt abzuwarten.

Es wird deshalb sowohl in der Wissenschaft als auch im linken politischen Lager diskutiert, die Erbschaftsteuer zu reformieren mit dem Ziel, ein größeres Aufkommen und ein größeres Maß an Umverteilung zu erzielen. Vorgeschlagen werden u. a.:

- Die Abschaffung der 10-Jahres-Frist: Derzeit können die Freibeträge bei Schenkungen alle zehn Jahre erneut in Anspruch genommen werden. Ein Kind, das mit einem Jahr, mit elf Jahren und mit 21 Jahren eine Schenkung von seinem Vater erhält, hat einen persönlichen Freibetrag von jeweils 400.000 Euro, kann also mit insgesamt 1,2 Mio. Euro steuerfrei beschenkt werden. Verschenkt auch die Mutter diese Beträge, erhält das Kind steuerfrei 2,4 Mio. Euro.
- Streichung des Verschonungsabschlags und des Abzugsbetrages beim Betriebsvermögen. Um die Liquiditäts- und Finanzierungsprobleme besonders bei kleinen und mittelständischen Unternehmen zu vermeiden, könnte die Erbschaftsteuer gestundet und verzinst in kleinen Raten über 20 oder 30 Jahre ›abgestottert‹ werden. Diese Variante würde der Vermögensabgabe ähneln und die Erbschaftsteuer zu einer Erbschaftsabgabe wie seinerzeit die Lastenausgleichsabgabe machen, nur mit dem Unterschied, dass die Abgabe nicht generell von allen Vermögenden zu einem be-

stimmten Zeitpunkt, sondern nur im Erbfall zu zahlen ist. Denkbar wäre auch, den Erbschaftsteuerbetrag in eine (stille) Beteiligung des Staates bzw. eines Staatsfonds umzuwandeln, wenn die Erbschaftsteuerpflichtigen und die übrigen Eigentümer des Unternehmens dies wünschen. Allerdings hätte dies den Geruch einer teilweisen Sozialisierung der Produktionsmittel und wäre mit Sicherheit nicht populär.

- Das selbstgenutzte Wohneigentum sollte grundsätzlich und unabhängig von seinem Marktwert steuerfrei gestellt werden, wenn es weiterhin von den Erben selbst bewohnt wird. Diese erweiterte Verschonungsregel soll die Akzeptanz der Erbschaftsteuer in der Bevölkerung erhöhen und der weit verbreiteten Befürchtung entgegenwirken, »Omas kleines Häuschen« müsste nach ihrem Tod versteuert werden.

Allerdings darf man sich keinen Illusionen hingeben, was das mögliche Aufkommen aus einer stärkeren Besteuerung geerbten Unternehmensvermögens betrifft. Das reichste 0,1 % der deutschen Bevölkerung, dessen persönliches Vermögen bei über 6 Mio. Euro beginnt, hatte 2019 ein Gesamtvermögen von 2.100 Mrd. Euro. Schätzungsweise knapp zwei Drittel davon (65 %) sind Unternehmensvermögen, das sind rund 1.365 Mrd. Euro. Nimmt man an, dass Unternehmen alle 30 Jahre an die nächste Generation weitergegeben werden, ergibt das ein jährliches Erbschafts- bzw. Schenkungsvolumen von knapp 46 Mrd. Euro. Bei 20 % Erbschaft- bzw. Schenkungssteuer ergäbe das ein Aufkommen von rund 9 Mrd. Euro. Weiter angenommen, die Hälfte dieses Betrages würde sofort gezahlt, die andere Hälfte auf 30 Jahre gestundet, betrüge das Aufkommen 4,5 Mrd. Euro (sofort gezahlt) plus 4,5 Mrd. Euro, geteilt durch 30 = 150 Mio. Euro pro Jahr, zusammen also 4,65 Mrd. Euro im ersten Jahr. Diese Summe würde im Verlauf von 30 Jahren in Schritten von 150 Mio. auf 9 Mrd. pro Jahr – in heutigen Preisen gerechnet – ansteigen. Gemessen am derzeitigen jährlichen Erbschaftsteueraufkommen von 9,2 Mrd. Euro (2022) wäre das eine annähernde Verdoppelung.

Eine andere Erbschaftsteuer hätte fiskalisch also nur begrenzte Wirkungen. Die großen Zukunftsaufgaben, vor denen Deutschland steht, ließen sich damit nicht finanzieren. Gleichwohl könnte eine Reform der Erbschaftsteuer dazu beitragen, dass ein größerer Teil der Bevölkerung das Steuersystem als gerechter ansieht.

Einkommensteuer

Wie die derzeitige Einkommensteuer auf die Verteilung wirkt, wurde in Kapitel 4.2 erläutert. Nicht alle stellt das zufrieden. Immer wieder gibt es neue Vorschläge, den Einkommensteuertarif zu ändern. Jeder dieser Vorschläge hätte Auswirkungen auf die Verteilung. Im Folgenden sollen zwei konkrete Vorschläge besprochen werden.

Stufentarif und »Bierdeckelsteuer«

Das deutsche Steuersystem ist kompliziert. Vorschläge, es zu vereinfachen, stoßen daher bei vielen auf Begeisterung. Friedrich Merz, damals Fraktionsvorsitzender der sich in der Opposition befindenden CDU/CSU-Bundestagsfraktion, unterbreitete 2003 einen Vorschlag zur Reform der Einkommensteuer, der das Steuerrecht radikal vereinfachen sollte. Er berief sich dabei auf den früheren Richter am Bundesverfassungsgericht, Paul Kirchhof, unter dessen Vorsitz die Vermögensteuer 1995 für verfassungswidrig erklärt worden war (s. o.) und der im gleichen Jahr mit einem Konzept zur Einkommensteuerreform an die Öffentlichkeit gegangen war. Die Steuererklärung sollte damit so einfach werden, dass man – so Merz – die dafür nötigen Angaben auf einem Bierdeckel unterbringen könnte.

Im Kirchhof-Modell gab es grundsätzlich nur noch eine Einkunftsart, die »Erwerbseinkünfte«. Die Bemessungsgrundlage sollte durch weitgehende Streichung von Steuerbefreiungen und Steuervergünstigungen erheblich verbreitert werden. Es sollte einen Grundfreibetrag von 8.000 Euro und einheitlichen Steuersatz von 25 % geben. Um niedrige Einkommen nicht zu stark zu belasten, sollte es einen Sozialausgleichsbetrag für Einkommen zwischen 8.000 und

20.000 Euro geben. Einkommen in diesem Bereich sollten nur mit 15 bzw. 20 % besteuert werden.

Da fast alle Abzugsmöglichkeiten wie z. B. Pendlerkosten, Sonderausgaben oder außergewöhnliche Belastungen bei der Ermittlung des zu versteuernden Einkommens entfallen sollten, wäre eine Steuererklärung sehr viel einfacher, in vielen Fällen sogar überflüssig gewesen. Diese Perspektive, die unbeliebte Steuererklärung in einer Viertelstunde erledigen oder sogar ganz darauf verzichten zu können, war natürlich verlockend. Unberücksichtigt blieb jedoch, wie sich die Umsetzung des Modells auf die Steuereinnahmen ausgewirkt hätte und welche Verteilungseffekte damit verbunden gewesen wären.

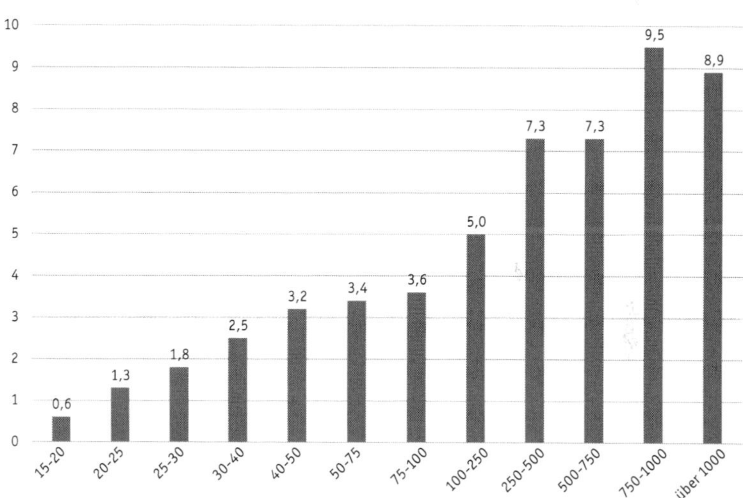

Abb. 4.9: Verteilungswirkungen des Kirchhof-Modells. Nettoeinkommenszuwachs durch neuen Einkommensteuertarif in Prozent des Jahreshaushaltsnettoeinkommens (Quelle: Bach/Haan/Rudolph/Steiner 2004, 185–204).

Das Deutsche Institut für Wirtschaftsforschung (DIW) kam zu dem Ergebnis:

- Die Umsetzung des Kirchhof-Modells wäre nicht aufkommensneutral gewesen, sondern hätte zu Mindereinnahmen von 26 Mrd. Euro jährlich geführt.
- Die unteren und mittleren Einkommen hätten sowohl absolut als auch relativ die geringsten Steuerentlastungen erhalten. Am meisten hätten die obersten Einkommen profitiert. In Zahlen: Bezieher von Jahreseinkommen zwischen 30.000 und 40.000 Euro hätten im Schnitt 631 Euro im Jahr oder 52 Euro im Monat weniger Steuern zahlen müssen. Bei den Spitzenverdienern mit einer Mio. oder mehr Jahreseinkommen hätte die Steuerentlastung über 160.000 Euro im Jahr bzw. mehr als 13.000 Euro im Monat betragen. In Schaubild 4.9 sind die Verteilungswirkungen des Kirchhof-Modells dargestellt.

Einige Jahre später kam das Forschungsinstitut zur Zukunft der Arbeit (IZA), ein von der Deutschen Post gefördertes international renommiertes Institut, mit anderen Methoden zu einem ähnlichen Ergebnis. Das Kirchhof-Konzept hätte zu Einnahmeausfällen von rund 20 Mrd. Euro geführt. Außerdem hätte es einen nicht unerheblichen Effekt auf die Einkommensungleichheit. Von einem niedrigen, einheitlichen Grenzsteuersatz würden ausschließlich die obersten zehn Prozent der Einkommensverteilung profitieren (IZA-Standpunkte Nr. 44, Oktober 2011). Das IZA hielt es deshalb für politisch kaum realisierbar.

Nun lassen sich die Wirkungen von Steuermodellen nicht einfach mit dem Taschenrechner ermitteln. Nur das Bundesfinanzministerium und wenige wirtschaftswissenschaftliche Forschungsinstitute verfügen über die die dazu notwendigen Programme. Insoweit ist Kirchhof zugute zu halten, dass er zunächst die Aufkommens- und Verteilungswirkungen seines Vorschlags nicht abschätzen konnte. Unter dem populären Etikett »Steuervereinfachung« propagierte er einen Einkommensteuertarif, für den es absehbar keine politische Mehrheit in Deutschland gibt. Nicht zuletzt deshalb dürfte sich Friedrich Merz, dessen Konzept sich an das von Paul Kirchhof anlehnte, inzwischen von seinen früheren radikalen Umbauplänen distanziert (FAZ online: 16.10.2023) haben.

Alle Bestrebungen, das Steuersystem radikal zu vereinfachen, verkennen nämlich, dass die Lebensumstände der Menschen äußerst vielfältig sind. Die Höhe der zu zahlenden Steuer allein an den Bruttoerwerbseinkünften festzumachen und alle steuermindernden Abzugsmöglichkeiten zu streichen, lässt diese vielfältigen Lebensumstände vollständig außer Acht. So macht es einen Unterschied, ob jemand nur einen Fußweg von fünf Minuten zu seinem Arbeitsplatz hat oder, weil er auf dem Lande wohnt, jeden Tag dafür 40 km mit dem Auto zurücklegen und dafür teuren Sprit bezahlen muss. Wer im Rollstuhl sitzt, muss mehr Geld aufwenden, um seinen Alltag zu bewältigen, als ein gesunder Mensch. Wer für seine Eltern die Kosten für die Unterbringung in einem Pflegeheim teilweise übernehmen muss, hat weniger finanziellen Spielraum als jemand, dessen Eltern sich bis ins hohe Alter selbst versorgen können. Diesen ganz unterschiedlichen Lebensumständen trägt das geltende Steuerrecht mit seinen diversen Steuervergünstigungen und Abzugsbeträgen Rechnung. Dahinter steckt die Überlegung, dass wer ohnehin schon in seinen persönlichen Lebensverhältnissen stark belastet ist, soll weniger in Form von Steuern für die Gemeinschaft aufbringen müssen. Die Streichung all dieser Abzugsmöglichkeiten hieße, alle über einen Kamm zu scheren.

Wer das vermeiden und so weit wie möglich den Einzelfall berücksichtigen will, kommt nicht umhin, eine Vielzahl von Regelungen ins Steuerrecht aufzunehmen, die die vielen besonderen Einzelfälle berücksichtigen. Dadurch wird das Steuerrecht kompliziert, und je mehr der Staat jedem Einzelfall Rechnung tragen will, desto komplizierter wird es. So wünschenswert ein stark vereinfachtes Steuersystem auch sein mag, politisch dürfte es sich auch deshalb nicht umsetzen lassen, weil es die verfügbaren Einkommen derjenigen schmälert, die der Staat bewusst steuerlich entlasten will. Aber auch am anderen Ende des politischen Spektrums gibt es unrealistische Vorstellungen von einem besseren (= gerechteren) Steuersystem.

Mehr Umverteilung: höhere Steuern für die Reichen

Bundestagswahlen sind meist Anlass für die Parteien, Reformvorschläge für das Steuersystem zu unterbreiten. Vor den Bundestagswahlen 2013 und 2017 haben Parteien und auch einige Interessenverbände Vorschläge zur Einkommensteuerreform vorgelegt. In Tabelle 4.4 sind die Aufkommens- und Verteilungseffekte von drei Steuerreformkonzepten aufgeführt, wie sie sich nach den Berechnungen des DIW ergeben.

Der in der Partei Die Linke diskutierte Vorschlag von 2017 sah vor:

- Grundfreibetrag 12.600 Euro,
- Eingangssteuersatz 14 %,
- Spitzensteuersatz 53 % ab einem zu versteuernden Jahreseinkommen von 70.000 Euro,
- Erster Reichensteuersatz 60 % ab einem zu versteuernden Jahreseinkommen von 260.532 Euro,
- Zweiter Reichensteuersatz 75 % ab einem zu versteuernden Jahreseinkommen von einer Mio. Euro.

Bei diesem Einkommensteuertarif wären bereits Einkommen ab dem 4. Dezil spürbar entlastet worden (► Tab. 4.4, letzte Spalte). Diese Entlastung setzt sich über den gesamten Mittelstand fort. Erst das oberste Zehntel hätte mehr Steuern bezahlen müssen. Nicht überraschend in diesem Konzept ist der hohe Steuersatz von 60 bzw. 75 % für hohe Einkommen. Damit sollte nicht nur von reich zu arm umverteilt werden, sondern auch ein Teil der Steuerausfälle als Folge der Steuersenkungen bei den mittleren Einkommen gegenfinanziert werden. Trotzdem hätte diese Reform zu Mindereinnahmen von über 28 Mrd. Euro geführt. Zu den steuerpolitischen Vorstellungen der Linken gehört jedoch nicht nur eine Reform des Einkommensteuertarifs, sondern auch die Wiederbelebung der Vermögensteuer oder die Einführung einer Vermögensabgabe und die Verschärfung der Erbschaftsteuer, die das Defizit von 28 Mrd. Euro hätten ausgleichen können.

Tab. 4.4: Verteilungswirkungen von Steuerreformvorschlägen 2017. Durchschnittliche monatliche Steuerentlastung (+) bzw. Steuermehrbelastung (-) in Euro CDU-Mittelstandsvereinigung, DGB, Die Linke (Bach/Buslei 2017, 397)

Dezil	Jahreseinkommen[1] von ... bis ...	CDU-Mittelstandsvereinigung	DGB	Die Linke
		Monatliche Steuerentlastung (+)/ Steuermehrbelastung (-) in Euro		
1.	bis 1.121	0	0	0
2.	1.122 – 7.481	0,17	0,17	0,33
3.	7.482 – 11.821	1,58	2,83	4,25
4.	11.822 – 16.333	10,42	19,42	35,33
5.	16.334 – 21.213	30,42	38,08	94,75
6.	21.214 – 26.578	53,08	44,75	135,50
7.	26.579 – 32.845	76,17	47,42	160,50
8.	32.846 – 41.199	103,75	50,08	179,33
9.	41.200 – 55.962	144,42	55,08	202,17
10.	ab 55.963	220,50	-187,50	-259,67
Steuermindereinnahmen (in Mio. Euro)		33.314	3.501	28.294

[1] Äquivalenzgewichteter Gesamtbetrag der Einkünfte

Der DGB-Vorschlag zur Reform des Einkommensteuertarifs:

- Grundfreibetrag 11.000 Euro
- Eingangssteuersatz 22 %
- Spitzensteuersatz 49 % ab einem zu versteuernden Einkommen von 70.000 Euro
- Reichensteuersatz 52 % ab einem zu versteuernden Einkommen von 125.000 Euro.

Bei diesem Einkommensteuertarif fiele die Steuerentlastung für die mittleren Einkommen wesentlich geringer aus als beim Vorschlag der Linken. Spürbar wäre sie erst im fünften Dezil mit durchschnittlich 38 Euro pro Monat (▶ Tab. 4.4, vorletzte Spalte). Auch der DGB wollte die Reichen steuerlich mehr belasten, jedoch nicht so hoch wie Die Linke. Die obersten zehn Prozent hätten pro Monat durchschnittlich knapp 188 Euro mehr bezahlen müssen, bei der Linken wären es rund 260 Euro monatlich gewesen. Das DGB-Konzept ist annähernd aufkommensneutral. Die Steuermindereinnahmen betragen nur 3,5 Mrd. Euro. Durch die nur moderate Entlastung der mittleren Einkommen können die Steuerausfälle durch Erhöhung des Spitzensteuersatzes annähernd wieder ausgeglichen werden.

Anders der Vorschlag der Mittelstandvereinigung der CDU. Ihr Vorschlag:

- Grundfreibetrag 8.652 (wie bisher),
- Grenzsteuersatz 14 % für jährliche Einkommen von 8.653 bis 13.669 Euro,
- Grenzsteuersatz 20 % für jährliche Einkommen von 13.670 bis 60.000 Euro (vorher 24 %),
- Grenzsteuersatz 42 % für jährliche Einkommen von 60.000 bis 254.446 Euro,
- Grenzsteuersatz 45 % ab einem jährlichen Einkommen von 254.447 Euro.

Dieser Vorschlag brächte allen Einkommensgruppen steuerliche Entlastungen. Auch die obersten zehn Prozent zahlen weniger statt mehr, wie es beim DGB- und Linken-Vorschlag der Fall ist. Ein Umverteilungseffekt von reich zu arm fände nicht statt. Der Tarif ähnelt dem Stufentarifmodell von Paul Kirchhof. Die Steuerausfälle wären entsprechend hoch. Das DIW beziffert sie auf über 33 Mrd. Euro. Dabei sind die ebenfalls beabsichtigten Erhöhungen des Kinderfreibetrags und der Kindergeldsätze in der DIW-Berechnung noch gar nicht berücksichtigt.

An diesen Beispielen lässt sich deutlich erkennen, wie sehr die Steuer- und Finanzpolitik von wirtschaftlichen Interessen und vom jeweiligen Staatsverständnis geprägt wird. Wer wirtschaftlich gut dasteht und staatliche Sozialleistungen nicht benötigt, möchte einen Staat, der wenig ins Wirtschaftsleben eingreift und Einkommen und Vermögen nicht umverteilt. Ein Einkommensteuertarif, der die oberen Einkommensbezieher stark entlastet, lässt sich aber im politischen Diskurs schwer begründen. Deshalb wird eine Steuerreform, die zu enormen Steuerausfällen führt und überdurchschnittlich Verdienende begünstigt, unter dem Etikett »Steuervereinfachung« oder »Entbürokratisierung« verkauft. Denn damit können sich alle identifizieren.

Wer dagegen staatliche Sozialleistungen beanspruchen kann und dadurch ein höheres verfügbares Einkommen hat (▸ Tab. 4.1, 1. bis 5. Dezil), ist an einem Staat interessiert, der die Wirtschaft lenkt und reguliert, Einkommen und Vermögen umverteilt und dazu die oberen Einkommensgruppen stark besteuert. Bis zu einem gewissen Grad ist der Staat sogar zur Umverteilung verpflichtet, hat doch das Bundesverfassungsgericht in zwei Urteilen festgestellt:

> »Das Gebot des sozialen Rechtsstaates ist in besonderem Maße auf einen Ausgleich sozialer Ungleichheiten zwischen den Menschen ausgerichtet [...]« (BVerfGE 35, 348.) Das Sozialstaatsprinzip soll »schädliche Auswirkungen schrankenloser Freiheit verhindern und die Gleichheit fortschreitend bis zu dem vernünftigerweise zu fordernden Maße verwirklichen.« (BVerfGE 5, 85)

Das Gericht hat zwar nicht konkret festgelegt, was das »vernünftigerweise zu fordernde Maß« ist, bis zu dem die Gleichheit verwirklicht werden soll. Vielmehr hat es dem Parlament einen Entscheidungsspielraum gelassen. Die jeweilige politische Mehrheit entscheidet somit darüber, wieviel Gleichheit gesellschaftlich erwünscht ist. Und da politische Mehrheiten sich in der Demokratie immer wieder ändern, ist die Steuer- und Finanzpolitik ein stets kontroverses und konfliktbehaftetes Politikfeld.

5 Staatsverschuldung – ein kontroverses Thema

In Kapitel 2.3 hatten wir uns bereits mit der technischen Abwicklung, den ökonomischen Wirkungen und der Entwicklung der Staatsverschuldung in Deutschland befasst. In diesem Kapitel geht es darum, wie hoch die Staatsverschuldung sein darf. Zudem schauen wir uns an, ob und wenn ja, welche Gefahren von ihr ausgehen.

5.1 Staatsverschuldung und Grundgesetz

Die Staatsverschuldung des Bundes ist in Art. 115 des Grundgesetzes geregelt und seit 1949 zweimal – 1969 und 2009 – geändert worden. Die Väter und Mütter des Grundgesetzes wollten die Aufnahme von Krediten durch den Staat zulassen und zwar bei außerordentlichem Bedarf und für Ausgaben zu – altertümlich ausgedrückt – werbenden Zwecken. Schon damals war festgeschrieben, dass das Parlament über die Kreditaufnahme entscheiden sollte (▶ Tab. 5.1).

Die Verschuldungsregel war schwammig. Wann ein außerordentlicher Bedarf vorliegt, wurde nicht näher definiert. Mit werbenden Zwecken – nicht zu verwechseln mit dem heutigen Begriff »Werbung« – waren Ausgaben gemeint, die dem Staat langfristig Erträge einbringen, weil sie die Produktivität steigern, damit zu höherem Wachstum und auch zu mehr Steuereinnahmen führen. Damit ließ sich auch die Anlage eines öffentlichen Parks oder der Bau eines Schwimmbads als »werbender Zweck« definieren, fördern beide doch die Gesundheit der Menschen, und das wiederum steigert ihre Produktivität am Arbeitsplatz und fördert das gesamtwirtschaftliche Wachstum.

Mit der Änderung von 1969 fand der Begriff »Investition« Eingang in die Schuldenregel des Art. 115 GG. Sie sollte die Obergrenze der staatlichen Schuldaufnahme festlegen, die nur zur Abwehr einer Störung des gesamtwirtschaftlichen Gleichgewichts überschritten werden durfte. Doch der Ersatz der früheren »werbenden Zwecke« durch den neueren ökonomischen Begriff »Investition« war nicht konkreter. Denn unter »öffentliche Investitionen«, in der heutigen Debatte häufig »Zukunftsinvestitionen« genannt, lassen sich genauso viele staatliche Ausgaben fassen wie unter »werbende Zwecke«. Über das wie immer definierte Volumen der Investitionen hinaus sollte Staatsverschuldung zur Abwehr einer Störung des gesamtwirtschaftlichen Gleichgewichts zulässig sein.

Obwohl die Reform des Art. 115 GG von der ersten großen Koalition aus CDU/CSU und SPD unter Kurt-Georg Kiesinger (CDU) beschlossen worden war, der Interpretations- und Abwägungsspielraum der Regierung und ihrer parlamentarischen Mehrheit also letztlich parteiübergreifend gewollt war, klagte die CDU/CSU-Bundestagsfraktion, als sie sich schließlich in der Opposition befand, gegen das von der sozial-liberalen Koalition verabschiedete Haushaltsgesetz 1981. Das Bundesverfassungsgericht erklärte in seinem Urteil vom 18. April 1989 (BVerfGE 79, 311–357) den Haushalt für verfassungsgemäß. Das Gericht betonte: Bei der Beurteilung, ob eine Störung des gesamtwirtschaftlichen Gleichgewichts vorliegt, und bei der Einschätzung, ob eine erhöhte Kreditaufnahme geeignet ist, diese Störung abzuwenden, stehe dem Haushaltsgesetzgeber (also der Regierungsmehrheit im Bundestag) ein Einschätzungs- und Beurteilungsspielraum zu. Im Gesetzgebungsverfahren müsse allerdings dargelegt werden, dass die in Art. 115 GG genannten Voraussetzungen erfüllt sind.

2004 klagten CDU/CSU – erneut in der Opposition – gemeinsam mit der FDP (ebenfalls in der Opposition) gegen den Bundeshaushalt der SPD-geführten rot-grünen Koalition. Das Ergebnis war im Prinzip das Gleiche wie 1989. Das Gericht wiederholte in seinem Urteil vom 9. Juli

2007 (BVerfGE 119, 96–180) seine Feststellung von 1989: Ob eine Störung des gesamtwirtschaftlichen Gleichgewichts vorliegt, was die Ursache dafür ist und wie es wieder hergestellt werden kann, obliegt dem Einschätzungs- und Beurteilungsspielraum des parlamentarischen Gesetzgebers – also letztlich der Regierung und der sie tragenden Mehrheit. Allerdings mahnte das Gericht an, den Investitionsbegriff in Art. 115 GG zu präzisieren.

Tab. 5.1: Die Schuldenregel in Art. 115 GG

Art. 115 GG (23.5.1949)	**Art. 115 GG (12.5.1969)**	**Art. 115 GG (29.7.2009)**
Im Wege des Kredites dürfen Geldmittel nur bei außerordentlichem Bedarf und in der Regel nur für Ausgaben zu werbenden Zwecken und nur auf Grund eines Bundesgesetzes beschafft werden. *Nachrichtlich:* Art. 87 Weimarer Reichsverfassung (11. August 1919) Im Wege des Kredits dürfen Geldmittel nur bei außerordentlichem Bedarf und in der Regel nur für Ausgaben zu werbenden Zwecken beschafft werden. Eine solche Beschaffung sowie die Übernahme einer Sicherheitsleistung zu Lasten des Reichs dürfen nur auf Grund eines Reichsgesetzes erfolgen.	Die Aufnahme von Krediten sowie die Übernahme von Bürgschaften, Garantien oder sonstigen Gewährleistungen, die zu Ausgaben in künftigen Rechnungsjahren führen können, bedürfen einer der Höhe nach bestimmten oder bestimmbaren Ermächtigung durch Bundesgesetz. Die Einnahmen aus Krediten dürfen die Summe der im Haushaltsjahr veranschlagten Ausgaben für Investitionen nicht überschreiten; Ausnahmen sind nur zulässig zur Abwehr einer Störung des gesamtwirtschaftlichen Gleichgewichts. Das Nähere wird durch Bundesgesetz geregelt. Für Sondervermögen des Bundes können durch Bundesgesetz Ausnahmen	(1) Die Aufnahme von Krediten sowie die Übernahme von Bürgschaften, Garantien oder sonstigen Gewährleistungen, die zu Ausgaben in künftigen Rechnungsjahren führen können, bedürfen einer der Höhe nach bestimmten oder bestimmbaren Ermächtigung durch Bundesgesetz. (2) Einnahmen und Ausgaben sind grundsätzlich ohne Einnahmen aus Krediten auszugleichen. Diesem Grundsatz ist entsprochen, wenn die Einnahmen aus Krediten 0,35 vom Hundert im Verhältnis zum nominalen Bruttoinlandsprodukt nicht überschreiten. Zusätzlich sind bei einer von der Normallage abweichenden konjunkturellen Entwicklung die Auswir-

Tab. 5.1: Die Schuldenregel in Art. 115 GG – Fortsetzung

Art. 115 GG (23.5.1949)	Art. 115 GG (12.5.1969)	Art. 115 GG (29.7.2009)
	von Absatz 1 zugelassen werden.	kungen auf den Haushalt im Auf- und Abschwung symmetrisch zu berücksichtigen. ... Im Falle von Naturkatastrophen oder außergewöhnlichen Notsituationen, die sich der Kontrolle des Staates entziehen und die staatliche Finanzlage erheblich beeinträchtigen, können diese Kreditobergrenzen auf Grund eines Beschlusses der Mehrheit der Mitglieder des Bundestages überschritten werden. Der Beschluss ist mit einem Tilgungsplan zu verbinden. Die Rückführung der nach Satz 6 aufgenommenen Kredite hat binnen eines angemessenen Zeitraumes zu erfolgen.

Dem trug die erste große Koalition unter Angela Merkel (CDU) mit ihrer im Rahmen der Föderalismusreform II am 29. Juli 2009 verabschiedeten Änderung von Art. 115 GG insofern Rechnung, als der Begriff »Investitionen«, der die Obergrenze für die Staatsverschuldung markieren sollte, nicht mehr auftaucht. Stattdessen wird der Grundsatz aufgestellt, der Staat müsse grundsätzlich Einnahmen und Ausgaben zum Ausgleich bringen und ohne Kredite auskommen. Lediglich in einer Höhe von 0,35 % des nominalen Bruttoinlandsprodukts dürfe sich der Bund verschulden. Statt von »Störung des gesamtwirtschaftlichen Gleichgewichts« wird von »einer von der Normallage abweichenden konjunkturellen Entwicklung« gesprochen, deren »Auswirkungen auf den Haushalt im Auf- und Abschwung symmetrisch zu berücksichtigen« wären. Das bedeutet: Im Abschwung darf der Staat Schulden machen, im Aufschwung muss er sie jedoch wieder zurückführen (= antizyklische Finanzpolitik). Insoweit wird das Prinzip des jährlichen Haushaltsausgleichs durchbrochen und eine keynesianische Fiskalpolitik, die einen Haushaltsausgleich über mehrere Jahre anstrebt, verfassungsgemäß. Problematisch aus keynesianischer Sicht ist jedoch die Symmetrie von Schuldenaufnahme und -tilgung, die hier festgeschrieben wird.

Neu aufgenommen wurden zudem Naturkatastrophen oder außergewöhnliche Notsituationen, die sich der Kontrolle des Staates entziehen und die staatliche Finanzlage erheblich beeinträchtigen. In diesen Fällen dürfen die Kreditobergrenzen überschritten werden, wenn der Bundestag mit Mehrheit einen Beschluss fasst und darin feststellt, dass sich eine Naturkatastrophe ereignet hat und/oder eine außergewöhnliche Notsituation besteht.

In allen drei verfassungsrechtlichen Schuldenregeln spiegelt sich der Kompromiss zwischen klassischer, konservativ-liberaler Haushaltspolitik (= der Staat muss mit dem Geld auskommen, das er mit seinen regulären Steuern einnimmt) und der keynesianisch inspirierten, antizyklischen und intervenierenden Fiskalpolitik (der Staat muss sowohl seine Steuereinnahmen als auch seine Ausgaben zur Steuerung der Wirtschaft einsetzen) wider.

Die Regeln des Art. 115 GG, die der Staatsverschuldung verfassungsrechtliche Grenzen setzen soll, werden als »Schuldenbremse« bezeichnet. Sie genießt in der deutschen Bevölkerung hohe Akzeptanz. Dahinter stecken historisch negative Erfahrungen mit zwei Währungsreformen, die von der Bevölkerung mit Staatsverschuldung in Verbindung gebracht werden.

5.2 Staatsverschuldung und Weltkriege

Im Jahr 1923 kam es in der Weimarer Republik zu einer Hyperinflation. Darunter versteht man einen rasanten, geradezu stündlichen Anstieg der Preise, der nicht mehr kontrolliert werden kann. Diese Hyperinflation hatte ihre Ursache im Ersten Weltkrieg. Zur Finanzierung der vielen Rüstungsgüter, die produziert werden mussten – die Kriegskosten beliefen sich auf etwa 164 Mrd. Mark –, hatte das Kaiserreich 154 Mrd. Mark Schulden aufgenommen. Nur 10 Mrd. Mark waren durch Kriegsabgaben und Steuererhöhungen aufgebracht worden. Neben den aufgelaufenen Schulden waren die Regierungen der Weimarer Republik auch noch mit Forderungen der Siegermächte nach Reparationen (= Entschädigung für die angerichteten Schäden) von 132 Mrd. Mark, zahlbar in US-Dollar, Britischen Pfund und Französischen Francs, konfrontiert.

Diese Lasten konnte die Weimarer Republik nicht tragen. Der Schuldendienst (Zins und Tilgung) allein für die aufgenommenen Kriegskredite betrug 126 % der Staatseinnahmen. Steuern und Abgaben reichten also nicht einmal mehr aus, die Schulden zu bedienen, geschweige denn, die laufenden Ausgaben zu bezahlen. Deshalb mussten immer neue Kredite aufgenommen werden. Die Staatsanleihen wurden von der Reichsbank (der damaligen Notenbank) diskontiert, d. h. die Reichsbank kaufte der Regierung die Staatspapiere mit einem Abschlag (dem Diskontsatz) ab und überwies ihr immer größere Geldbeträge. Dadurch kam immer mehr Geld in Umlauf, ohne dass die Produktion mit der wachsenden Geldmenge Schritt hielt.

Die Situation wurde noch verschärft, als im Januar 1923 belgische und französische Truppen das Ruhrgebiet besetzten, weil das Deutsche Reich seinen Reparationsverpflichtungen gegenüber den Siegermächten nicht nachkam. Die Reichsregierung rief daraufhin die gesamte Bevölkerung an Rhein und Ruhr zum Streik auf und unterstützte die Streikenden mit Geld, das sie von der Reichsbank drucken ließ. Von da ab »galoppierten« die Preise. Der Brotpreis, der im November 1919 noch 0,80 Mark betragen hatte, lag im Januar bereits bei

250 Mark. Im Laufe des Jahres stieg er auf 69.000 Mark (August), 1,5 Mio. Mark (September), 174 Mio. Mark (Oktober) und schließlich auf 201 Mrd. Mark (November). In dieser Situation blieb nichts anderes übrig, als die bisherige Währung für ungültig zu erklären und eine neue Währung als Zahlungsmittel einzuführen. Am 15. November 1923 trat eine neue Währungsordnung in Kraft. Sie beendete die Inflation schlagartig.

Auch das »Dritte Reich« hat dem deutschen Volk einen riesigen Berg von Schulden hinterlassen. Am Ende des Zweiten Weltkriegs betrugen die Staatsschulden laut Deutscher Bundesbank 379 Mrd. Reichsmark. Gemessen am damaligen Bruttosozialprodukt waren das 173 %. Das ist der Wert der Staatsschuldenquote für 1944. Da es für 1945 keine Zahl für die Höhe des Bruttosozialprodukts gibt, lässt sich die Staatsschuldenquote für 1945 nicht angeben. In den ersten Jahren der nationalsozialistischen Herrschaft verharrte die Staatsschuldenquote bis einschließlich 1938 noch auf niedrigem Niveau zwischen 17 und 20 %. Erst mit Kriegsbeginn 1939 stieg die Schuldenquote rapide an (▸ Abb. 5.1).

Ursache der hohen Staatsverschuldung waren die Ausgaben für die Rüstung. Sie erhöhten sich in den Kriegsjahren auf mehr als 62 % des Bruttosozialprodukts (▸ Abb. 5.2). Das bedeutet, dass fast zwei Drittel aller produzierten Güter und Dienstleistungen Panzer, Kampfflugzeuge, Gewehre, Munition und ähnliches waren. Das macht deutlich, was einem Volk abverlangt wird, wenn der Staat alles auf eine Karte setzt, um den Krieg zu gewinnen. Denn Arbeitskräfte, die in der Rüstungsindustrie eingesetzt werden, fehlen in der Produktion von Zivilgütern. Entsprechend knapp werden in einer Kriegswirtschaft Güter des täglichen Bedarfs wie Nahrungsmittel, Kleidung, Heizbedarf u. ä., wenn sie nicht aus dem Ausland importiert werden.

Wenn die privaten Haushalte mehr Geld haben, als Waren zur Verfügung stehen, kommt es eigentlich zur Inflation. Mit staatlich verordneten Preisstopps und Lohnfestsetzungen sowie der Ausgabe von Bezugsscheinen wurde jedoch die Inflation während der nationalsozialistischen Herrschaft zurückgestaut. Nach Kriegsende war die Reichsmark nichts mehr wert, weil viel mehr Geld im Umlauf war als

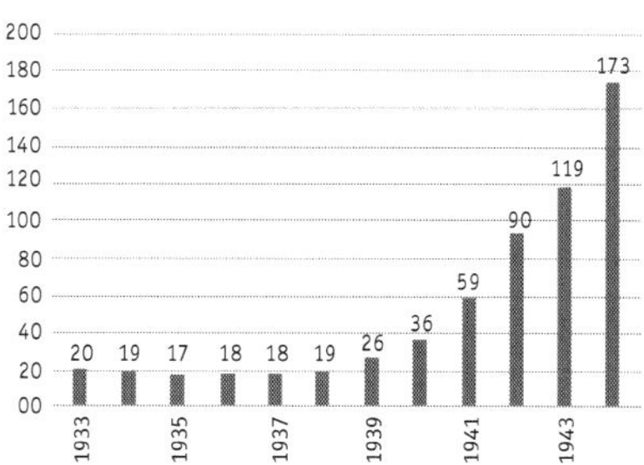

Abb. 5.1: Verschuldung des »Dritten Reichs« in Prozent des BSP.

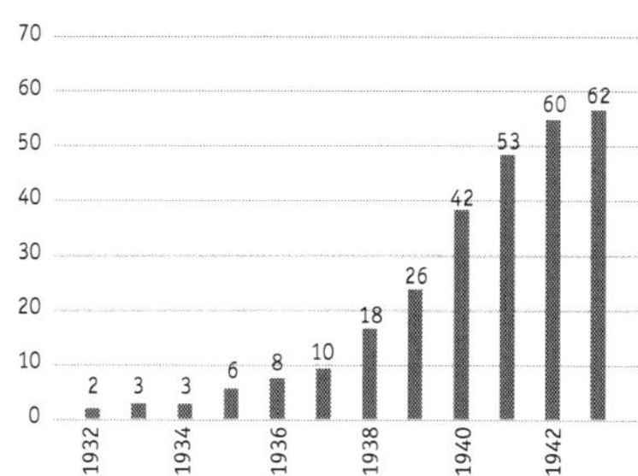

Abb. 5.2: Aufrüstung des »Dritten Reichs« in Prozent des BSP.

es Waren zu kaufen gab. Bezahlt wurde deshalb weitgehend mit Zigaretten als Ersatzwährung, oder es wurde direkt Ware gegen Ware getauscht. Mit der Währungsreform am 20. Juni 1948 verlor die alte Reichsmark auch formell ihre Gültigkeit. Die Deutsche Mark wurde als neues Zahlungsmittel eingeführt. Jeder Bürger konnte zunächst 40 Reichsmark in 40 Deutsche Mark umtauschen. Sparguthaben wurden im Verhältnis von 100 zu 6,5 umgewandelt, d. h. für 100 Reichsmark erhielten die Sparer 6,50 DM. Mit diesem schmerzhaften Eingriff wurde der gewaltige Überschuss an umlaufendem Geld beseitigt und die Voraussetzung für einen regulären Wirtschaftsablauf geschaffen.

Die beiden Währungsreformen von 1923 und 1948 waren die Folge vorangegangener hoher Rüstungsausgaben, die von nicht-demokratischen Regierungen über Kredite des Staates finanziert worden waren. Die Produktion von Militärgütern hat zwar – volkswirtschaftlich betrachtet – zunächst einen hohen Beschäftigungseffekt: Viele Menschen finden Arbeit in der Rüstungsindustrie. Über diesem anfänglichen Beschäftigungseffekt hinaus haben Rüstungsausgaben jedoch keinen weiteren volkswirtschaftlichen Nutzen. Die militärischen Gerätschaften werden entweder im Kriegseinsatz zerstört, oder sie stehen in Friedenszeiten nutzlos herum. Anders die Investitionen von Industrieunternehmen im zivilen Bereich. Hierbei werden neue Maschinen und Anlagen hergestellt, mit denen nach Fertigstellung die Produktion von Gütern und Dienstleistungen gesteigert werden kann. Diese Investitionen haben nicht nur einen Beschäftigungseffekt (die Maschinen müssen bspw. von Arbeitskräften hergestellt werden), sondern auch einen Kapazitätseffekt. Mit ihnen kann nach Inbetriebnahme mehr produziert werden.

Für die damals lebenden Menschen waren die beiden Währungsreformen ein traumatisches Erlebnis. Sie gaben dieses an ihre Kinder und die wiederum ihren Kindern und Enkeln weiter, indem sie von diesem berichteten. Obwohl die heute lebenden Generationen die beiden Währungsreformen persönlich nicht mitgemacht haben, haben viele eine grundsätzliche Angst vor Staatsverschuldung, weil sie sie mit dem Wertverlust der Währung die Vernichtung ihrer Sparguthaben in Verbindung bringen. Doch diese Angst ist unbegründet. Nicht die Kreditaufnahme des Staates an sich ist gefährlich. Es hängt ganz davon ab, was mit den aufgenommenen Geldern gemacht wird.

5.3 Staatsverschuldung und exogene Schocks

Exogene Schocks sind Ereignisse, die von außen massiv auf die Wirtschaft einwirken, von der Regierung aber weder gewollt noch vorhersehbar waren. Die Bundesrepublik hat nach dem Zweiten Weltkrieg mehrere solcher exogenen Schocks erlebt:

- Die erste Ölkrise 1973/74: Am 16./17. Oktober 1973 beschloss die Organisation arabischer Erdöl exportierender Staaten (OAPEC), die Produktion monatlich um fünf Prozent zu drosseln und die Preise um 70 % anzuheben. Damit wollten sie die westlichen Industrieländer unter Druck setzen, weil diese Anfang Oktober Israel im Krieg gegen Ägypten und Syrien unterstützt hatten. 1973 hatte der Preis für Rohöl noch 2,70 US-Dollar pro Barrel betragen. 1974 stieg er auf 11 US-Dollar, also auf mehr als das Vierfache, an.
- Zweite Ölkrise 1979/80: Auslöser eines erneuten Ölpreisanstiegs war das Ende der Monarchie im Iran unter Schah Mohammad Reza Pahlavi und der kurz darauf beginnende Iran-Irak-Krieg. Die politische Unsicherheit bewirkte erneut eine Verknappung des Öls auf dem Weltmarkt und enorme Preissteigerungen. Von 1978 auf 1979 stieg der Ölpreis um mehr als das Doppelte von 12,79 US-Dollar/Barrel auf 29,19 US-Dollar/Barrel. 1980 folgte ein weiterer Sprung auf 35,52 US-Dollar.
- Die Wiedervereinigung der beiden deutschen Staaten 1990: Der Beitritt der ehemaligen DDR zur Bundesrepublik ist zwar ein Ereignis, das sich viele gewünscht hatten. Insoweit passt die Bezeichnung »exogener Schock« nicht ganz. Ökonomisch betrachtet war es jedoch für die neuen Bundesländern ein Schock. Viele Betriebe der ehemaligen DDR hatten ihre Waren in die osteuropäischen Länder verkauft. Nach dem Zusammenbruch des real-existierenden Sozialismus fielen diese Länder als Abnehmer jedoch schlagartig weitgehend aus. Auf den westlichen Märkten waren die Produkte der DDR-Betriebe nach Einführung der D-Mark nicht wettbewerbsfähig.
- Kurseinbruch am »Neuen Markt« (Platzen der sog. »dotcom-Blase«): Anfang der 1990er Jahre etablierte sich das Internet, und die ersten Mobiltelefone kamen auf den Markt. Die neuen technologischen Entwicklungen weckten hohe Gewinnerwartungen. Im Bereich digitaler Technologie griff eine Aufbruchstimmung um sich. Ab 1995 wurden viele neue Unternehmen gegründet, die bald an die Börse gingen. Viele Anleger erwarteten, dass die auf diesen Märkten operierenden Unternehmen »Zukunftsunternehmen«

seien und wollten über einen Aktienkauf an vermeintlichen zukünftigen Gewinnen teilhaben. Doch die Unternehmen der »new economy« konnten ihre Gewinnerwartungen nicht erfüllen. Als die ersten IT-Unternehmen Insolvenz anmelden mussten, begannen im März 2000 die Kurse allgemein zu fallen, was vermehrt Verkäufe auslöste. Viele Anleger, die nicht rechtzeitig aus dem Markt ausgestiegen waren, mussten herbe Verluste hinnehmen oder verloren ihr investiertes Kapital sogar ganz.

- Die Finanzmarktkrise 2008/09: Die amerikanische Notenbank (Federal Reserve System, abgekürzt Fed) hatte von 2001 bis 2003 den Leitzins in mehreren Schritten von 6,5 auf 1 % gesenkt, um eine nach den Terroranschlägen drohende Rezession abzuwenden. Das löste eine rege Nachfrage nach Immobilien aus. Die niedrigen Zinsen ermöglichten vielen Amerikanern, sich ein Haus oder ein Appartement zu kaufen. Da die Banken über reichlich Liquidität verfügten, vergaben sie Kredite auch an Personen, die nicht über die nötige Bonität wie etwa einen sicheren Arbeitsplatz mit gutem Einkommen verfügten. Um die damit verbunden Risiken zu mildern, brachten die Banken neue Wertpapiere, u. a. die Mortgage-Backed-Securities (Wertpapiere, die mit Immobilien abgesichert sind), auf den Markt. Diese Wertpapiere bündelten sichere Baukredite mit subprime-Krediten (= Kredite, die an Personen mit geringer Bonität vergeben wurden). Diese Papiere, deren Risiken selbst für die meisten Finanzexperten nicht erkennbar waren, wurden nicht nur in den USA, sondern weltweit von Banken und Versicherungen erworben.

  Als die Fed von Juni 2004 bis Juni 2006 den Leitzins schrittweise wieder auf 5,25 % anhob, um dem Anstieg der Immobilienpreise entgegenzuwirken, erhöhten die Banken die Zinsen für die laufenden Hauskredite. Viele konnten die höheren Zinsen nicht mehr bezahlen und gaben ihr Haus an die Bank zurück (was in den USA möglich ist). Die Banken »saßen« auf vielen Häusern, deren Preise nun aufgrund des Überangebots am Markt fielen, und gerieten in eine Liquiditätsklemme. Auch die neuen Wertpapiere (Mortgage-Backed-Securities) verloren rapide an Wert. Am 15. September

2008 musste die US-amerikanische Investmentbank Lehman Brothers Insolvenz beantragen. Einige deutsche Kreditinstitute, die diese Wertpapiere ebenfalls erworben hatten, gerieten in eine Schieflage, darunter auch staatliche Banken wie die SachsenLB und die Westdeutsche Landesbank (WestLB).

- Die Eurokrise: Aus der Finanzmarktkrise wurde eine Staatsschuldenkrise einiger südeuropäischer Länder, vor allem Griechenlands. So wie die deutschen Banken, die in eine Schieflage geraten waren, finanziell vom Staat unterstützt wurden – die Commerzbank wurde sogar vorübergehend teilverstaatlicht, d. h. der Staat kaufte Anteile an der Commerzbank – so mussten auch andere Länder einige ihrer Banken stützen. Manche waren gezwungen, ihre Staatsverschuldung stark zu erhöhen.
- Der Angriffskrieg Russlands gegen die Ukraine 2022: Am 31. August 2022 stoppte Russland seine Erdgaslieferungen durch die Ostseepipeline Nord Stream 1. Damit wollte Russland den Druck auf Deutschland und die EU erhöhen, die Sanktionen zu lockern, die die EU gegenüber Russland als Antwort auf den russischen Angriffskrieg gegen die Ukraine verhängt hatte. Bereits seit Herbst 2021 war der Erdgaspreis durch die wieder anziehende Weltkonjunktur und seit Februar 2022 durch den Krieg massiv gestiegen. So betrug 2020 der Gaspreis für Haushalte in einem Mehrfamilienhaus nach Angaben des BDEW (Bundesverband der Energie- und Wasserwirtschaft) im Durchschnitt 5,26 Euro, 2021 erhöhte er sich auf 6,35 Euro (+ 20,7 %), im ersten bis dritten Quartal 2022 lag er bei 14,77 Euro und im vierten Quartal 2022 schließlich bei 19,81 Euro. Das bedeutete gegenüber 2020 mehr als eine Verdreifachung.

Die geschilderten exogenen Schocks haben regelmäßig einen Anstieg der Staatsverschuldung ausgelöst. Das ist deutlich in Schaubild 5.3 zu erkennen. Warum lässt sich leicht erklären. Ein höherer Preis für dringend benötigte Energie, sei es Öl wie in den 1970er Jahren oder Erdgas wie 2022 führt bei vielen Unternehmen zu höheren Kosten. Unternehmen, die bislang gerade noch ihre Kosten decken konnten, machen Verluste, müssen Arbeitskräfte entlassen und einige von

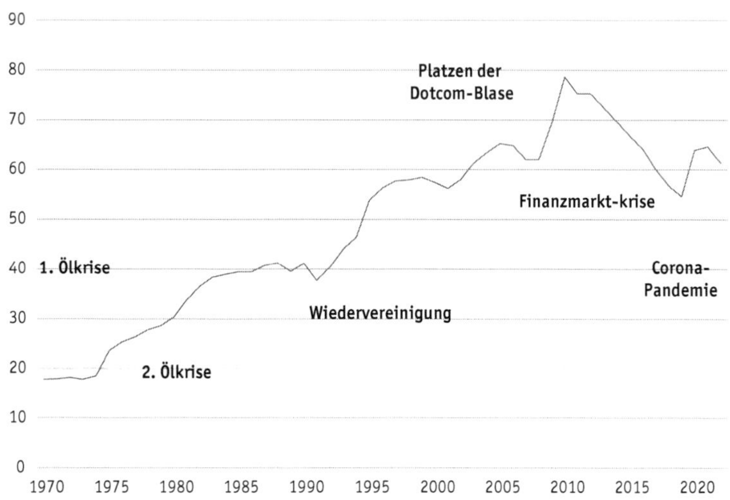

Abb. 5.3: Staatsverschuldung und exogene Schocks (Staatsschuldenquote in Prozent des BIP; Quelle: Statistisches Bundesamt).

ihnen sogar schließen. Viele private Haushalte müssen Reallohneinbußen in Kauf nehmen. Privater Verbrauch und private Investitionen stagnieren oder sinken. Der Staat hat Steuerausfälle, weil Einkommen und Umsätze sinken, gleichzeitig jedoch auch höhere Ausgaben für die Unterstützung von mehr Arbeitslosen. Die sich öffnende Schere zwischen Staatseinnahmen und Staatsausgaben führt zu höherer Staatsverschuldung.

5.4 Staatsverschuldung und Arbeitslosigkeit

Im vorigen Abschnitt haben wir erläutert, wie exogene Schocks auf die Wirtschaft eines Landes wirken und schließlich zu einer höheren Staatsverschuldung führen. Nachfolgend soll dieser Zusammenhang noch einmal anhand eines anderen Schaubilds veranschaulicht werden. In Schaubild 5.4 ist die Entwicklung der Staatsschuldenquote (durchgehende Linie, linke vertikale Achse) und der Arbeitslosenquote (gestrichelte Linie, rechte vertikale Achse) in Deutschland seit 1970 dargestellt. Es zeigt sich, dass mit der ersten Ölkrise 1973/74 die Arbeitslosigkeit und – etwas zeitversetzt – die Staatsverschuldung steigt. Als die Arbeitslosigkeit in der zweiten Hälfte der 1980er Jahre wieder etwas zurückgeht, steigt die Staatsverschuldung nicht weiter. Mit der wachsenden Arbeitslosigkeit nach der Wiedervereinigung in den 1990er Jahren erhöht sich auch die Staatsverschuldung. Als die Arbeitslosigkeit ab 2005 dauerhaft sinkt, folgt dem auch – wieder etwas zeitversetzt – die Staatsverschuldung.

Nun muss das Zusammenfallen zweier ökonomischer Größen – hier der Arbeitslosigkeit und der Staatsverschuldung – nicht zwingend bedeuten, dass die eine Größe die Ursache für die andere ist. Vielmehr kann die annähernd parallele Entwicklung von einem dritten Faktor verursacht sein. Im vorliegenden Fall ist dieser Drittfaktor der exogene Schock, der zum Anstieg der Arbeitslosigkeit und wenig später zum Anwachsen der Staatsverschuldung führt. Man könnte die Arbeitslosenquote aber auch als allgemeinen Indikator für die Wirtschaftslage ansehen. Dann lautete die Aussage: Eine schlechte Wirtschaftslage führt zu höherer Staatsverschuldung.

Es wäre jedoch falsch, diesen letzten Satz umzukehren. Durch eine Rückführung der Staatsverschuldung lässt sich die allgemeine Wirtschaftslage nicht verbessern und auch die Arbeitslosenquote nicht senken. Im Gegenteil: In einer Wirtschaftskrise, in der die Unternehmen ihre erzeugten Produkte nicht alle verkaufen können, würden weniger Staatsschulden die Krise sogar verschärfen. Denn weniger Staatsschulden würden den Staat zwingen, seine Ausgaben zu kürzen und/oder die Steuern zu erhöhen. Beides würde die verfügbaren Einkommen der privaten Haushalte schmälern, sie würden ihren Konsum einschränken und die Unternehmen könnten noch weniger Waren verkaufen.

Ein Anstieg der Staatsverschuldung in einer Wirtschaftskrise ist also kein Zeichen dafür, dass der Staat eine falsche Finanzpolitik betrieben hat. Vielmehr hat er richtig auf die durch einen exogenen

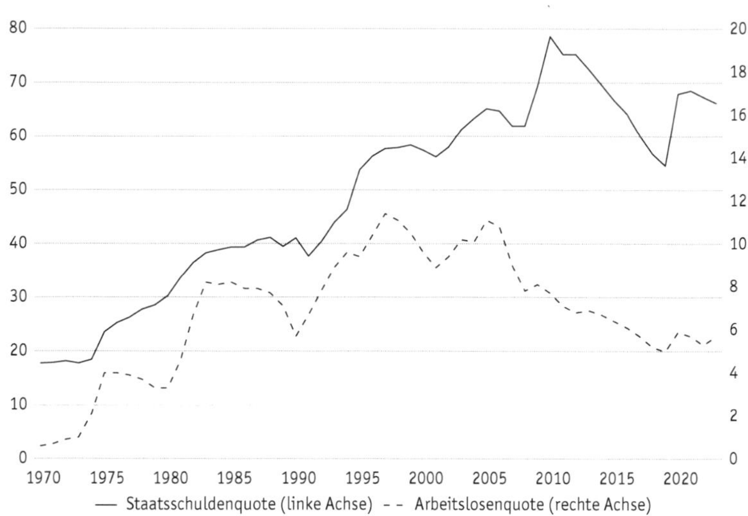

Abb. 5.4: Staatsverschuldung[1] und Arbeitslosigkeit[2] in Deutschland[3] 1970 bis 2023 (Quelle: BMF und Bundesagentur für Arbeit).
[1] Staatsschulden in Prozent des BIP.
[2] Arbeitslose in Prozent der zivilen Erwerbspersonen.
[3] Bis 1990 altes Bundesgebiet, ab 1991 Deutschland.

Schock verursachte Zunahme der Arbeitslosigkeit reagiert und eine höhere Staatsverschuldung in Kauf genommen, um damit eine noch höhere Arbeitslosigkeit zu vermeiden.

5.5 Staatsverschuldung und Wirtschaftswachstum

Wenn eine Regierung die Steuern erhöht und die Mehreinnahmen wieder ausgibt, nimmt der Staat einen größeren Teil des Bruttoinlandsprodukts in Anspruch: Die Staatsquote erhöht sich. Das Gleiche passiert, wenn ein Staat, statt die Steuern zu erhöhen, Kredite aufnimmt und das Geld wieder in den Wirtschaftskreislauf einschleust. Der Unterschied besteht nur darin, dass die Steuern den Bürgern zwangsweise auferlegt werden, während der Kauf von Staatspapieren dagegen freiwillig erfolgt (es sei denn, es handelt sich um eine Zwangsanleihe).

Wie hoch dürfen Steuern, Staatsverschuldung, Staatsausgaben und Staatsquote sein, ohne dass das Wirtschaftswachstum beeinträchtigt wird? Man könnte auch fragen: Wie weit darf sich der Staat in die Wirtschaft einmischen, ohne dass die Unternehmen ihre Investitionen einschränken und das Wirtschaftswachstum beeinträchtigt wird?

Eine eindeutige Antwort darauf gibt es von der Wissenschaft nicht. In Bezug auf die Einkommensteuer glaubte man im 19. Jahrhundert, höher als zehn Prozent dürfe sie nicht sein. Der Finanzwissenschaftler und Politiker Johannes Popitz (1884–1945) hielt bei einem Drittel des Einkommens die zumutbare Höchstgrenze für erreicht. Heute gelten 50 % als psychologischer »breaking point« (= Bruchstelle), weil niemand überwiegend für das Finanzamt statt für sich selbst arbeiten möchte.

Auch für die Staatsquote und die Höhe der Staatsverschuldung gibt es keinen wissenschaftlich begründbaren Höchstwert, bei dessen Überschreiten das Wirtschaftswachstum sinkt und die Wirtschaft schließlich zum Erliegen kommt. Der internationale Vergleich der Staatsquote zeigt vielmehr, dass die Länder unterschiedlich hohe Staatsquoten aufweisen und alle »funktionieren« (► Abb. 2.12). Die Aussage des früheren Bundeskanzlers Helmut Kohl (CDU), bei über 50 % Staatsquote beginne der Sozialismus (Handelsblatt 11.01.2010), ist deshalb eine rein politische Definition von Sozialismus, die aber wissenschaftlich nicht fundiert ist.

Die beiden renommierten Ökonomen Carmen M. Reinhart und Kenneth S. Rogoff haben versucht, den Zusammenhang zwischen der Höhe der Staatsschuld und dem wirtschaftlichen Wachstum empirisch zu belegen. Der Aufsatz basierte auf ihrem 2009 veröffentlichten Buch »This time is different. Eight Centuries of Fiscal Folly«, das ein Jahr später auch in deutscher Übersetzung unter dem Titel »Diesmal ist alles anders. Acht Jahrhunderte Finanzkrisen« erschienen ist. Die Kernaussage des Artikels lautet:

> »In den letzten zwei Jahrhunderten ging eine Staatsverschuldung von über 90 % des Bruttoinlandsprodukts in der Regel mit einem mittleren Wachstum von 1,7 % einher. Bei einem mittleren Schuldenstand zwischen 30 und 90 % des BIP betrug die Wachstumsrate dagegen über drei Prozent, bei niedriger Verschuldung (unter 30 % des BIP) sogar 3,7 %.« (Reinhart/Rogoff 2010, 575 Übersetzung, H. A.)

Diese Aussage ging damals, als sich die Finanzmarktkrise in der EU zu einer Staatsschuldenkrise entwickelt hatte, weltweit durch die Medien. Notenbanker und Politiker aller Richtungen beriefen sich auf diese angeblich »wissenschaftliche« Erkenntnis und rechtfertigten damit den rigiden Sparkurs, der Griechenland auferlegt wurde. Doch drei Jahre später entdeckte ein Doktorand, Thomas Herndon, an einer kleinen amerikanischen Universität Lücken und Fehler in der Untersuchung von Reinhardt und Rogoff:

- Die Daten für Australien, Belgien, Dänemark, Kanada, Norwegen und Österreich wurden versehentlich nicht berücksichtigt.
- Die durchschnittlichen Wachstumsraten der einzelnen Länder wurden ungewichtet ermittelt.

Nach Korrektur der Fehler ließ sich die Aussage, eine Staatsverschuldung von über 90 % des BIP führe zwingend zu einem Wachstumseinbruch, nicht mehr belegen. Damit gibt es auch keine wissenschaftliche Begründung für die seinerzeit im Stabilitäts- und Wachstumspakt der Euro-Länder 1997 vereinbarte Schuldenobergrenze von 60 % und der Neuverschuldung von drei Prozent. Bereits 1992 hatte dies der stellvertretende Generaldirektor für Wirtschaft und Finanzen der EU, Heinrich Matthes, eingeräumt (Wirtschaftsdienst, Heft 8/1992, S. 409 f.). Die Maastricht-Kriterien waren vielmehr eine rein politische Entscheidung. Auf die 60 % kam man, weil das damals in etwa dem Mittelwert der Staatsschuldenquote der Euro-Länder entsprach, und auf die drei Prozent Neuverschuldungsgrenze, weil man ein durchschnittliches BIP-Wachstum von drei Prozent unterstellte. Bei einer jährlichen Neuverschuldung von drei Prozent des BIP und einem BIP-Wachstum von drei Prozent bleibt somit die Schuldenstandquote konstant!

Im Grunde geht es bei der Frage nach der Staatsschuldenobergrenze einmal mehr darum, welche Rolle man gewillt ist, dem Staat einzuräumen. Oft wird der öffentliche Dienst als unproduktiv angesehen, weil Beamte nichts erstellen, was man anfassen kann – eben öffentliche Dienstleistungen. Aber warum soll ein Lehrer an einer staatlichen Schule unproduktiv sein, ein Lehrer an einer Privatschule aber schon? Erbringt eine Krankenschwester in einem städtischen Krankenhaus nicht dieselbe Dienstleistung wie ihre Kollegin, die in einer Privatklinik arbeitet? Ist die Finanzberatung durch den Angestellten einer kommunalen Stadtsparkasse weniger Wertschöpfung als die eines Anlageberaters der Deutschen Bank? Und hat das VW-Werk nichts zum Bruttoinlandsprodukt beigetragen, solange es mehrheitlich in Staatsbesitz war? Die Dienstleistung der staatlichen Beamten ist zwar nicht individuell am Markt gegen Geld käuflich zu erwerben wie beispielsweise die Dienstleistung eines Friseurs. Aber ist deshalb die Dienstleistung der Beamten und der Angestellten im öffentlichen Dienst keine volkswirtschaftliche Wertschöpfung?

Die Kritik am staatlichen Beamtenapparat als unproduktiv entspringt der liberal-konservativen Grundeinstellung, nach der der Staat so wenig wie möglich in das Wirtschaftsleben eingreifen und der öffentliche Dienst klein gehalten werden soll. Einkommensteuersatz, Staatsquote und Staatsverschuldung sollen deshalb eine bestimmte Grenze nicht überschreiten. Da es jedoch keine wissenschaftlich begründbaren Höchstgrenzen für Besteuerung, Staatsquote und Schuldenquote gibt, werden sie vom liberal-konservativen Lager politisch einfach gesetzt.

Entscheidend für Schaden oder Nutzen der Staatsverschuldung ist weniger ihre Höhe, sondern

- welche Ausgaben mit den aufgenommenen Krediten finanziert werden, und

- ob diese Ausgaben zukünftig ein reales Wirtschaftswachstum anstoßen?

Beides hängt eng miteinander zusammen. Werden mit den aufgenommenen Krediten Rüstungsgüter finanziert, ist Staatverschuldung ökonomisch gefährlich. Denn wie gezeigt wurde, führt jahrelange Rüstungsfinanzierung über Staatsverschuldung zu erheblichen wirtschaftlichen Verwerfungen (▶ Kap. 5.2), weil mit Kampfflugzeugen, Panzern und U-Booten keine anderen Produkte hergestellt werden. Anders wenn der Staat mit den aufgenommenen Krediten z. B. einen Flughafen, eine Autobahn oder eine neue Bahntrasse baut. Derartige Infrastrukturmaßnahmen verbessern die Rahmenbedingungen für die Unternehmen. Denn die neuen Verkehrseinrichtungen schaffen die Voraussetzung, zur Weiterverarbeitung benötigte Vorprodukte schneller zu den Fertigungsstätten zu transportieren und die Endprodukte zügiger an ihre Abnehmer zu liefern.

Eine öffentliche Investition in die Infrastruktur schafft also nicht nur einen Primäreffekt in Form von Beschäftigung beim Bau des Flughafens, der Autobahn oder der Bahntrasse. Diesen Primäreffekt gibt es bei der Rüstungsproduktion auch. Investitionen in die Infrastruktur erzeugen jedoch darüber hinaus einen Sekundäreffekt, weil mit ihnen die Rahmenbedingungen der Unternehmen zum Produzieren verbessert und damit volkswirtschaftliche Wachstumschancen eröffnet werden. Werden sie genutzt, entstehen neue Arbeitsplätze. Einkommen und Kaufkraft steigen, die Umsätze der Unternehmen wachsen, aber auch die Steuereinnahmen des Staates steigen aufgrund der höheren Einkommen und der Umsatzzuwächse.

Ob Staatsverschuldung bedenklich oder unbedenklich ist, hängt somit wesentlich davon ab, wie die aufgenommenen Kredite verausgabt werden und ob von den Ausgaben ein Wachstumsimpuls ausgeht. Auch hierzu gibt es keine einheitliche Meinung. Weitgehend Konsens besteht allerdings darüber, dass öffentliche Infrastrukturinvestitionen das Wachstum positiv beeinflussen. Aber gilt das auch für Bildungsausgaben?

Ein neues Schul- oder Universitätsgebäude mit Krediten zu finanzieren, lässt sich damit begründen, dass Gebäude über viele Jahrzehnte genutzt werden und über Verschuldung die Kosten der Erstellung auf einen längeren Zeitraum verteilt werden können. Aber ist die Besoldung der Lehrer auch eine öffentliche Investition?

Sicher ist eine gute Ausbildung für möglichst viele Kinder Voraussetzung dafür, dass die Wirtschaft auf ein gutes Arbeitskräftepotential zurückgreifen und auch zukünftig wachsen kann. Aber ist dann nicht jede öffentliche Dienstleistung eine Investition, weil ohne sie ein Gemeinwesen nicht funktioniert? Ohne ein Grundbuchamt, das genau erfasst, wem welche Grundstücke gehören und wie sie belastet sind, lassen sich Immobilienkäufe und -verkäufe nicht verlässlich abwickeln. Ohne Einwohnermeldeamt, das registriert, wer wo wohnt, können weder Wahlen durchgeführt noch gewährleistet werden, dass alle Kinder auch zur Schule gehen. Ohne Polizei und Justiz, die auf die Einhaltung der Gesetze achten und Verstöße dagegen ahnden, ist ein geordnetes Zusammenleben von Menschen (und damit auch eine reibungslos funktionierende Wirtschaft) nicht möglich.

Entscheidend ist und bleibt für die Beurteilung der Staatsverschuldung, ob die damit finanzierten Staatsausgaben in den privaten Konsum der privaten Haushalte bzw. den Staatsverbrauch fließen oder ob damit dauerhafte Sach- und Vermögenswerte geschaffen werden. So sind Sozialleistungen an private Haushalte, egal ob es sich um steuerfinanziertes Bürgergeld oder um umlagefinanzierte Zahlungen von Altersrenten handelt, bei den Empfängern nichts weiter als ein »durchlaufender Posten«. Diese Gelder fließen in den privaten Konsum und haben keinen Sekundär- oder Wachstumseffekt. Ein Kanal, eine Umgehungsstraße oder eine neue Bahntrasse sind dagegen langlebiges öffentliches Vermögen, das auch noch von späteren Generationen zur Einkommenserzielung genutzt wird. Insofern ist hier ein Sekundär- oder Wachstumseffekt gegeben. Das gilt auch für Subventionen an private Unternehmen, wenn diese damit ihren Maschinenpark modernisieren und ihre Wettbewerbsfähigkeit stärken. Anders verhält es sich dagegen, wenn es sich um eine aus sozialpolitischen Gründen gewährte Erhaltungssubvention handelt, die dazu dient, ein eigentlich nicht mehr wettbewerbs- und zukunftsfähiges Unternehmen oder eine ganze Branche zu unterstützen.

5.6 Staatsverschuldung und Verschuldung des Privatsektors

Sich zu verschulden ist keine Eigentümlichkeit des Staates. Im Gegenteil: Private Haushalte und private Unternehmen sind in viel größerem Umfang verschuldet als der Staat. Jeder Unternehmer braucht Startkapital, um seine Geschäftsidee zu verwirklichen. Dazu reichen in der Regel seine Ersparnisse nicht aus. Er muss bei einer Bank einen Kredit aufnehmen. Den wird ihm die Bank einräumen, wenn sie die Geschäftsidee gut findet und überzeugt ist, dass ihre Umsetzung wirtschaftlich tragfähig ist und Gewinne abwirft.

Fast alle privaten Haushalte, die sich ein Haus bauen oder eine Eigentumswohnung erwerben, brauchen zur Finanzierung einen Kredit. Dieser beträgt nicht selten das sechs-, manchmal sogar das Zehnfache des Jahreseinkommens des privaten Haushalts. Meist wird dieser Kredit in kleinen regelmäßigen Raten über einen Zeitraum von 20 bis 30 Jahren zurückgezahlt. Das fällt im Laufe der Zeit immer leichter, weil die Restschuld immer kleiner wird und das Einkommen in der Regel wächst.

Schaubild 5.5 zeigt die Verschuldung des Staates im Vergleich zu den privaten Unternehmen (nichtfinanzielle Kapitalgesellschaften) und privaten Haushalte. Am höchsten verschuldet waren 2022 die Unternehmen mit über 7,7 Billionen Euro, an zweiter Stelle folgen die privaten Haushalte mit über 2,5 Billionen Euro. Am wenigsten verschuldet war der Staat. Seine Schulden von 2,1 Billionen Euro machen sich im Vergleich zu denen der nichtfinanziellen Kapitalgesellschaften geradezu bescheiden aus. Trotzdem wird über die Staatsver-

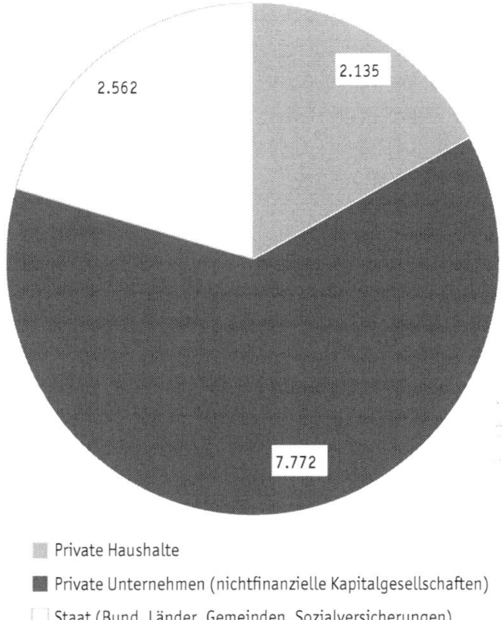

Abb. 5.5: Private und staatliche Verschuldung in Deutschland 2022 Billionen Euro (Quelle: Deutsche Bundesbank (Hrsg.), 2024, 55* und 57*).

schuldung viel Aufhebens gemacht. Eine nachvollziehbare ökonomische Begründung dafür gibt es vor diesem Hintergrund nicht.

5.7 Staatsverschuldung und Zinsen

Wieweit sich ein privater Haushalt, ein Unternehmen oder der Staat verschulden kann (sollte), hängt wesentlich davon ab, wie hoch die Zins- und Tilgungsbelastung im Verhältnis zu seinen regelmäßigen Einnahmen ist. An zwei Fallbeispielen soll verdeutlicht werden, wann für einen privaten Haushalten die Verschuldung kritisch wird.

1) Beispiel: Ein privater Haushalt hat ein monatlich verfügbares Einkommen von 3.500 Euro und 100.000 Euro aus eigenen Ersparnissen und einer Erbschaft. Kann dieser Haushalt es sich leisten, ein Haus für 400.000 Euro zu kaufen? Dann müsste er einen Kredit von 300.000 Euro aufnehmen. Bei (unterstellten) Zinsen von vier Prozent pro Jahr hätte der Haushalt eine anfängliche monatliche Zinsbelastung von 1.000 Euro (28,5 % des verfügbaren Einkommens). Hinzu käme eine Tilgungsrate von ein bis zwei Prozent des Darlehensbetrages, macht nochmal 250 bzw. 500 Euro pro Monat (7,1 bzw. 14,2 % des verfügbaren Einkommens). Vom verfügbaren Einkommen von 3.500 Euro blieben also nach Abzug der Zinsen und der Tilgungsraten 2.000 bis 2.250 Euro, aus dem alle sonstigen Ausgaben zum Leben zu bestreiten wären. Eine monatliche Belastung in Höhe von rund 36 bzw. 43 % des monatlich verfügbaren Einkommens wäre für den Haushalt zwar hoch, aber auch nicht unmöglich zu tragen. Er müsste bei anderen Ausgaben Abstriche machen, z. B. bei Restaurantbesuchen und/oder beim Urlaub, was in der Realität häufig geschieht. Zu berücksichtigen wären auch staatliche Fördermittel, die Haushalte beim Ersterwerb von Wohneigentum erhalten und die die anfängliche monatliche Belastung reduzieren.
2) Beispiel: Würde das Haus nicht 400.000 sondern 600.000 Euro kosten, bräuchte der Haushalt nicht 100.000 Euro, sondern 150.000 Euro (25 %) Eigenkapital und müsste einen Kredit von 450.000 Euro aufnehmen. Wenn die Zinsen darüber hinaus fünf Prozent betrügen, fielen allein dafür 22.500 Euro im Jahr, also 1.875 Euro im Monat an. Rechnet man noch zwei Prozent Tilgung dazu (9000 Euro/Jahr), hätte der Haushalt eine anfängliche monatliche Belastung 2.625 Euro (75 % des verfügbaren Monatseinkommens). Das würde ihn überfordern, da lediglich 875 Euro zum Leben übrigblieben.

Die Höhe des Schuldendienstes (Zins- und Tilgungsrate) ist somit eine entscheidende Größe, die ein privater Haushalt beachten muss, wenn er einen Kredit aufnimmt. Es muss ihm nach Abzug des Schuldendienstes noch genügend vom regelmäßigen Einkommen zur Bestreitung seines sonstigen Lebensunterhalts verbleiben. Fest steht: Wenn das Einkommen als regelmäßige Einnahmequelle ganz oder teilweise wegfällt, z. B. wegen Arbeitslosigkeit, kann der Kredit nicht mehr bedient werden. In diesen Fällen geht das Eigentum der Immobilie an das kreditgebende Institut über.

Für Unternehmen gilt im Prinzip das gleiche. Wenn die Einnahmen nach Abzug des Schuldendienstes nicht mehr ausreichen, Arbeitnehmer und Lieferanten von Vorprodukten zu bezahlen, droht die Insolvenz (= Zahlungsunfähigkeit). Ein Unternehmen, das in die Insolvenz geht, kann vollständig vom Markt verschwinden, z. B. wenn die von ihm produzierten Güter nicht mehr nachgefragt werden. In diesem Extremfall werden die Maschinen verschrottet, die Gebäude entweder eingerissen oder – wenn möglich – anders genutzt. Anders wenn ein Staat zahlungsunfähig wird. Er verschwindet nicht einfach von der Landkarte, sondern die Bewohner, die Fabrikgebäude, die Infrastruktur bestehen weiter.

Die Belastung des Staates durch Zinszahlungen lässt sich aus Schaubild 5.6 ablesen. Sie zeigt, wieviel Prozent die Zinszahlungen gemessen an den Steuereinnahmen ausmachen. Man nennt diese Größe Zins-Steuerquote. Ähnlich wie die Staatsquote steigt die Zins-Steuerquote mit der ersten Ölkrise 1973/74 an und sinkt erst wieder nach Überwindung der zweiten Ölkrise in der zweiten Hälfte der 1980er Jahre. Nach der Wiedervereinigung schnellt sie massiv in die Höhe und erreicht 1996 und 1997 ihren bisherigen Spitzenwert von 15,6 %. Seitdem ist sie wieder rückläufig. In den Jahren 2020 bis 2022 war sie mit Werten von 2,4 % (2021) bzw. 2,8 % (2020 und 2022) so niedrig wie in den 1960er Jahren. Erst mit der Erhöhung der Leitzinsen durch die Europäische Zentralbank Ende 2022 stieg die Zins-Steuerquote wieder leicht auf 3,6 % (2023) an. Das ist außerordentlich gering, so dass überhaupt keine Gefahren für die Tragfähigkeit der Schulden Deutschlands besteht. Im obigen ersten Fallbeispiel betrug die Zinsbelastung des privaten Haushalts, der ein Haus gebaut hatte, 28,5 %!

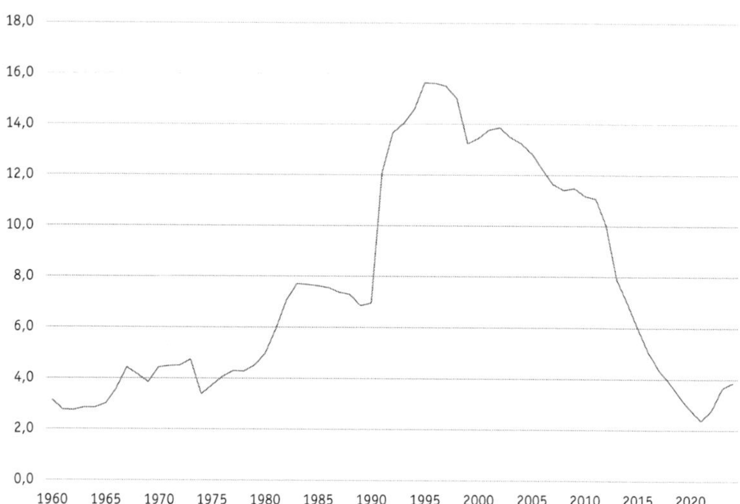

Abb. 5.6: Zins-Steuerquote in Deutschland[1] Zinsen in Prozent der Steuereinnahmen (Quelle: Sachverständigenrat zur Begutachtung der gesamtwirtschaftlichen Entwicklung, diverse Jahresgutachten).
[1] Bis 1990 alte Bundesrepublik, ab 1991 vereinigtes Deutschland.

Anders als beim privaten Haushalt wird hier zur Beurteilung der Tragfähigkeit von Staatsschulden nur der Zinsendienst und nicht auch der Tilgungsdienst herangezogen. Das hat seinen Grund im unterschiedlichen Tilgungsverhalten. Ein einzelner, privater Haushalt tilgt in aller Regel seine Darlehen durch ratenweise Rückzahlung. Dadurch werden seine Schulden im Laufe seines Lebens absolut und auch im Verhältnis zu seinem Einkommen weniger, bis er – meist beim Eintritt in den Ruhestand – schuldenfrei ist. Der Staat dagegen tilgt häufig seine Schulden, indem er neue Schulden aufnimmt und damit alte fällige Kredite zurückzahlt. Dann bleibt die absolute Höhe seiner Schulden gleich. Relativ, d. h. bezogen auf das Bruttoinlandsprodukt (= Schuldenstandsquote), sinken sie, sofern das BIP wächst; sie steigen, falls das BIP sinkt. Nimmt der Staat mehr neue Kredite auf als er alte tilgt, spricht man von einer *Nettoneuverschuldung.* Sie führt zu höherer absoluter Staatsverschuldung. Die Staatsschuldenquote bleibt dagegen konstant, wenn die Nettoneuverschuldung im gleichen Ausmaß wie das BIP wächst.

Damit können wir überleiten zur nächsten Frage: Wer trägt langfristig die Schulden eines Staates, die dieser heute aufnimmt? Werden künftige Generationen dadurch über Gebühr belastet?

5.8 Staatsverschuldung und Generationengerechtigkeit

Macht man sich bewusst, wie sehr die Weimarer Republik unter den Kriegsfolgelasten und den aufgetürmten Schulden gelitten hat, und erinnert man sich, dass die Bundesrepublik Deutschland die letzten Schulden aus den beiden Weltkriegen trotz teilweisen Schuldenerlass erst im Jahr 2010 getilgt hat, so erscheint die Frage nach der Generationengerechtigkeit der Staatsverschuldung verständlich. Doch wer wusste eigentlich in den 1990er oder 2000er Jahren von den damals immer noch bestehenden Verpflichtungen der Bundesrepublik Deutschland aus alten Schulden, die aus dem Kaiserreich oder aus der Zeit der nationalsozialistischen Herrschaft stammten? Offensichtlich hat das niemanden finanziell belastet, sonst wäre es ein Dauerthema im politischen Diskurs gewesen.

Zu einer Verschuldung gehören immer zwei: einer, der den Kredit aufnimmt (= Schuldner), und einer, der den Kredit einräumt (= Gläubiger). Bei der Staatsverschuldung ist der Schuldner, wie es die Bezeichnung schon ausdrückt, der Staat. Gläubiger sind diejenigen, die dem Staat das Geld leihen. Das sind private Haushalte und private Unternehmen, aber auch institutionelle Anleger. Dazu zählen neben den klassischen Kreditinstituten insbesondere Versicherungen, Investmentfonds, Versorgungswerke, Pensionskassen, öffentliche Zusatzversorgungsanstalten, aber auch Träger der Sozialversicherung wie die Deutsche Rentenversicherung sowie einzelne gesetzliche und private Krankenkassen. Kirchen, Vereine, Stiftungen und internationale Organisationen gehören ebenfalls dazu.

Vor allem Lebensversicherungen und alle Einrichtungen der privaten Altersvorsorge wie Versorgungswerke und Pensionskassen legen ihre Beitragseinnahmen teilweise in Staatspapieren an, damit sie eines Tages ihren Kunden einen höheren Betrag auszahlen können als nur die Summe der eingezahlten Beiträge. Das ist nur möglich, wenn die Institute die eingenommenen Beiträge zinsbringend und zugleich sicher anlegen. Genau dafür sind Staatspapiere wegen ihrer hohen Sicherheit geeignet. Würde sich der Staat nicht mehr verschulden, hätten die Lebensversicherungen und die privaten Altersversorgungseinrichtungen ein Problem, weil sie dann ausschließlich in risikoreichere Anlageformen investieren müssten und die privaten Renten weniger sicher wären.

Bei der Frage, ob künftige Generationen durch eine hohe Staatsverschuldung belastet werden, ist nicht nur der Staat als Schuldner, sondern auch die Gläubigerseite zu betrachten, also die privaten Haushalte und die institutionellen Anleger. Staatsanleihen im Besitz von Privathaushalten gehen im Erbfall unmittelbar an die Erben über, in der Regal also an die nächste Generation. Auch die Ansprüche an Lebensversicherungen und private Versorgungseinrichtungen gehören zur Erbmasse. Sinn und Zweck einer Lebensversicherung ist es ja gerade, die Hinterbliebenen abzusichern. Und auch die privaten Versorgungseinrichtungen zahlen je nach Ausgestaltung im Einzelfall die privaten Renten ganz oder teilweise an die Erbberechtigten für eine gewisse Zeit weiter.

Wenn der Staat die aufgenommenen Kredite in großem Stil zur Rüstungsfinanzierung verwendet wie das »Dritte Reich«, sind die Staatspapiere weitgehend wertlos, und das wirkt sich auch auf die Lebensversicherungen und die Renten der privaten Versorgungswerke aus. Die nachfolgende Generation erbt in diesem Fall so gut wie nichts, denn Panzer und Kampfflugzeuge sind, wenn sie eingesetzt wurden, meist Schrott. Wenn der Staat aber mit den aufgenommenen Krediten Infrastrukturmaßnahmen finanziert hat, die nicht nur zu einem höheren gesamtwirtschaftlichen Wachstum beigetragen haben, sondern die die Erben/die nachfolgende Generation auch noch nutzen können (Bahntrassen, Flughäfen, Straßen), mit anderen Worten, wenn die Staatspapiere durch volkswirtschaftliche Sachwerte gedeckt sind, profitiert die nachfolgende Generation sogar von der Staatsverschuldung. Denn dann lebt sie in einem Land mit guter Infrastruktur und in einem Staat, dessen Steuereinnahmen aufgrund des durch die Infrastrukturinvestitionen angestoßenen Wachstums sprudeln. Der Staat kann in diesem Szenario problemlos die aufgelaufenen Schulden entweder vollkommen zurückzahlen oder durch Neuverschuldung tilgen. Die Rückzahlung von fälligen Staatsschuldtiteln erfolgt aus dem künftigen Steueraufkommen. Es ist somit zu klären, wer in Zukunft wieviel zum Steueraufkommen beiträgt und wem der Staat das geliehene Geld zurückbezahlt?

Die Hälfte der privaten Haushalte hat, wie die Statistik zur Vermögensverteilung zeigt, nur ein geringes Vermögen und folglich auch so gut wie keine Staatsanleihen. Die vermögenderen 50 % der privaten Haushalte haben entweder direkt oder indirekt über den Abschluss von Lebensversicherungen oder den Erwerb von Rentenfonds u. a. auch Staatsanleihen erworben. Ihre Erben – die Kinder und Enkel – gehören in der Mehrzahl der Fälle zu den Haushalten mit einem verfügbaren Einkommen über dem Durchschnitt. Sie tragen auch den überwiegenden Teil des Steueraufkommens (► Kap. 4.2) und sind somit diejenigen, die die Staatsschulden tilgen müssen. Ist das so problematisch, wie es in der öffentlichen Diskussion häufig dargestellt wird?

Man könnte den Zusammenhang auch noch anders darstellen. Haushalte aus der vermögenderen Hälfte der Bevölkerung finanzieren einen Teil der Staatsaufgaben, indem sie dem Staat das benötigte Geld leihen, statt es in Form von höheren Steuern zwangsweise an ihn abzuführen. Sie vererben die Staatsanleihen an die nächste Generation, und der einkommensstarke und vermögende Teil der nächsten Generation zahlt wiederum über Steuern die Staatskredite zurück.

Ein Beispiel: Ein Arzt kauft im Alter von 50 Jahren 10jährige Staatsanleihen im Wert von 100.000 Euro. Als er 60 ist, werden die Papiere fällig. Er erwirbt mit dem Geld sofort eine neue 10jährige

Staatsanleihe und auch mit 70 legt er die 100.000 Euro nochmal in Staatsanleihen an. Als er mit 79 stirbt, erbt sein Sohn, der die väterliche Praxis übernommen hat, die Staatsanleihen. Ein Jahr später legt der Sohn, dem Beispiel seines Vaters folgend, ebenfalls 100.000 Euro in Staatsanleihen an. Der Staat nutzt den Kredit, den ihm der Arztsohn gegeben hat, zur Rückzahlung der 100.000 Euro-Anleihe des Vaters, die jetzt fällig wird. Die Schuld des Staates von gestern ist also gleichzeitig das Vermögen der Erben bzw. der nächsten Generation.

Weiteres Beispiel: Ein Heizungsinstallateur, 42 Jahre alt, monatlicher Nettoverdienst 2.600 Euro, legt jeden Monat 100 Euro beiseite, um für sein Alter vorzusorgen. Grundsätzlich könnte er jeden Monat seine Bank beauftragen, für 100 Euro eine Staatsanleihe zu kaufen. Einfacher für ihn zu handhaben ist es jedoch, die Dienstleistung eines institutionellen Anlegers in Anspruch zu nehmen. Er schließt bei einer Versicherung einen privaten Rentenversicherungsvertrag ab und lässt 25 Jahre lang jeden Monat eine Prämie von 100 Euro von der Versicherung einziehen. Die Versicherung »arbeitet« mit den eingezahlten Prämien des Installateurs (und den Geldern anderer Kunden) und legt sie zinsbringend, z. B. in Staatsanleihen, an. Im Zeitraum von 25 Jahren werden Staatsanleihen zwei bis dreimal fällig, so dass die Versicherung wieder neue Staatsanleihen kaufen muss. In diesem Beispiel ist der private Haushalt nicht unmittelbar Käufer der Staatsanleihen, sondern nur indirekt über einen institutionellen Anleger – seiner Versicherung.

In beiden Beispielen sind die Schulden des Staates gleichzeitig Vermögen der Zeichner der Staatsanleihen bzw. der späteren Erben. So wie in der Wirtschaft jede Ausgabe für den einen Kosten, gleichzeitig aber für einen anderen Einkommen ist, so ist jede Schuld gleichzeitig auch Vermögen eines anderen. Wenn der Staat allerdings für seine Kredite wertlose Gegenstände wie Rüstungsgüter erwirbt, verlieren die Staatsanleihen ihren Charakter als werthaltiges Vermögen.

In den Beispielen hatte der Staat die Schulden bei inländischen privaten Haushalten oder inländischen institutionellen Anlegern in

Euro aufgenommen. Wie aber ist Staatsverschuldung zu bewerten, wenn sie bei Ausländern und/oder in einer Auslandswährung aufgenommen wird?

Nach Angaben der Deutschen Bundesbank betrug 2023 die Auslandsverschuldung 1.189 Mrd. Euro (3. Quartal). Das sind die Schulden, die Deutschland z. B. gegenüber ausländischen, meist institutionellen Anlegern hat. Handelt es sich dabei um institutionelle Anleger im Euro-Gebiet, dürften die Schulden auch in Euro bestehen. Davon zu unterscheiden sind Schulden in Fremdwährung etwa in Britischen Pfund oder in US-Dollar. Diese Schulden betrugen umgerechnet nur 30,6 Mrd. Euro, also knapp 2,6 % der Auslandsschulden. Gemessen an der Gesamtverschuldung Deutschlands im dritten Quartal 2023 machen sie sogar nur 1,2 % aus.

Schulden in Fremdwährung könnten deshalb zu Problemen führen, weil für Tilgung und Zinsendienst ausländische Zahlungsmittel erforderlich sind. Diese muss ein Land durch Exporte von Waren oder Dienstleistungen in das Fremdwährungsland beschaffen, z. B. US-Dollar durch Exporte in die USA. Für Deutschland, das in der Regel hohe Exportüberschüsse aufweist, ist das kein großes Problem, schon gar nicht, wenn die Verschuldung in Fremdwährung nur 1,2 % beträgt.

Damit können wir zur Schuldenbremse und der aktuellen Diskussion über ihre Reform übergehen.

5.9 Reform der Schuldenbremse?

Seit ihrer Verabschiedung im Sommer 2009 ist die Schuldenbremse in der Kritik.

- Am häufigsten wird die Entkoppelung der Staatsverschuldung von den öffentlichen Nettoinvestitionen kritisiert. Befürchtet wird, der Staat könne seinen Zukunftsaufgaben nicht gerecht werden, wenn ihm verwehrt wird, dringend notwendige öffentliche Investitionen durch Kreditaufnahme zu finanzieren.

- Dem halten die Befürworter einer restriktiven Schuldenbremse entgegen, dass es sich in der Vergangenheit nicht bewährt hat, dem Staat eine Verschuldung in Höhe seiner Nettoinvestitionen zu erlauben. Da nicht eindeutig bestimmbar ist, wann eine staatliche Ausgabe investiv ist und künftiges Wachstum fördert, hätten die Politiker einen zu breiten Handlungsspielraum, sollten sie in Höhe der Investitionen Kredite aufnehmen dürfen.

Hinter dieser Kontroverse stecken weniger ökonomische, sondern vielmehr politisch-strategische Motive. In einem Punkt sind sich alle politischen Lager einig: Der Staat muss in den kommenden Jahren viel in die Erneuerung und den Ausbau der Infrastruktur investieren. In einer gemeinsamen Veröffentlichung haben das gewerkschaftsnahe Institut für Makroökonomie und Konjunkturforschung (IMK) und das arbeitgebernahe Institut der Deutschen Wirtschaft (IW) 2019 den öffentlichen Investitionsbedarf in den nächsten zehn Jahren, also von 2020 bis 2029, auf insgesamt 450 Mrd. Euro, d. h. 45 Mrd. Euro pro Jahr beziffert (IMK-Report 159, November 2019). Beide Institute halten es für unrealistisch, diese Investitionen allein durch Umschichtung in den bestehenden Haushalten zu finanzieren und plädieren daher dafür, im Grundgesetz wieder eine Verschuldung im Umfang der Nettoinvestitionen zu erlauben, also die sogenannte »goldene Regel« wiedereinzuführen.

Im politischen Raum sprechen sich derzeit (März 2024) die Regierungspartei FDP und die Oppositionspartei CDU/CSU gegen eine Reform der Schuldenbremse aus. Aber auch die Fachwissenschaft ist gespalten. In einer Umfrage des Ifo-Instituts vom November/Dezember 2023 wollten 48 % der 187 befragten Volkswirtschafts-Professorinnen und Professoren die Schuldenbremse in ihrer jetzigen Form beibehalten, 44 % sprachen sich für eine Reform aus und 6 % plädierten dafür, sie ganz abzuschaffen (Pressemitteilung des Ifo-Instituts vom 8. Dezember 2023). Es gibt also unter den Ökonomie-Experten keine Mehrheit für die restriktive Schuldenbremse in ihrer heutigen Form. Wenn sich aber eine Mehrheit in der Fachwissenschaft und auch das arbeitgebernahe Institut der Deutschen Wirtschaft für eine andere oder gar keine Schuldenbremse aussprechen, spricht vieles dafür, dass die ablehnende Haltung von CDU/CSU und FDP politisch-strategische Motive hat.

Können investive Staatsausgaben nämlich über Schulden finanziert werden, hat eine Regierung einen größeren Handlungsspielraum bei der Verwendung der Mittel im regulären Haushalt. Unpopuläre Kürzungen, vor allem bei den Sozialleistungen oder den Subventionen, lassen sich dadurch weitgehend vermeiden. Müssen dringend erforderliche investive Staatsausgaben dagegen aus dem regulären Haushalt bestritten werden, engt das den Handlungsspielraum der Regierung ein. Der Zwang, Prioritäten zu setzen und im Sozialhaushalt oder bei den Subventionen zu kürzen, wächst. Letztlich geht es also weniger um die Staatsverschuldung, sondern mehr um die Frage: Wie generös soll der Sozialstaat sein? Die Schuldenbremse ist für diejenigen, die mehr Marktsteuerung und weniger Wohlfahrtsstaat wollen, ein willkommenes Instrument, Druck auszuüben, um eine Kürzung oder zumindest das Einfrieren der Sozialausgaben durchzusetzen.

Die Wissenschaft liefert – wie bereits gezeigt wurde – keine objektiven Erkenntnisse, wie hoch die Staatsverschuldung sein und wie weit der Wohlfahrtsstaat gehen darf. Es geht somit in der Finanzpolitik nicht um richtig oder falsch, sondern um politisch zu entscheidende Verteilungsfragen: Wie soll die Infrastruktur eines Landes aussehen, in welchem Umfang sollen die ärmeren Bevölkerungsschichten in der Gesellschaft unterstützt werden, und wer hat wieviel dafür zu bezahlen. Diese Entscheidungen müssen in der Demokratie eigentlich von der politischen Mehrheit im Parlament getroffen werden. Eine restriktive Schuldenbremse in der Verfassung festzuschreiben, wie es derzeit der Fall ist, untergräbt die Souveränität des Parlaments und schreibt eine bestimmte Finanzpolitik fest, unabhängig davon, welche politischen Mehrheiten bestehen.

2009 gab es in Bundestag und Bundesrat genau dafür eine Zweidrittelmehrheit. Die öffentlichen Nettoinvestitionen (bzw. früher

»werbende Zwecke«) wurden aus der Schuldenregel rausgenommen. Das lässt sich aus der damaligen Situation heraus erklären. Als Folge der Finanzmarktkrise war die Staatsverschuldung weit über das Maastricht-Kriterium gestiegen (▶ Kap. 5.3), und in der Bevölkerung war die Sorge um die Wertbeständigkeit ihrer Ersparnisse weit verbreitet. Um das Vertrauen in die Politik zu stärken, fanden sich auch die SPD und ihr damaliger Bundesfinanzminister Peer Steinbrück bereit, gemeinsam mit CDU/CSU die restriktive Schuldenbremse ins Grundgesetz aufzunehmen. Inzwischen hält Peer Steinbrück die von ihm mitverantwortete Schuldenbremse für nicht mehr zeitgemäß (Spiegel, 22.11.2023).

Eine Zweidrittelmehrheit, die öffentlichen Nettoinvestitionen wieder als reguläre Grenze für die jährliche Neuverschuldung in Art. 115 GG aufzunehmen, gibt es derzeit (März 2024) nicht. CDU/CSU lehnen das ab, und auch die FDP als Teil der Ampel-Regierung ist zurückhaltend. Die Diskussion der Ökonomen erstreckt sich deshalb auf die Möglichkeiten, wie die derzeitige Schuldenregel reformiert werden könnte, ohne erneut auf die öffentlichen Nettoinvestitionen abzustellen.

Infobox 5.1: Fachbegriffe zur Schuldenbremse

Budgetsemielastizität zeigt an, wie sich Veränderungen des Bruttoinlandsproduktes (BIP) auf den Bundeshaushalt auswirken. Zusammen mit der Produktionslücke dient sie der Berechnung der Konjunkturkomponente unter der Schuldenbremse. Damit beeinflusst sie, wie viel mehr Verschuldung aufgrund der wirtschaftlichen Entwicklung gestattet ist.
Beispiel: Wenn das BIP um eine Mrd. Euro sinkt und die Budgetsemielastizität 0,203 beträgt, errechnet sich ein konjunkturelles Defizit von 203 Mio. Euro.

Finanzielle Transaktionen: Einnahmen oder Ausgaben des Bundes, die sein Nettovermögen nicht beeinflussen. Eine Ausgabe ist dann als finanzielle Transaktion einzustufen, wenn mit ihr gleichzeitig ein neuer Vermögenswert oder eine Forderung in gleicher Höhe

entsteht.
Beispiel: Der Staat erwirbt Anteile an einem Unternehmen oder vergibt einen Kredit. Umgekehrt sind die Einnahmen aus dem Verkauf von Unternehmensanteilen eine finanzielle Transaktion. Finanzielle Transaktionen sind von der Schuldenbremse ausgenommen. Konkret bedeutet das: Unmittelbare Ausgaben des Bundes für den Bau einer Autobahn werden auf das Defizit angerechnet. Kauft er dagegen ein Unternehmen, das Autobahnen baut, wird das nicht auf das Defizit angerechnet.

Nettoneuverschuldung: Aufnahme neuer Schulden in einem Jahr abzüglich Tilgung alter Schulden in einem Jahr.

Output-Lücke oder *Produktionslücke:* Differenz zwischen dem Produktionspotenzial und der tatsächlichen Wirtschaftsleistung (BIP).

Produktionspotenzial: Produktionsniveau einer Volkswirtschaft, das bei »normaler« Auslastung der Kapazitäten sowie dem aktuell gegebenen technischen Entwicklungsstand und den strukturellen Rahmenbedingungen erreicht werden kann. Anders als die tatsächliche Wirtschaftsleistung – das Bruttoinlandsprodukt (BIP) – ist das Produktionspotenzial nicht beobachtbar, sondern muss geschätzt werden. In die Schätzung fließen ein: das Bruttoanlagevermögen (= Kapitalstock), die leistbaren Arbeitsstunden pro Kopf (= Arbeitsvolumen) und die sogenannte totale Faktorproduktivität (BIP pro Arbeitsstunde und Kapitalstockeinheit).

Strukturelles Defizit: Der Teil des Gesamtdefizits der öffentlichen Haushalte, der dauerhaft besteht, sich also nicht im Laufe eines Konjunkturzyklus automatisch abbaut oder durch gesetzlich befristete Maßnahmen begründet ist. Das strukturelle Defizit entspricht somit jenem Teil des Gesamtdefizits, der bei Normalauslastung des Produktionspotenzials besteht. *Konjunkturbereinigung:* Verfahren zur Ermittlung des strukturellen Defizits. Dazu wird in einem ersten Schritt die Produktionslücke als zyklische Abweichung des BIP von seinem langfristigen Trend geschätzt (= zyklisch bedingte Abweichung). In einem zweiten Schritt wird mit Hilfe der

Budgetsensitivität (s. o.) geschätzt, wie hoch das durch die Produktionslücke bzw. durch die Unterauslastung entstandene Defizit der öffentlichen Haushalte ist.

Der Sachverständigenrat zur Begutachtung der gesamtwirtschaftlichen Entwicklung hat in seinem Policy-Brief 1/2024 dazu folgenden Vorschlag unterbreitet:

- Einführung einer Übergangsphase nach Notlagen. Diese sollte festlegen, dass die Neuverschuldung nicht sofort nach einer Notlage, sondern schrittweise reduziert werden muss, bis die Regelgrenze wieder erreicht ist.
- Erhöhung der Defizitgrenzen bei niedrigen Schuldenstandsquoten. Bei einer Schuldenstandsquote unter 60 % des BIP sollte die Grenze für das strukturelle Defizit bei einem Prozent des BIP liegen. Zwischen 60 % und 90 % sollte ein Defizit von 0,5 % des BIP zulässig sein. Ab 90 % Staatsverschuldung sollten nur noch die bisherigen 0,35 % für das strukturelle Defizit erlaubt sein.
- Anwendung einer neuen Methode zur Konjunkturbereinigung und damit eine andere Berechnung des strukturellen Defizits.

Der letzte Punkt (Methode zur Konjunkturbereinigung) bedarf einer näheren Erläuterung. Das *strukturelle Defizit* ist der Kern der Schuldenbremse. Während ein konjunkturell bedingtes Defizit, also das Zurückbleiben der Steuereinnahmen bei gleichzeitig notwendiger Erhöhung der Staatsausgaben, in einer wirtschaftlichen Schwächephase als tolerabel gilt, soll ein darüberhinausgehendes Defizit begrenzt werden. Das zentrale Problem ist, zu bestimmen, welcher Teil des Defizits ist konjunkturell bedingt, und welcher ist struktureller Art?

Infobox 5.2: Bundesverfassungsgericht zur Schuldenbremse

Aufgrund der Corona-Pandemie und später des russischen Angriffskriegs auf die Ukraine hatte der Bundestag 2020 und 2022 eine außergewöhnliche Notlage festgestellt. Damit konnte die Schuldenbremse rechtmäßig ausgesetzt werden. Es wurden Sondervermögen eingerichtet, die Kredite über die Schuldenbremse hinaus aufnehmen durften.

Die eingeräumten Kreditermächtigungen wurden jedoch nur zum Teil ausgeschöpft. Der Bundestag beschloss daraufhin im Februar 2022 mit der Mehrheit der Regierungsparteien SPD, Bündnis 90/Die Grünen und FPD einen Nachtragshaushalt, in dem die Kreditermächtigungen in Höhe von 60 Mrd. Euro rückwirkend für das bereits abgeschlossene Haushaltsjahr 2021 an den Energie- und Klimafonds (später umbenannt in Klima- und Transformationsfonds) übertragen wurden. Diese nachträgliche Umnutzung von Kreditermächtigungen für andere zukünftige Zwecke hat das Bundesverfassungsgericht in seinem Urteil vom 15. November 2023 (2 BvF 1/22) für verfassungswidrig und den Nachtragshaushalt 2021 für nichtig erklärt.

Die EU-Mitgliedstaaten haben sich 2002 auf ein gemeinsames Schätzverfahren (»Commonly Agreed Method«, CAM) geeinigt, wie das konjunkturelle und das strukturelle Defizit berechnet werden. Im Mittelpunkt steht die Schätzung des Produktionspotenzials und der Output-Lücke. Diese Schätzung ist mit großen Unsicherheiten behaftet, wie der Internationale Währungsfonds festgestellt hat. In Krisenjahren beliefen sich die Schätzungsfehler im Durchschnitt auf 1,5 % des BIP, in Nicht-Krisenjahren immerhin noch auf ein Prozent (IMF-Working Paper 14/107, S. 3). Das bedeutet: Bei einem Bruttoinlandsprodukt Deutschlands von rund 4.000 Mrd. Euro im Jahr 2023 machen 1,5 % Schätzfehler beim BIP 60 Mrd. Euro aus. Setzt man die Output-Lücke um 60 Mrd. Euro höher an, ergäbe sich eine um 12 Mrd. Euro höhere zulässige Nettokreditaufnahme. Die Budgetsensitivität wird für 2023/24 mit 0,203 angegeben. Output-Lücke 60 Mrd. Euro, multipliziert mit 0,203 ergibt 12,2 Mrd. Euro. Ein besseres Schätzverfahren brächte somit innerhalb der bestehenden Schuldenbremse einen größeren Verschuldungsspielraum.

Auch die Deutsche Bundesbank (Monatsbericht 4/2022) hat sich für ein anderes Konjunkturbereinigungsverfahren ausgesprochen. Der Wissenschaftliche Beirat beim Bundesministerium für Wirtschaft und Klimaschutz ging in einem im Oktober 2023 vorgelegten Gutachten sogar darüber hinaus und empfahl eine »Goldene Regel Plus«: Die Finanzierung öffentlicher Nettoinvestitionen über Schulden soll danach wieder zulässig sein. Um sicherzustellen, dass die Politik diese Regel nicht missbraucht, soll ein unabhängiges Expertengremium den investiven Charakter der schuldenfinanzierten Ausgaben prüfen.

Weitere, über die Vorschläge des Sachverständigenrats hinausgehende Lösungen wurden von SPD-Ökonomen in die Diskussion gebracht (Horn/Kollatz, Was tun nach Karlsruhe?, Blog Politische Ökonomie, 16.01.2024):

- Errichtung eines Deutschlandfonds, der von den Unternehmen, an denen er sich beteiligt, Dividenden erhält. Das Eigenkapital, das aus dem Bundeshaushalt aufgebracht werden müsste, wäre ebenso wie spätere, evtl. erforderliche Erhöhungen eine Finanztransaktion und würde die Schuldenbremse nicht berühren (▶ Infobox 5.1: Fachbegriffe zur Schuldenbremse). Er würde sich wie jeder andere Investmentfonds über den Kapitalmarkt refinanzieren, die Tilgung müsste nicht aus Steuermitteln erfolgen. Damit entfiele auch das Argument, spätere Generationen würden durch die Staatsverschuldung belastet.
- Bildung eines großen staatlichen Darlehensfonds zur Klimatransformation. Anders als ein herkömmlicher Investmentfonds, der Beteiligungswerte an Unternehmen erwirbt, soll der Darlehensfonds zinslose oder zinsverbilligte Kredite an private Haushalte und Unternehmen vergeben, damit deren Klimaschutzinvestitionen fördern und sich ebenfalls über den Kapitalmarkt refinanzieren. Die Darlehen müssen nicht, wie bei der Staatsverschuldung, von den Steuerzahlern zurückgezahlt werden, sondern von den Investoren. Insofern wäre diese Lösung »Schuldenbremsen-neutral«.

Im Koalitionsvertrag 2021–2025 der Ampel-Regierung wurde vereinbart, das bisherige Verfahren zur Berechnung des strukturellen Defizits (Konjunkturbereinigungsverfahren) zu überprüfen und bei Bedarf anzupassen. Da hierfür keine Grundgesetzänderung erforderlich ist, könnte der Verschuldungsspielraum auf diesem Weg mit der Mehrheit der Ampelparteien erweitert werden. Ob sich im nächsten Bundestag eine Zweidrittel-Mehrheit findet, die die Schuldenbremse reformiert, ist offen.

Staatsverschuldung – das haben die Ausführungen dieses Kapitel gezeigt – ist nicht allein unter Ökonomen ein strittiges Thema. Es reicht vielmehr weit in grundsätzliche Fragen des Staats- und Demokratieverständnisses hinein. Da die Wissenschaft keine eindeutigen Antworten auf die Fragen liefert, wie hoch die Staatsverschuldung sein darf und welche Ausgaben der Staat über Kredite finanzieren darf, wird die politische Debatte stark von zwei gegensätzlichen Ideologien geprägt:

- Wer möchte, dass der Staat sich auf seine Kernaufgaben beschränkt und die Staatsquote niedrig halten will, sieht in der Staatsverschuldung ein Mittel, die staatlichen Aktivitäten auszuweiten und den Sozialstaat auszubauen. Er wird, um dem entgegenzuwirken, für eine restriktive Schuldenbremse eintreten.
- Wer einen die Wirtschaft stark lenkenden Staat und einen generösen Wohlfahrtsstaat will, wird eine Schuldenbremse befürworten, die der Regierung einen größeren Handlungsspielraum lässt und ihr ermöglicht, die Staatsquote nicht nur über Steuererhöhungen, sondern auch auf dem Weg der Verschuldung zu erhöhen.

Letztlich geht es also um die Rolle, die der Staat in der Wirtschaft spielen soll, aber auch darum, wie weit einer demokratisch legitimierten Regierung vertraut werden kann. Die Väter und Mütter des Grundgesetzes haben seinerzeit ausdrücklich offengelassen, welche Wirtschaftsordnung in der Bundesrepublik Deutschland gelten soll. Vielmehr sollte die jeweilige politische Mehrheit darüber entscheiden, welche wirtschaftspolitischen Maßnahmen sie ergreifen will.

Dementsprechend wäre es konsequent, jeder Regierung, die sich auf eine Mehrheit im Parlament stützt, auch in der Finanzpolitik einen Handlungsspielraum einzuräumen und es ihr zu überlassen, wieviel der Staat ausgibt und wie er seine Ausgaben finanziert. Im abschließenden Kapitel betrachten wir, wie finanzpolitische Entscheidungen im föderalen Regierungssystem der Bundesrepublik Deutschland zustande kommen.

6 Finanzpolitik im föderalen System und internationaler Steuerwettbewerb

Die Bundesrepublik Deutschland ist ein Bundesstaat, der in 16 Bundesländer gegliedert ist. Dieser föderale Staatsaufbau macht viele finanzpolitische Entscheidungen in Deutschland ausgesprochen kompliziert. Um den finanzpolitischen Entscheidungsprozess und seine Folgen für das Steuersystem beschreiben zu können, ist zunächst zu erläutern, wie der föderale Finanzausgleich zwischen Bund und Ländern organisiert ist (▶ Kap. 6.1) und wie er die zweite Kammer, den Bundesrat, in die Position eines Vetospielers bringt (▶ Kap. 6.2). Anschließend werden die Folgen lagerübergreifender Regierungskoalitionen für finanzpolitische Entscheidungen erörtert. Die Wirkung des internationalen Steuerwettbewerbs auf die Finanzpolitik bildet den Abschluss dieses Kapitels.

6.1 Der föderale Finanzausgleich

Abschnitt X des Grundgesetzes regelt, bei welchen Steuern der Bund oder die Länder für die Gesetzgebung zuständig sind, wer die Einnahmen aus bestimmten Steuern erhält und wie die Aufgaben bei der Finanzverwaltung zwischen Bund und Ländern aufgeteilt sind. Bei den Steuern ist zu unterscheiden zwischen Bundes-, Landes- oder Gemeindesteuern, die jeweils nur der betreffenden Gebietskörperschaft zustehen, sowie Steuern, deren Aufkommen auf den Bund, die Länder und ggf. auch auf die Gemeinden aufgeteilt werden. Im ersten

Fall spricht man von einem Trennsystem, im zweiten von einem Verbundsystem oder auch Gemeinschaftssteuern. Tabelle 6.1 führt alle Steuern im Trennsystem auf und gibt Auskunft, welche Steuereinnahmen allein dem Bund, den Ländern oder den Gemeinden zustehen.

Tab. 6.1: Bundes-, Länder- und Gemeindesteuern (Quelle: Bundesministerium für Finanzen (Hrsg.), Bund-Länder-Finanzbeziehungen, Berlin 2023, 18)

Bundessteuern	Ländersteuern	Gemeindesteuern
Energiesteuer	Vermögensteuer	Gewerbesteuer
Stromsteuer	Erbschaftsteuer	Grundsteuer A
Tabaksteuer	Grunderwerbsteuer	Grundsteuer B
Alkoholsteuer	Kraftfahrzeugsteuer	Sonstige Gemeindesteuern
Schaumweinsteuer	Rennwettsteuer	(z. B. Hundesteuer)
Zwischenerzeugnissteuer	Lotteriesteuer	
Alkopopsteuer	Feuerschutzsteuer	
Kaffeesteuer	Biersteuer	
Versicherungsteuer		
Kraftfahrzeugsteuer		
Luftverkehrsteuer		
Kernbrennstoffsteuer		
Ergänzungsabgabe/ Solidaritätszuschlag		
Pauschalierte Einfuhrabgabe		
Sonstige Bundessteuern		

Von 1950 bis 1969 waren nur die Einkommen- und Körperschaftsteuer Gemeinschaftssteuern, d. h. nur deren Aufkommen wurde zwischen Bund und Ländern nach einem Schlüssel aufgeteilt. Seit 1970 ist auch die Umsatzsteuer eine Gemeinschaftsteuer. Damit fließen die beiden Steuern, mit denen das größte Aufkommen erzielt wird, Bund und Ländern zu. Die hälftige Aufteilung der Einkommen- und Körperschaftsteuer zwischen Bund und Ländern ist in Art. 106 (3) GG geregelt. Sie hat somit Verfassungsrang und kann nur durch eine Zweidrittelmehrheit in Bundestag und Bundesrat geändert werden. Die Anteile von Bund und Ländern an der Umsatzsteuer werden hingegen durch Bundesgesetz festgesetzt, das der Zustimmung des Bundesrates bedarf. Somit genügt dafür die einfache Mehrheit in beiden Kammern. In der Vergangenheit wurde die Aufteilung fast jedes Jahr geändert. Wie die Gemeinschaftssteuern im Jahr 2023 aufgeteilt wurden, geht aus der Tabelle 6.2 hervor.

Tab. 6.2: Die Aufteilung der Gemeinschaftssteuern 2023 in Prozent (Quelle: Bundesministerium für Finanzen (Hrsg.), Bund-Länder-Finanzbeziehungen, Berlin 2023, 14)

Steuer	Bund	Länder	Gemeinden
Einkommensteuer (einschl. Lohnsteuer)	42,5	42,5	15,0
Abgeltungssteuer auf Zins- und Veräußerungserträge	44,0	44,0	12,0
Körperschaftsteuer	50,0	50,0	-
Umsatzsteuer (einschl. Einfuhrumsatzsteuer)	47,5	49,7	2,8

Die Aufteilung der Gemeinschaftssteuern auf Bund und Länder wird vertikaler Finanzausgleich genannt. Damit ist die Aufteilung der Steuereinnahmen aber noch nicht vollständig beschrieben. Hinzu kommt noch ein horizontaler Finanzausgleich zwischen den einzelnen Bundesländern. Hierbei geben die finanzstarken Bundesländer etwas von dem ihnen eigentlich nach ihrer Einwohnerzahl zustehenden Umsatzsteueraufkommens an die finanzschwachen Bundesländer ab. Geberländer, die an andere Bundesländer etwas von ihren

Steuereinnahmen abgeben mussten, waren 2023 Bayern, Baden-Württemberg, Hessen, Hamburg und Rheinland-Pfalz. Am meisten musste Bayern mit 9,1 Mrd. Euro in den Länderfinanzausgleich abführen. Alle anderen waren Nehmerländer, wobei Berlin mit 3,8 Mrd. Euro am meisten erhielt. Weitere 10 Mrd. Euro wurden über sogenannte Bundesergänzungszuweisungen (BEZ) den ärmeren Bundesländern zur Verfügung gestellt, außerdem Sonderbedarfs-BEZ zum Ausgleich bestimmter Sonderlasten (z. B. Berlin als Regierungssitz) von zusätzlich 0,7 Mrd. Euro (BMF-Monatsbericht, März 2023, S. 16).

Welches Bundesland wieviel abgeben muss und welches Bundesland wieviel bekommt, wird in einem komplizierten Rechenverfahren ermittelt. Die dabei verwendeten Formeln und Messzahlen zu erklären, würde hier zu weit führen. Da es hierbei darum geht, wieviel finanzielle Mittel der Bundesregierung und den Landesregierungen zur Verfügung stehen, ist die Aufteilung der Steuereinnahmen stets Gegenstand heftiger Kontroversen.

6.2 Mischfinanzierungen

Nicht nur bei den Steuern, auch bei einigen Ausgaben sind Bund und Länder miteinander verflochten. Zwar gilt der Grundsatz, dass jede staatliche Ebene ihre Aufgaben selbst zu finanzieren hat. Doch es gibt auch Ausnahmen.

Gemeinschaftsaufgaben

Für bestimmte Aufgaben, die für die Entwicklung des Gesamtstaates von erheblicher Bedeutung sind, beteiligt sich der Bund an der Wahrnehmung und Finanzierung, wenn dies zur Verbesserung der Lebensverhältnisse erforderlich ist (Art. 91a GG). Zu diesen Gemeinschaftsaufgaben gehören

- die Verbesserung der regionalen Wirtschaftsstruktur (GRW);
- die Verbesserung der Agrarstruktur und des Küstenschutzes (GAK).

Im ersten Fall trägt der Bund die Hälfte, im zweiten mindestens die Hälfte der Ausgaben. Die GRW-Förderung konzentriert sich auf strukturschwache Regionen und verfolgt drei Ziele:

- Ausgleich von Standortnachteilen,
- Sicherung und Schaffung von Arbeitsplätzen, Erhöhung von Wachstum und Wohlstand,
- Beschleunigung der Transformationsprozesse hin zu einer klimaneutralen und nachhaltigen Wirtschaft.

Die GAK will

- die Leistungsfähigkeit der Land- und Forstwirtschaft gewährleisten, sie auf künftige Anforderungen ausrichten und eine umwelt- und ressourcenschonende Wirtschaftsweise sicherstellen,
- die Wettbewerbsfähigkeit der Land- und Forstwirtschaft im gemeinsamen Markt der EU sichern
- den Küstenschutz verbessern,
- den Hochwasserschutz im Binnenland verbessern.

Während bei den vorgenannten Gemeinschaftsaufgaben die Zusammenarbeit von Bund und Ländern und die gemeinsame Finanzierung zwingend ist, können sie bei der Förderung von Wissenschaft, Forschung und Lehre und zum internationalen Vergleich des Bildungswesens eine Zusammenarbeit vereinbaren und über eine gemeinsame Finanzierung verhandeln. Auch im Bereich der informationstechnischen Systeme können Bund und Länder eine Zusammenarbeit vereinbaren.

Finanzhilfen für öffentliche Investitionen

Für Investitionen der Länder und Gemeinden bzw. der Gemeindeverbände, die gesamtstaatlich besonders bedeutsam sind, gewährt der Bund Finanzhilfen

- zur Abwehr einer Störung des gesamtwirtschaftlichen Gleichgewichts,
- zum Ausgleich unterschiedlicher Wirtschaftskraft im Bundesgebiet,
- zur Förderung des wirtschaftlichen Wachstums,
- zur Förderung der Bildungsinfrastruktur.

Geldleistungen

Bei Bundesgesetzen, die privaten Haushalten aus sozialen Gründen Geldleistungen gewähren und von den Ländern ausgeführt werden (Geldleistungsgesetze nach Art. 104a, Abs. 3, Satz 1 GG), kann der Bund die Kosten ganz oder teilweise übernehmen. Beispiele hierfür sind

- das Bundesausbildungsfördergesetz (100 % Bund),
- das Wohngeldgesetz (Bund und Länder je 50 %),
- das Gesetz zum Elterngeld und zur Elternteilzeit (100 % Bund),
- das Unterhaltsvorschussgesetz (40 % Bund, 60 % Länder).

In Tabelle 6.3 sind die Bund-Länder-Mischfinanzierungen des Jahres 2023 aufgelistet. Es ergibt sich ein Betrag von fast 56 Mrd. Euro, der den Ländern zur Verfügung gestellt wird, damit sie Aufgaben erfüllen können, die für die Entwicklung des Gesamtstaates von erheblicher Bedeutung sind.

Die Schilderung der wesentlichen Elemente des föderalen Finanzausgleichs in der Bundesrepublik Deutschland hat deutlich gemacht, wie eng Bund, Länder und Gemeinden sowohl auf der Einnahmen- als auch auf der Ausgabenseite finanziell miteinander verflochten sind. Das macht finanzpolitische Entscheidungen der Bundesregierung ausgesprochen schwierig, weil sie nicht allein handeln kann, sondern auf die Zusammenarbeit mit dem Bundesrat angewiesen ist. Das nächste Unterkapitel beschreibt die Rolle des Bundesrates in der Finanzpolitik.

Tab. 6.3: Bund-Länder-Mischfinanzierungen 2023 – Soll (Quelle: Bundesministerium für Finanzen (Hrsg.), Bund-Länder-Finanzbeziehungen, Berlin 2023, 13)

Aufgabe	**Mrd. Euro**
Gemeinschaftsaufgaben (Art. 91 a GG)	1,8
davon:	
Regionale Wirtschaftsstruktur	0,7
Agrarstruktur und Küstenschutz	1,1
Zusammenwirken bei Forschungsförderung (Art. 91 b Abs. 1 GG)	12,1
davon:	
Großforschungseinrichtungen	3,7
Andere Forschungseinrichtungen	0,9
Sonstige Forschungsförderung	7,5
Bildungswesen (Art. 91 b, Abs. 2 GG)	0,0
Geldleistungsgesetze (Art. 104a Abs. 2 GG)	37,3
davon:	
BAföG	2,7
Wohngeld	2,9
Elterngeld	8,3
Unterhaltsvorschuss	1,2

Tab. 6.3: Bund-Länder-Mischfinanzierungen 2023 – Soll (Quelle: Bundesministerium für Finanzen (Hrsg.), Bund-Länder-Finanzbeziehungen, Berlin 2023, 13) – Fortsetzung

Aufgabe	**Mrd. Euro**
Leistungen für Unterkunft und Heizung (Bundesbeteiligung)	10,4
Grundsicherung im Alter und bei Erwerbsminderung (Bundesbeteiligung)	9,1
Sonstiges	2,7
Finanzhilfen (Art. 104b, 104c und 104d GG)	4,6
davon:	
Sozialer Wohnungsbau	1,3
Städtebauförderung	0,9
Schieneninfrastruktur des öffentlichen Personennahverkehrs	0,6
Sonstige Finanzhilfen	1,8
Insgesamt	**55,8**

6.3 Vetospieler Bundesrat

Alle Gesetze, die die Finanzen der Länder berühren, brauchen die Zustimmung des Bundesrates. Diese Zustimmungspflicht des Bundesrates erschwert jeder Koalition das Regieren, wenn im Bundesrat eine andere politische Mehrheit herrscht als im Bundestag. Zwar geht es bei der Beschlussfassung im Bundesrat primär um Länderinteressen. Dennoch zeigt die Geschichte der Finanzpolitik in der Nachkriegszeit, wie sehr das Abstimmungsverhalten im Bundesrat stets auch von parteipolitischen Erwägungen geprägt wird.

In den 1950er und 1960er Jahren herrschten in Bundestag und Bundesrat gleichgerichtete politische Mehrheiten. Im Bund regierte bis 1966 die konservativ-liberale Koalition, und Widerstände im Bundesrat gegen die Finanzpolitik gab es kaum. Dies änderte sich in den 1970er Jahren, als im Bund die sozialliberale Regierung an der Macht war. Als sie in der siebten Legislaturperiode (1972 bis 1976) eine Steuerreform durchsetzen wollte, bei der der Einkommensteuerspitzensatz von 53 % auf 60 %, der Körperschaftsteuersatz von 51 auf 56 % und der Vermögensteuersatz von 0,75 % auf ein Prozent bei gleichzeitiger Streichung der Abzugsmöglichkeit von der Einkommensteuer erhöht werden sollten, stellte sich der CDU-dominierte Bundesrat quer. Zweimal musste der Vermittlungsausschuss angerufen werden.

Am Ende eines langwierigen Verhandlungsprozesses wurde der Spitzensteuersatz bei der Einkommensteuer statt auf 60 % nur auf 56 % erhöht, gleichzeitig aber die 1968 eingeführte Ergänzungsabgabe für höhere Einkommen abgeschafft. Auch bei der Körperschaftsteuer konnte die Regierung ihr ursprüngliches Vorhaben nicht verwirklichen. Zwar wurde für einbehaltene Gewinne der Steuersatz auf 56 % angehoben, aber diese zugleich dem Anteilseigner auf die Einkommensteuer angerechnet. Dadurch standen Mehreinnahmen bei der Körperschaftsteuer Mindereinnahmen bei der Einkommensteuer gegenüber, so dass die von der Regierung beabsichtigte höhere Besteuerung der Spitzenverdiener nicht eintrat. Ein stärker progressiv wirkendes Steuersystem konnte nicht durchgesetzt werden.

Die nachfolgende CDU/CSU-FDP-Koalition unter Helmut Kohl (CDU) hatte in den Amtsperioden bis 1990 keine politisch gegenläufige Mehrheit im Bundesrat. So konnte sie eine Steuerreform durchsetzen, die vollkommen ihren Vorstellungen entsprach. Der Spitzensteuersatz bei der Einkommensteuer wurde wieder auf 53 % und der Körperschaftsteuersatz von 56 % auf 50 % gesenkt. Gleichzeitig wurde das Kindergeld durch höhere Kinderfreibeträge ersetzt, was ebenfalls die mittleren und höheren Einkommensbezieher begünstigte.

Im April 1991 verlor die Kohl-Regierung ihre Mehrheit im Bundesrat. 1994 büßte die CDU in drei von acht Landtagswahlen ihre Mehrheit ein. Damit erlangte die SPD über den Bundesrat eine Vetomehrheit. Ohne sie lief in der Steuerpolitik nichts mehr. So wie Kurt-Georg Kiesinger (CDU) nach Bildung der sozial-liberalen Koalition angekündigt hatte, die CDU-Mehrheit im Bundesrat gegen die Regierung nutzen zu wollen, so blockierte jetzt die SPD mit ihrer Mehrheit im Bundesrat und im Vermittlungsausschuss die Steuerpolitik der CDU/CSU-FDP-Koalition.

Nach dem Regierungswechsel von 1998 hatte die rot-grüne Koalition aus SPD und Bündnis 90/Die Grünen nur drei Monate lang eine kongruente Mehrheit im Bundesrat. Sie wollte nur maßvolle Steuersenkungen und beispielsweise den Spitzensteuersatz bei der Einkommensteuer aus verteilungspolitischen Gründen nur von 53 % auf 49 % senken. Doch nach monatelangem Ringen mit dem Bundesrat kam es zu einer Steuersenkung auf breiter Front. Der Eingangssteuersatz bei der Einkommensteuer wurde in mehreren Schritten von 22,9 % auf 15 % gesenkt, der Spitzensteuersatz von 53 % auf 42 %, der Körperschaftsteuersatz auf 25 % herabgesetzt. Ursprünglich hatte die Regierung nur eine Steuerentlastung von 7 Mrd. Euro geplant. Doch durch den Druck des Bundesrates wurden daraus schließlich fast 63 Mrd. Euro. Die Verteilungswirkung dieser Steuerreform beschrieb der Berliner Finanzwissenschaftler Giacomo Corneo wie folgt:

> »Die Verteilung der Haushaltsnettoeinkommen, die sich jahrzehntelang kaum verändert hatte, ging in den sechs Jahren von 1999 bis 2005 stark auseinander.« (Perspektiven der Wirtschaftspolitik, 2/2015, S. 119)

6.4 Lagerübergreifende Regierungskoalitionen

Mit Ausnahme der ersten großen Koalition von 1966 bis 1969 gab es in der alten Bundesrepublik und auch im wiedervereinigten Deutschland Koalitionen aus Parteien, die demselben politischen Lager angehörten. Das gilt auch für 1970er Jahre, als SPD und FDP eine Koalition bildeten. Denn zu dieser Zeit dominierte in der FDP der sozial-liberale Flügel. Erst zu Beginn der 1980er Jahre gewann der wirtschaftsliberale Flügel in der FDP wieder die Oberhand. Diese Phase ging mit der Bundestagswahl 2005 zu Ende.

Seitdem regieren – mit Ausnahme der kurzen Unterbrechung von 2009 bis 2013, als CDU/CSU und FDP bei der Bundestagswahl 2009 noch einmal eine Mehrheit errungen hatten – keine Lagerkoalitionen mehr, sondern lagerübergreifende Koalitionen. Sowohl die drei Koalitionen aus CDU/CSU und SPD unter Angela Merkel (CDU) als auch die Ampelkoalition aus SPD, Bündnis 90/Die Grünen und FDP unter Olaf Scholz (SPD) setzen sich aus Parteien zusammen, die unterschiedlichen politischen Lagern zugerechnet werden. Infolgedessen ist es noch schwieriger geworden, in der Finanzpolitik zu Entscheidungen zu kommen, die von allen mitgetragen werden.

Nur der ersten Regierung Merkel gelang es, das Steuersystem noch einmal zu verändern. Dazu zwang die schlechte Finanzlage der öffentlichen Haushalte, die sich aufgrund der massiven Steuersenkungen unter Rot-Grün und der hohen Arbeitslosigkeit eingestellt hatte. Der Mehrwertsteuersatz wurde ab 2007 von 16 % auf 19 % erhöht, im Gegenzug eine sogenannte Reichensteuer von zusätzlich drei Prozent für Einkommen ab 250.000/500.000 Euro (Ledige/Verheiratete) Jahreseinkommen eingeführt. Beide Regierungsparteien rückten damit von ihren im Wahlkampf vertretenen Positionen ab. CDU/CSU wollten eigentlich den Spitzensteuersatz bei der Einkommensteuer von 42 auf 39 % senken, die SPD wollte keine Mehrwertsteuererhöhung. Nur weil alle Koalitionsparteien nicht mehr an ihren

Wahlaussagen festhielten, konnte dieser Kompromiss erzielt werden. Außerdem wurde der Körperschaftsteuersatz von 25 auf 15 % reduziert.

Alle nachfolgenden Regierungen haben am Steuersystem nichts Grundlegendes mehr geändert. Lediglich der Solidaritätszuschlag wurde ab 2021 für die unteren 90 % der Einkommensbezieher abgeschafft. In der Steuerpolitik herrscht offensichtlich eine wechselseitige Blockade. Die Parteien des linken politischen Spektrums möchten Steuererhöhungen für die Bezieher höherer Einkommen und eine Lockerung der Schuldenbremse, die liberal-konservativen Parteien allgemeine Steuersenkungen und eine restriktive Schuldenbremse. Der kleinste gemeinsame Nenner dieser konträren Positionen ist Stillstand.

6.5 Der internationale Steuerwettbewerb

In einer Weltwirtschaft mit freiem Waren-, Dienstleistungs- und Kapitalverkehr haben große Unternehmen mit Produktionsstätten und Verwaltungen in mehreren Ländern erhebliche Handlungsspielräume. Sie können:

- Gewinne von Hoch- in Niedrigsteuerländer verlagern und dadurch hohen Unternehmenssteuern in einem Land ausweichen. Das geschieht über interne Verrechnungspreise. Zahlreiche Einzelteile, die für die Herstellung eines Produkts nötig sind, werden von Tochter- und/oder Mutterunternehmen bezogen. Dafür werden intern Verrechnungspreise angesetzt, die die Gewinne derjenigen Unternehmen schmälern, die in einem Hochsteuerland sitzen. Dadurch können deren Steuern gedrückt und Gewinne in Niedrigsteuerländer verlagert werden.
- Neue Produktionsstätten in Ländern mit niedrigen Steuersätzen errichten. Eine derartige Entscheidung steht vor allem dann an,

wenn ein Unternehmen seine Produktionskapazitäten erweitern will.

Auch wenn die nominalen Körperschaftssteuersätze nichts über die effektive Steuerbelastung aussagen, so sind sie für international agierende Unternehmen doch ein grober Orientierungspunkt für ihre Entscheidungen, ob und wohin sie ihre Gewinne verlagern, und in welchem Land sie neue Produktionsstätten und Verwaltungen errichten. Wie Schaubild 6.1 zeigt, lag Anfang der 1980er Jahre der durchschnittliche nominale Körperschaftsteuersatz in den OECD-Ländern noch bei 48 %. Dann begann die Reagan-Administration in den USA und die konservative britische Regierung unter Margret Thatcher die Steuersätze radikal zu senken, um ihre Wirtschaften anzukurbeln. Den übrigen Ländern blieb nichts anderes übrig, als nach und nach diesem Beispiel zu folgen und ihre Steuersätze ebenfalls zu reduzieren. So kam es seit den 1980er Jahren, als die Liberalisierung der Kapitalmärkte sowohl Direkt- als auch Finanzinvestitionen erleichterte, zu einem internationalen Steuersatzsenkungswettbewerb. Länder und Regierungen wetteiferten um die niedrigsten Steuersätze. Zu Beginn der 2000er Jahre betrug der durchschnittliche nominale Körperschaftsteuersatz der OECD-Staaten nur noch 33 %, 2018 lag er nur noch bei 23 %.

Eine Senkung des Körperschaftssteuersatzes hat auch Rückwirkungen auf die Einkommensteuer. Denn sobald die Körperschaftsteuer für die Großunternehmen gesenkt wird, verlangen die kleinen und mittleren Unternehmen aus Gründen der Gleichbehandlung eine entsprechende Entlastung bei der Einkommensteuer, mit der sie ihre Gewinne versteuern müssen. Besonders die Kohl-Regierungen in den 1990er Jahren und auch die nachfolgende rot-grüne Bundesregierung zu Beginn der 2000er Jahre sahen sich diesem Druck ausgesetzt. Im folgenden Jahrzehnt gab es keine Spielräume mehr für weitere Steuersenkungen, weil die Konsolidierung der öffentlichen Haushalte in den Vordergrund rückte. In den letzten Jahren haben die Forderungen nach Steuererleichterungen für die Wirtschaft wieder zugenommen.

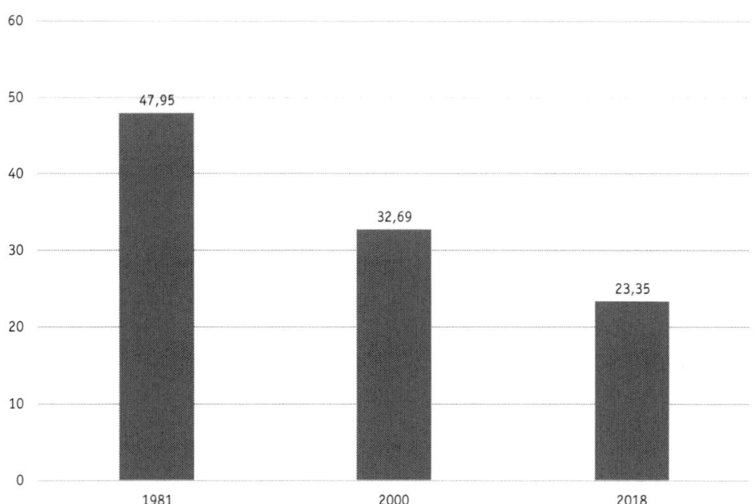

Abb. 6.1: Nominale Körperschaftsteuersätze Ungewichteter Durchschnitt der OECD-Staaten in Prozent (Fuest/Gründler/Nübling/Potrafke/Schlepper 2024, 47).

Die föderale Struktur der Bundesrepublik und das inzwischen aufgefächerte Parteiensystem machen finanzpolitische Entscheidungen kompliziert und langwierig. Es herrscht de facto eine All-Parteien-Regierung, die häufig zu Blockaden in der Steuerpolitik führt. Wenn das linke politische Lager Steuern erhöhen und mehr umverteilen will, das liberal-konservative Lager dagegen steuerliche Entlastungen auf breiter Front und weniger Umverteilung möchte, besteht der kleinste gemeinsame Nenner darin, den Status quo zu bewahren. Nur wenn der Druck des internationalen Steuerwettbewerbs groß ist, findet sich eine Mehrheit für Steuersenkungen. Und umgekehrt: Wenn in den Haushalten große Löcher klaffen und die Konjunkturlage es zulässt, kann sich auch eine Mehrheit für Steuererhöhungen bilden. Für diesen Fall bietet sich die Umsatzsteuer an, weil sie nicht auf exportierte Waren erhoben wird und die Wettbewerbsfähigkeit inländischer Unternehmen nicht beeinträchtigt.

7 Schlussbemerkungen

Was die Bürgerinnen und Bürger eines Landes von ihrem Staat an Leistungen erwarten und wer sie bezahlen soll, ist höchst kontrovers. Hier spiegeln sich die unterschiedlichen Interessen, Ideologien und Menschenbilder wider, die in einer pluralistischen Gesellschaft vorhanden sind. Umso schwieriger ist es, in der Demokratie zu finanzpolitischen Entscheidungen zu gelangen, die von einer Mehrheit getragen und als gerecht empfunden werden.

Die Ausführungen in diesem Buch dürften klargemacht haben, wie komplex die Materie der Finanzpolitik ist. Wer gehofft hat, auf die Frage »Welche Finanzpolitik ist richtig und welche falsch?« eine einfache Antwort zu bekommen, dürfte enttäuscht sein. Denn es gibt keine »richtige« und keine »falsche« Finanzpolitik. Das Urteil über eine finanzpolitische Maßnahme hängt vielmehr davon ab, welche Aufgaben man dem Staat zuerkennt und welche Ziele mit der Finanzpolitik erreicht werden sollen.

Auch die Finanzwissenschaft liefert selten eindeutige Antworten. Mit einer finanzpolitischen Maßnahme soll stets auch das Verhalten von Verbrauchern und Unternehmern beeinflusst werden. Menschliches Verhalten ist aber nur bedingt vorhersehbar. Zwar kann man Erfahrungswerte aus der Vergangenheit heranziehen, wie z. B. die Verbraucher auf eine Umsatzsteuererhöhung oder die Unternehmen auf eine Steuersenkung reagiert haben, und unterstellen, dass sie auch künftig in ähnlicher Weise erneut reagieren werden. Doch ob das tatsächlich eintrifft, ist keineswegs sicher.

Nie wird ein Zustand des Steuer- und Transfersystems erreicht sein, der alle permanent zufriedenstellt. Kritik am Steuersystem wird es ebenso wie Änderungsvorschläge immer wieder geben. Und immer wieder werden bestimmte Sozialleistungen an private Haushalte und Subventionen an die Unternehmen als nicht gerechtfertigt angesehen und gefordert werden, sie zu kürzen oder ganz zu streichen. So kehrt in der Finanzpolitik nie Ruhe ein, und nach jeder Reform des Steuer- und Transfersystems ist vor der nächsten Reform. Der Weg ist das Ziel!

Mitunter scheitern Regierungen, weil sich die Koalitionsparteien in der Finanzpolitik nicht einigen können. So war es bei der christlich-liberalen Koalition 1966 und bei der sozialliberalen Koalition 1982. Das zeigt, wie zentral das Politikfeld »Finanzen und Steuern« für die Regierenden ist. Die Materie ist zwar äußerst komplex, aber dennoch nicht undurchschaubar. Daher kann und sollte jeder Bürger sich selbst ein Bild machen, worum es bei finanzpolitischen Kontroversen geht und welche Interessen hinter den Argumentationen stecken. Wenn das Buch zu mehr Klarheit auf diesem Gebiet beigetragen hat, ist sein Zweck vollkommen erfüllt.

8 Anhang

8.1 Bibliographie

Adam, H., Bausteine der Wirtschaft, 16. Aufl., Wiesbaden 2015

Adam, H., Wirtschaftspolitik, Wiesbaden 2022

Adam, H., Grenzen der Umverteilung im föderalen Sechs-Parteienstaat, in: Wirtschaftsdienst Nr. 4/2020, S. 250–253

Bach, S./Haan, P./Rudolph, H. J./Steiner, V., Reformkonzepte zur Einkommens- und Ertragsbesteuerung, in: DIW Wochenbericht Nr. 16/2004, S. 185–204

Bach, S., Vermögensabgabe Die Linke. Aufkommen und Verteilungswirkungen, Berlin 2020

Bach, S./Beznoska, M./Steiner, V., Wer trägt die Steuerlast in Deutschland? Steuerbelastung nur schwach progressiv, in: DIW Wochenbericht Nr. 51+52/ 2016, S. 1207–1216

Bach, S./Buslei, H., Wie können mittlere Einkommen beim Einkommensteuertarif entlastet werden? in: DIW Wochenbericht Nr. 20/2017, S. 391–399

Bajohr, S., Grundriss Staatliche Finanzpolitik. Eine praktische Einführung, 2. Aufl., Wiesbaden 2007

Beznoska, M., Die Verteilung von Steuern, Sozialabgaben und Transfereinkommen der privaten Haushalte, IW-Report 6/2020 Köln 2020

Brenke, K./Wagner, G.G., Ungleiche Verteilung bremst das Wirtschaftswachstum, in: Wirtschaftsdienst Nr. 2/2013, S. 110–116

Bundesministerium für Finanzen (Hrsg.), Bund-Länder-Finanzbeziehungen, Berlin 2023

Bundesministerium für Finanzen (Hrsg.), Steuern von A bis Z, Berlin 2023

Bundesministerium für Wirtschaft und Klimaschutz (Hrsg.), Finanzierung von Staatsaufgaben: Herausforderungen und Empfehlungen für eine nachhaltige Finanzpolitik (Gutachten), Berlin 2023

Corneo, G., Kreuz und quer durch die deutsche Einkommensverteilung, in: Perspektiven der Wirtschaftspolitik Nr. 20/2015, S. 109–126

Deutsche Bundesbank (Hrsg.), Öffentliche Finanzen, in: Monatsbericht Nr. 2/ 2024, S. 58–82

Deutsche Rentenversicherung (Hrsg.), Rentenversicherung in Zeitreihen, Berlin 2023

Dullien, S./Paetz, Ch./Watt, A./Watzka, S., Vorschläge zur Reform der europäischen Fiskalregeln und Economic Governance (IMK-Report 159, Juni 2020)

Haavelmo, T., Multiplier Effects of a Balanced Budget, in: Econometrica 13/4 (1945), S. 311–318

Hans Böckler Stiftung (Hrsg.), Privilegien für Reiche abschaffen, in: Böckler-impuls, Nr. 8/2023, S. 7

Fuest, C./Gründler, K./Nübling, M./Potrafke, N./Schlepper, M., Die deutsche Schuldenbremse – Stabilitätsanker oder Investitionsblocker, in: Ifo-Schnelldienst 1/2024, S. 44–48

Jeikli, Z., Vom Marshallplan zum Kohlepfennig, Opladen 1990

Isaak, N./Jäger, P./Jessen, R., Die Verteilung der Steuer- und Abgabenlast, in: Wirtschaftsdienst 4/2021, S. 284–289

Löffler, M./Schneider, H./Peichl, A./Siegloch, S./Pestel, N., Einfach ist nicht immer gerecht: Eine Mikrosimulationsstudie der Kirchhof-Reform für die Einkommensteuer (IZA-Standpunkte Nr. 44), Bonn 2011

Matthes, H., Adäquate Regeln für die Fiskalpolitik der EG-Länder? in: Wirtschaftsdienst Nr. 8/1992, S. 409–414

Rathje, A.-C./Wohlrabe, K., Der internationale Steuerwettbewerb aus Unternehmenssicht, in: Ifo Schnelldienst Nr. 21/2018, S. 46–55.

Reinhart, C.M./Rogoff, K.S., Growth in a Time of Debt, in: American Economic Review 100 (2010), S. 573–578

Schmölders, G., Allgemeine Steuerlehre, 5. Aufl., Berlin 1980

Zimmermann, H., Kommunalfinanzen. Eine Einführung in die finanzwissenschaftliche Analyse der kommunalen Finanzwirtschaft, 2. Aufl. Berlin 2009

8.2 Medien online

13. Subventionsbericht, Bundestagsdrucksache 12/1525, 11.11.1991

19. Subventionsbericht, Bundestagsdrucksache 15/1635, 01.10.2003

27. Subventionsbericht, Bundestagsdrucksache 19/15340, 13.11.2019

28. Subventionsbericht, Bundestagsdrucksache 19/32170, 25.08.2021

29. Subventionsbericht, Bundestagsdrucksache 20/8300, 06.09.2023

Bundesministerium für Finanzen, Referat I A 5, Steuereinnahmen nach Steuerarten im gesamten Bundesgebiet, Übersicht 1 (15.01.2024)

Bundesverfassungsgericht, Investitionshilfeurteil vom 20.7.1954, BVerfGE 4, 7

Bundesverfassungsgericht, Urteil vom 17.08.1956 - BVerfGE 5, 85 (KPD-Verbotsurteil)

Bundesverfassungsgericht, Beschluss vom 22.06.1995 - 2 BvL 37/91 (Vermögensteuerurteil)

Bundesverfassungsgericht, Pressemitteilung Nr. 19/2006 vom 16. März 2006 (Halbteilungsgrundsatz)

Bundesverfassungsgericht, Beschluss vom 3.7.1973 - BVerfGE 35, 348 (Armenrecht für inländische juristische Personen)

Bundesverfassungsgericht, Urteil vom 18.04.1989 - BVerfGE 79, 311–357 (Überschreitung der in Art. 115 Absatz 1 Satz 1 Satz 1 Halbs. 1 GG festgelegten Kreditobergrenze)

Bundesverfassungsgericht, Urteil vom 09.07.2007 - BVerfGE 119, 96–180 (Bundeshaushaltsgesetz 2004)

Bundesverfassungsgericht, Urteil des Zweiten Senats vom 15.11.2023 - 2 BvF 1/22 (Zweites Nachtragshaushaltsgesetz 2021)

Horn, G./Kollatz, M., Was tun nach Karlsruhe? Wie man Investitionen unter dem Regime der Schuldenbremse noch möglich machen kann, Blog Politische Ökonomie, 16.01.2024

Sachverständigenrat zur Begutachtung der gesamtwirtschaftlichen Entwicklung, Jahresgutachten 2023/24

Statistisches Bundesamt, Fachserie 14, Reihe 2, Ausgabe 2023

Statistisches Bundesamt, Fachserie 18, Reihe 1.5, Ausgabe 2023

Tereanu, E./Anita Tuladhar, A./Simone, A., Structural Balance Targeting and Output Gap Uncertainty, in: IMF Working Paper 107, 2014

Trabandt, M./Uhlig, U., How Far are we from the Slippery Slope? The Laffer Curve revisited. Slippery slope, National Bureau of Economic Research (Working Paper 15343) 2009(2011)

Wissenschaftliche Dienste des Deutschen Bundestages, Entwicklung der Militärausgaben in Deutschland von 1925 bis 1944 und in der Bundesrepublik Deutschland von 1950 bis 2015 im Verhältnis zur gesamtwirtschaftlichen Leistung (AZ: WD 4 - 3000 - 025/17)